El último narco

MALCOLM BEITH

El último narco

EDICIONES B

MÉXICO · BARCELONA · BOGOTÁ · BUENOS AIRES · CARACAS · MADRID · MONTEVIDEO · MIAMI · SANTIAGO DE CHILE

Título original: *The Last Narco:*
Hunting El Chapo, the World's Most-Wanted Drug Lord
First published in Great Britain in the English language
by Penguin Books Ltd.

Primera edición en español, marzo de 2011
Primera reedición en español, marzo de 2014

D.R. © 2010, Malcolm Beith
          Derechos gestionados a través de la
          Agencia Carmen Balcells
D.R. © 2014, Ediciones B México, S.A. de C.V.
          Bradley 52, Anzures DF-11590, MÉXICO
          www.edicionesb.com.mx
          editorial@edicionesb.com

ISBN 978-607-480-534-5

Impreso en México | *Printed in Mexico*

Soy un granjero

Joaquín Archivaldo Guzmán Loera
alias "el Chapo"
10 de junio de 1993

Los narcos

EL CHAPO
Joaquín Archivaldo Guzmán Loera
Nació el 4 de abril de 1957 en La Tuna de Badiraguato, Sinaloa. Líder del cártel de Sinaloa; es el hombre más buscado de México.

EL PADRINO
Miguel Ángel Félix Gallardo
Nació en Culiacán, Sinaloa, el 8 de enero de 1946. Al Padrino se le considera ampliamente el mexicano fundador del tráfico de drogas moderno.

Rafael Caro Quintero
Nació el 24 de octubre de 1954, en Badiraguato, Sinaloa. Fue uno de los principales traficantes de drogas en las décadas de los setenta y los ochenta.

DON NETO
Ernesto Fonseca
Nació en 1942 en Badiraguato, Sinaloa. Fue uno de los principales traficantes de drogas en las décadas de los setenta y los ochenta.

El Güero
Héctor Luis Palma Salazar

Ex ladrón de automóviles, al parecer nacido en California, Estados Unidos. El Güero comenzó a trabajar para Félix Gallardo como pistolero. Es ampliamente reconocido como quien entrenó al Chapo.

El Mayo
Ismael Zambada García

Nació en El Álamo, Sinaloa, el 1 de enero de 1948. El Mayo es un aliado clave del Chapo.

El Señor de los cielos
Amado Carrillo Fuentes

Nació en Guamuchilito, Sinaloa. Fue el líder del cártel de Juárez a principios de los noventa. Tiene dos hermanos, Rodolfo y Vicente.

El Azul
Juan José Esparragosa-Moreno

Nació el 3 de febrero de 1949. El Azul fungió como asesor del Chapo.

Los hermanos Beltrán Leyva

Los cinco hermanos Beltrán Leyva, Marcos Arturo (El Barbas), Alfredo (Mochomo), Héctor, Carlos y Mario, fueron traficantes de drogas; todos nacieron en Badiraguato.

Los hermanos Arellano Félix

Los hermanos Arellano Félix, Ramón, Benjamín, Eduardo y Javier, nacieron en Culiacán, Sinaloa, y más tarde dirigieron el cártel de Tijuana.

Juan García Ábrego

Nació en Matamoros, Tamaulipas, el 13 de septiembre de 1944. García Ábrego fundó el cártel del Golfo.

EL MATA-AMIGOS
Osiel Cárdenas Guillén

Nació en Matamoros, Tamaulipas, el 18 de mayo de 1967. Cárdenas Guillén fue el dirigente del cártel del Golfo a finales de la década de los noventa, y creó Los Zetas.

LOS ZETAS

Un grupo paramilitar integrado por 31 ex soldados de fuerzas especiales mexicanas que desertaron por trabajar para Cárdenas Guillén y el cártel del Golfo. Su dirigente era Arturo Guzmán Decena (sin parentesco con el Chapo).

LA FAMILIA

Un grupo de traficantes de drogas radicado en Michoacán, que se volvió prominente alrededor de 2006.

José de Jesús Amezcua Contreras

Fundador de la industria mexicana de las metanfetaminas.

Prólogo

"DILE A TODOS, CORRE LA VOZ: el Chapo manda aquí. El Chapo es la ley. No hay más ley que la del Chapo. El Chapo es el jefe. No Mochomo, no El Barbas. El Chapo es la ley".

Los ojos de Carlos brillaban mientras hablaba de su jefe, Joaquín Archivaldo Guzmán Loera, alias el Chapo. En las colinas de las afueras del pueblo de Badiraguato, Sinaloa, que se alcanzan a ver en la distancia por encima del hombro de Carlos, estaba el hombre más buscado de México. Justo allá, pasando el río, pasando la exuberante vegetación, quizá un poco más allá de las cimas verdes rodeadas de oscuras nubes grises, estaba el zar de la droga más poderoso de la nación.

Sólo empinados caminos de terracería conducen de Badiraguato a los dominios del Chapo en las montañas; un sonriente Carlos dijo que me llevaría ante su jefe. Luego lo pensó mejor. Frunció el ceño. No había manera de que nos permitieran pasar en una cuatrimoto, como se conoce a los vehículos todo-terreno en esta parte del noroeste de México, en el macizo montañoso de la Sierra Madre Occidental.

Montar en un burro tampoco disimularía el hecho de que yo era un güero; Carlos murmuró que ellos podrían matarlo sólo por ir conmigo.

Eran apenas las ocho de la mañana y su aliento apestaba a cerveza y tequila de la noche anterior. Parecía como si hubiera dormido con esa camisa roja, los jeans y las botas vaqueras que traía puestas, si es que acaso había dormido.

Carlos encendió un cigarrillo. Parecía un poco más sobrio. Me miró a los ojos y continuó su discurso con tono grave y monótono:

"¿De veras quieres conocer al Chapo? Todos quieren conocerlo. Encontrarlo. No podrás. Ellos no podrán".

Desde su espectacular fuga de una prisión de máxima seguridad en el estado de Jalisco, en la zona central de México, en 2001, el Chapo, líder del cártel de Sinaloa, ha estado huyendo.

La Agencia Antidrogas de Estados Unidos (DEA) ofrece una recompensa de cinco millones de dólares a cambio de información sobre el paradero del hombre que afirma que ha construido una fortuna multimillonaria en dólares por medio del tráfico de drogas desde la década de los noventa, matado a cientos de enemigos en el proceso y se ha ganado la reputación de ser el capo de las drogas más poderoso de México y América Latina.

Las autoridades mexicanas quieren al Chapo vivo o muerto, lo mismo que Estados Unidos. "Lo tienen en la mira", dijo el ex jefe de Operaciones de la DEA, Michael Braun, quien todavía mantiene contacto con sus contrapartes encargadas de hacer cumplir la ley en México. "En última instancia eso llevará a su aprehensión y su muerte. No podrá escapar de la cárcel otra vez".

Los enemigos del Chapo —que se cuentan por miles, los cuales trabajan para cárteles rivales y organizaciones criminales advenedizas en todo México— también lo quieren fuera de la jugada. Desde diciembre de 2006 el gobierno mexicano se ha comprometido en una batalla a fondo con los traficantes de drogas del país, entre ellos el Chapo y su cártel de Sinaloa. Al mismo tiempo, los narcos han estado enfrentándose entre sí por el control de los inmensamente rentables corredores de contrabando hacia Estados Unidos —el mayor consumidor de drogas ilícitas del mundo— y la producción de marihuana, metanfetaminas y heroína en suelo mexicano.

Incluso los antiguos aliados del Chapo —los hermanos Beltrán Leyva, oriundos también de la sierra de Sinaloa— se han vuelto contra él.

La cuota de la guerra en México ha sido pesada: cerca de 25 mil muertes desde finales de 2006. Los asesinatos siempre han sido comunes en México, pero la horrorosa brutalidad que ha asolado al país no lo es. Hoy en día en Sinaloa sólo cuesta 35 dólares mandar matar a un rival.

En septiembre de 2006, cinco cabezas rodaron en un salón de baile en el estado central de Michoacán. Para fines de 2007, las decapitaciones se habían vuelto comunes y apenas si se mencionaban en los noticieros de la noche. A lo largo de 2008, inocentes fueron abatidos a balazos, adictos en centros de rehabilitación fueron masacrados y docenas de cuerpos aparecían todos los días en las carreteras y puentes de México, mutilados, desnudos, humillados.

Para 2009, cuando un hombre conocido como El Pozolero —el que prepara caldos— confesó haber disuelto más de 300 cuerpos en sosa cáustica para un cártel de drogas, el público se había acostumbrado al horror, la brutalidad y el derramamiento de sangre. Sólo en 2009 hubo más de 300 decapitaciones en México, y aún no hay señales de que la violencia esté disminuyendo.

El Chapo fue responsable de haber comenzado esta guerra.

Él creció en el estado de Sinaloa, en la región de la Sierra Madre Occidental de México, en un pequeño caserío conocido como La Tuna de Badiraguato, ubicado unos 900 metros sobre el nivel del mar y a 96 kilómetros de Badiraguato, la cabecera municipal. Nacido en el seno de una familia campesina en 1957, ni la educación ni el empleo asalariado eran opciones. Pero cuando era adolescente consiguió empleo trabajando para el jefe local de las drogas y, poseedor de un espíritu emprendedor y una tendencia a la brutalidad, el Chapo avanzó rápidamente hasta ubicarse como el líder del cártel de Sinaloa en la década de los noventa.

Hoy es considerado uno de los hombres más ricos del mundo y uno de los más buscados. En 2009 la revista *Forbes*, líder en temas de riqueza y negocios, incluyó al Chapo en su lista anual de multimillonario, provocando fieras reacciones de aquellos que lo acusaron de haber vuelto "glamoroso" el contrabando de drogas.

Pero más adelante, el mismo año, *Forbes* hizo otra lista, esta vez de la gente más poderosa del mundo. La revista aplicó varios criterios: influencia, control de recursos financieros y poder en diversas esferas. Tenían sólo 67 apartados: una por cada 100 millones de personas en el planeta. Hasta arriba estaban Barack Obama, con Rupert Murdoch y Bill Gates entre los primeros diez. En el número 41 estaba Joaquín Guzmán.

Forbes escribió:

Se cree que ha dirigido entre 6 mil millones y 19 mil millones de dólares en cargamentos de cocaína hacia Estados Unidos a lo largo de los pasados ocho años. Su especialidad: importar cocaína de Colombia e introducirla de contrabando en Estados Unidos a través de intrincados túneles. El Chapo, sobrenombre diminutivo de chaparro, hace gala de un comportamiento temible: como el mando detrás de la lucha con las fuerzas del gobierno por el control de los corredores de transporte hacia Estados Unidos, ha sido responsable de miles de muertes. En 1993 fue arrestado en México bajo cargos de homicidio y tráfico de drogas; escapó de prisión en 2001, según se dijo, a través de la lavandería; recuperó el control de la organización.

Hasta donde sabemos, el imperio del Chapo, el cártel de Sinaloa introduce miles de toneladas de marihuana, cocaína, heroína y metanfetaminas en Estados Unidos cada año. Opera por lo menos en 78 ciudades de Estados Unidos. Se cree que controla casi 60 mil kilómetros cuadrados de territorio mexicano.

Pero el alcance del Chapo es global. Su cártel es responsable de la distribución de buena parte de la cocaína que se consume en Europa; es más que probable que una línea blanca esnifada en un bar de Londres haya pasado por las manos de la gente del Chapo.

También se cree que la organización del Chapo posee propiedades y otros activos en toda Europa, en un intento por ampliar su campo para el lavado de dinero El cártel importa ingredientes de Asia para elaborar metanfetaminas, y en años recientes ha extendido sus tentáculos por toda América Latina y hasta el oeste de África.

El cártel de Sinaloa es el más grande y más antiguo de México. Es una compleja estructura con muchos niveles de miles de miembros operativos y bandas, pero el hombre detrás de este vasto imperio es el Chapo.

E incluso aunque esté huyendo de la justicia, muchos creen que todavía vive en las montañas de Sinaloa o Durango, no lejos de donde pasó su niñez. Esa parte de la Sierra Madre —donde coinciden los estados de Chihuahua, Sinaloa y

Durango— se conoce como el Triángulo Durado. Pero tratándose del Chapo, bien podría llamarse el Triángulo de las Bermudas.

Hasta ahora, hallarlo y atraparlo ha resultado imposible.

Yo pasé un día y parte de la tarde deambulando por Badiraguato, preguntando, tan discretamente como podía, por el Chapo y el tráfico de drogas. En la noche, en el centro del pueblo, un hombre joven ya se me había acercado; me dijo que conocía a una persona que conocía al Chapo.

Carlos y yo nos reunimos a las 7:30 de la mañana siguiente, en las afueras de Badiraguato. Nos sentamos en el porche trasero de una casa pequeña de una sola planta, contemplando la Sierra en todo su esplendor. Millones, quizá miles de millones de dólares en drogas estaban sembradas allá.

Las montañas de Sinaloa albergan muchos posibles escondites... si uno logra llegar hasta allá. Pistas de aterrizaje clandestinas en el área y una flotilla de aviones y helicóteros privados han facilitado mucho las rutas de escape del Chapo.

Badiraguato es efectivamente la última parada en el mapa de la civilización antes del territorio del Chapo. Desde este pueblo de aproximadamente 7 mil habitantes, son cinco horas en vehículo por empinados y serpenteantes caminos de terracería hasta la Tuna y los otros caseríos que él llama su hogar. Cuando las fuertes lluvias no hacen inaccesible el pasaje (cosa que entre junio y septiembre ocurre a menudo), hay retenes militares en el camino.

Curiosa, y a menudo peligrosamente, esta es una tierra habitada por fuerzas de la ley y gente sin ley. Así que también hay puntos de revisión establecidos por la propia gente del Chapo, y son los más temidos. Después de todo, los gatilleros no hacen muchas preguntas. En las raras ocasiones en que un fuereño se aventura más allá de lo que debería, tienden a disparar primero.

Me encontré con Omar Meza, treintañero residente en Badiraguato, en el pueblo, durante las festividades del Día de la Independencia. Le dije que yo estaba muy interesado en saber más acerca del tráfico de drogas en el área, y en conocer más de los alrededores, donde el Chapo anda y manda. Meza, a quien apodan el Comandante, accedió a mostrarme los alrededores. Orgulloso de su tierra pero, al mismo tiempo, muy consciente y honesto acerca de su reputación en relación con las drogas y la violencia, sería un buen guía.

Mientras Meza y yo conducíamos por un serpenteante tramo de la Sierra Madre aún accesible para un vehículo estándar, la vegetación comenzó a cambiar. Los pinos comenzaron a sustituir a los matorrales. En este punto ya no había pueblos de verdad, sólo unos cuantos asentamientos a ambos lados del camino, por el río, cada uno separado por unos ocho kilómetros del siguiente. Uno había sido abandonado apenas el año anterior, luego de que un tiroteo que duró horas cobró la vida de casi todos los que habitaban en el área. Pasamos por una hilera de casas construidas con madera y láminas de metal; unas chozas apenas.

Al salir de otra curva en el camino, tratando de evitar los escombros de un deslave reciente, vi a un hombre armado parado en un claro que había sido excavado en la falda de la colina, dominando el camino. Meza estaba muy interesado en que yo viera más del campo, pero luego de descubrir al hombre armado se dio cuenta de que lo mejor era regresar.

"No les gusta que estemos aquí".

Meza sabe cuáles son las repercusiones de pisar el terreno de otro. Unas cuantas semanas antes, un amigo suyo, también de Badiraguato, había sido asesinado en Ciudad Juárez, cerca de la frontera norteamericana. El amigo trabajaba en el tráfico de drogas a falta de otras opciones. Había ido a Ciudad Juárez a trabajar en representación del Chapo; Ciudad Juárez no es territorio del Chapo, pero el señor sinaloense de las drogas quiere obtener el control. Muy pronto el amigo de Meza se convirtió sólo en una baja más en la guerra.

Sus asesinos le cercenaron los brazos y las piernas, y los cortaron en pequeños pedazos. Las autoridades tuvieron la amabilidad de enviar sus restos a casa en Badiraguato, donde se le dio apropiada sepultura.

Los jóvenes de Badiraguato prácticamente no tienen más opción que hacerse narcos, pues sólo hay trabajo legal para un centenar de personas. Fuera de la cabecera municipal no hay mucho más que marihuana, amapola y laboratorios de metanfetaminas. Sólo unos pocos afortunados pueden encontrar trabajo en el gobierno local, el sector salud o en la educación. Algunos se dirigen a la cercana ciudad de Culiacán; la mayoría se queda en Badiraguato y sus alrededores y se mete en las drogas.

Carlos, de Badiraguato, obtuvo un título en educación sólo para descubrir que no había trabajo disponible. Así que acudió a los jefes de las drogas. "Todo aquí es narco", dice Carlos, con ojos brillantes otra vez.

Cerca de 97% de los residentes en el campo trabajan en el tráfico de drogas de una u otra manera. Desde los campesinos y sus familias —incluso los niños— que cultivan la marihuana y amapola para el opio, hasta los jóvenes armados que se encargan de las tareas desagradables, los conductores y los pilotos que transportan el producto así como los políticos y policías locales: casi todo el mundo está involucrado.

Residentes de Culiacán hablan de Badiraguato como si fuera el último lugar en el mundo al que quisieran ir. Algunos, unos cuantos curiosos, dicen que siempre se han preguntado cómo es "allá", pero nunca han ido personalmente.

Yo había tomado el autobús de Culiacán a Badiraguato sin más. El calor infernal se metía por las ventanillas abiertas del vehículo de 20 asientos, y los demás pasajeros me echaban unas cuantas miradas —no todos los días un hombre blanco o cualquier otro fuereño viaja en autobús a las montañas; es más: por lo general y para empezar, los residentes desconfían de cualquiera de la ciudad—, pero el viaje de dos horas se llevó a cabo sin motivos de alarma.

Cuando cambié de autobús en el poblado de Pericos, un tipo corpulento de unos cuarenta años que llevaba un sombrero vaquero se acercó como si nada a un teléfono público cercano. Un informante, quizá, pensé. O sólo un hombre haciendo una llamada telefónica.

Para cuando me bajé del autobús, sudaba profusamente; no tanto por los nervios, sino porque la temperatura afuera era de 32 °C. Al menos la humedad había disminuido desde que dejamos atrás Culiacán y la costa.

Deambulé por el pueblo siguiendo un camino bordeado por casas hasta la plaza principal. Me fui directo a la oficina del presidente municipal, en el costado sur. Ya había estado en el pueblo antes, sin invitación, y sentía que esta vez sería mejor avisar a las autoridades de mi presencia. Subí las escaleras del palacio municipal, donde estaba la oficina del presidente municipal, justo enfrente de la iglesia. La puerta estaba abierta; un solo policía estaba recargado cerca de ella, medio dormido bajo el sol de la tarde. Entré.

"Qué curioso que haya tenido que venir a Badiraguato", dijo el secretario del alcalde, mirándome fijamente mientras tomábamos asiento en su austera oficina, situada inmediatamente después de la entrada principal. Podía escuchar risas que venían de la puerta del alcalde, ubicada enfrente.

Aquí estaba un periodista más en busca del Chapo, esperando saber más acerca del crimen organizado en el área, anhelaba más allá de toda esperanza, pescar una entre vista con él mismo, queriendo hacer un retrato del lado positivo de esta notoria región. Pero en realidad, absorto en su mística de punto álgido de la criminalidad.

Badiraguato nunca había sido tan famoso. Badiraguato —"ríos de las montañas"— queda fuera de las rutas más transitadas y recibe pocos visitantes. A la mayoría de los residentes no les agrada mucho la atención que están atrayendo el Chapo y la guerra contra las drogas. Tenemos mala reputación, dicen, y es imposible cambiarla. Pocos quisieron hablar abiertamente acerca del señor de las drogas; es demasiado tabú, demasiado peligroso. En 2005 un funcionario local negó conocerlo en absoluto: "No tenemos ni la menor idea acerca de si ese famoso Chapo existe siquiera".

Sin embargo, el secretario del alcalde me recibió bien. Me agradeció haber venido a su ciudad y en la tradicional y agradable forma mexicana, y dijo estar "a mi servicio".

"Qué curioso que haya tenido que venir a Badiraguato", repitió el presidente municipal, Martín Meza Ortiz, apenas minutos después de mi encuentro con su secretario.

Sonrió con cierto recelo. Pero cuando le expliqué que sentía curiosidad por la región, su historia, su tradición ligada al narco, se abrió. Su familia —su madre, su esposa y sus hijos, hermano, primos; todos— tomó asiento alrededor de su escritorio de pino en un almuerzo improvisado a base de tacos, mientras él explicaba cómo funcionaban las cosas. Badiraguato se dedica a sus propios negocios, dijo, mientras que en la sierra rigen los narcos. Aunque ellos están ostensiblemente a cargo de la seguridad a lo largo y ancho de los 9 mil metros cuadrados de la cabecera municipal, los treinta y tantos policías de Badiraguato no salen de la ciudad; nunca.

Tampoco los políticos. Retratos de todos los alcaldes de Badiraguato se alinean en las paredes del comedor adyacente a la oficina del presidente municipal; muchos de ellos se ven precisamente como la clase de *pendejo* que la dirigencia partidista podría contratar ostensiblemente para mantener el orden en una región donde el orden es una imposibilidad. El propio Meza es agradable, y es firme con sus colaboradores, su esposa y sus hijos. Aun así, está claro que si los narcos se enojaran tendría que cuadrarse o irse. La última vez que Meza Ortiz se adentró en la sierra fue durante su campaña por la presidencia municipal. Probablemente no volverá a ir. Su gobierno está tratando de desarrollar un poco el área, intentando llevar los servicios básicos a las partes más alejadas de la sierra. La educación, me dijo, es la clave para prevenir que la gente de este municipio caiga en las drogas. El empleo es el siguiente paso.

El edil también está tratando de cambiar la forma en que la gente percibe Badiraguato —o "Mariguanato", como le dicen algunos sinaloenses—. "No se puede negar la realidad, nuestros orígenes... (pero) yo siempre he sido un apasionado defensor de mi tierra, de mi gente. Badiraguato no es tan malo como dicen. Está lleno de gente (que está) llena de esperanza, gente que trabaja cada día. Dedicarse al tráfico de drogas es una circunstancia de la vida. Nadie debería ser culpado por el lugar donde nació".

Meza Ortiz niega cualquier nexo con el tráfico de drogas. Mientras, algunos residentes de Badiraguato lamentan calladamente el hecho de que su alcalde gane 650 mil pesos (unos 46 mil dólares) al año, conduzca un BMW y viva en una casa de dos plantas enrejada que "parece de narco". Todo ello en uno de los 200 municipios más pobres de México.

El pueblo entero de Badiraguato es bastante irreal en ese sentido: en vez de las calles sin pavimentar, las casas con piso de tierra y los edificios públicos derruidos que caracterizan a los poblados rurales de México, este pueblo está limpio, bien iluminado, sus calles lucen recién pavimentadas y por ellas circulan camionetas utilitarias tipo SUV y otros vehículos nuevos y caros. La mayoría de los residentes se visten bien y a la moda; demasiado bien para ser habitantes del típico pueblo mexicano de montaña tradicional empobrecido.

Las calles de Badiraguato están casi siempre vacías, a diferencia de muchos pueblos de la sierra, donde todo el mundo se reúne en las calles a todas horas para platicar o simplemente pasar el tiempo. Para un fuereño, el efecto de pueblo fantasma parece ser consecuencia de la presencia de los narcos; Meza Ortiz asegura que se debe simplemente al hecho de que la gente de Badiraguato tiene gran aprecio por su privacidad y prefiere quedarse en su casa la mayor parte del tiempo.

En Badiraguato y sus alrededores hay un poco de resentimiento en relación con la procedencia del dinero.

Aunque narcos como el Chapo puedan ser criminales a los ojos de los gobiernos mexicano y estadounidense, los sinaloenses están muy orgullosos de sus jefes de la droga, y operan con un código secreto que a menudo se compara con el *omertá* de la Cosa Nostra siciliana.

Hay honor en proteger y venerar a los bandidos; prueba de ello es el templo construido en la ciudad sinaloense de Culiacán, dedicado a Jesús Malverde, un mítico bandido del siglo XIX quien supuestamente robaba a los ricos para darle a los pobres. Por medio de sus hazañas, los traficantes de drogas en la región también se han creado auras parecidas a la de Robin Hood.

Pero con la guerra contra las drogas a todo lo que da, los sentimientos de algunos están cambiando. Los residentes se acuerdan de los días en que sólo el Chapo estaba a cargo, no los jóvenes advenedizos de hoy, que están determinados por la violencia y parecen no tener lealtades. La sola mención del Chapo hace que la mayoría de los residentes rememore los tiempos en que el tráfico estaba controlado; claro, era violento, pero él controlaba la violencia.

Algunos —más bien la minoría— están felices por lo que perciben como la caída de cualquier narco, ya sea el Chapo o los jóvenes sicarios. Durante una visita anterior a Badiraguato, me senté en una banca en la plaza del pueblo y platiqué con un anciano caballero; se negó a hablar del Chapo o a siquiera pronunciar el nombre del señor de las drogas. En cambio, sí se atrevió a susurrar sus opiniones negativas acerca de la "mafia" local.

Cuando uno de los chicos malos es aprehendido o asesinado por los militares, "ellos lloran". Él sonreía, y volvía a guardar silencio.

Cuatro camionetas utilitarias con ventanillas entintadas se detuvieron en la plaza. La rodearon con lentitud. Le dieron la vuelta tres veces más.

"Mejor ya váyase", dijo el anciano.

Capítulo 1

EL GRAN ESCAPE

EL CUSTODIO JAIME Sánchez Flores hizo sus rondas habituales a las 9:15 pm en Puente Grande. Todo estaba bien, todos estaban en su lugar.

Había razones para estar particularmente atento. Temprano, aquel viernes 19 de enero de 2001 un grupo de oficiales mexicanos de alto rango había visitado la prisión de máxima seguridad, ubicada en el estado de Jalisco. Encabezaba la delegación Jorge Tello Peón, subsecretario de Seguridad Pública, y quien encabezaba su principal preocupación era un interno en particular: Joaquín Archivaldo "el Chapo" Guzmán Loera.

El Chapo había estado en Puente Grande desde 1995, a donde se le había transferido dos años después de su captura en Guatemala. Aunque había estado tras las rejas durante casi ocho años y nunca había tratado de escapar, había buenas razones para que Tello Peón estuviera preocupado. Apenas unos días antes de la visita de los oficiales el 19 de enero, la Suprema Corte de Justicia de México, había determinado que los criminales enjuiciados en México podrían ser extraditados con más facilidad a EU.

El Chapo, que enfrentaba cargos por tráfico de drogas hacia el otro lado de la frontera norte, pronto se vería en camino a una prisión de máxima seguridad en Estados Unidos.

Ningún traficante de drogas quería encarar tal destino, y Tello Peón lo sabía. Lo mismo el Chapo. El Chapo podía seguir dirigiendo su negocio desde el interior de los altos muros blanqueados de Puente Grande, con mínima dificultad. La corrupción en la prisión era rampante, y el estatus del Chapo como uno de los narcos más formidables de México era indisputable, incluso si estaba encerrado en una prisión mexicana.

Pero en Estados Unidos el Chapo se enfrentaría a la justicia real, con consecuencias reales. Ese era el temor de todo narco: verse separado de su red de trabajo, de sus cómplices, para ser trasladado fuera del sistema mexicano, también plagado de corrupción. Durante la década de los ochenta, los zares de la droga colombianos habían lanzado una campaña de terror para echar abajo las leyes de extradición; los señores de la droga en México tenían un punto de vista similar. El Chapo no iría a los Estados Unidos.

Minutos después de que Sánchez Flores hiciera sus últimas rondas, las luces se apagaron en las celdas de la prisión, cuya población ascendía a 508 prisioneros. En ese momento Puente Grande era una de las tres penitenciarías de máxima seguridad en México, equipada con 128 de las mejores cámaras de circuito cerrado de televisión que monitoreaban todos los rincones de la cárcel y sistemas de alarma. Todas las cámaras se operaban desde afuera de la prisión, y nadie en ese sitio tenía acceso a los controles. En los pasillos, sólo se podía abrir una puerta a la vez, y todas se controlaban de modo electrónico.

Entre 45 minutos y una hora después de que Sánchez Flores revisara por última vez al señor de las drogas, un guardia llamado Francisco Camberos Rivera, alias "El

Chito", abrió la celda del Chapo, la cual estaba cerrada de manera electrónica.

El prisionero de máxima importancia recorrió como si nada el pasillo y saltó al carrito de la lavandería que El Chito condujo fuera del Bloque de Celdas c3. Doblaron a la derecha y descendieron al siguiente nivel de la prisión. La mayoría de las puertas electrónicas se abrieron con facilidad, pues los circuitos habían sido cortados. Otras estaban descompuestas y ya de por sí no funcionaban, así que sólo las empujaron. Una puerta se había mantenido entornada con un zapato viejo. Aquello difícilmente era el epítome de máxima seguridad que el gobierno afirmaba.

El Chito y el Chapo —que seguía en el carrito— doblaron hacia el Bloque de Celdas b3, pero rápidamente el guardia se dio cuenta de que era una mala idea. Ahí todavía había gente en el área del comedor, probablemente guardias que cenaban tarde. Así que El Chito eligió una ruta aparentemente más riesgosa, pasando por el pasillo flanqueado por los cuartos de observación —que normalmente también estaba lleno de guardias— hacia la salida principal.

Pasaron por el área en que los visitantes y todos aquellos que ingresan en la prisión durante el día se someten a una revisión de pies a cabeza. El vigilante de turno le preguntó al Chito a dónde iba.

"A sacar la ropa sucia, como siempre", contestó tranquilo el guardia.

En seguida, el guardia de turno hundió las manos en el carrito, pero no hasta el fondo. Lo único que sintió fue ropa y sábanas. Mediante un gesto con la mano los dejó pasar; el Chapo fue conducido al otro lado de las puertas.

Sólo un guardia estaba monitoreando el estacionamiento, y se hallaba en el interior del edificio, detrás de un panel de vidrio con la nariz metida en el papeleo de su escritorio.

El Chapo se quitó el uniforme beige de la prisión y los zapatos y saltó del carrito cerca de un Chevrolet Monte Carlo.

El Chito dejó el carrito justo antes de trasponer la entrada principal, como siempre hacía cuando sacaba la ropa de la lavandería, y tomó el volante del coche preparado para la huida. Iniciaron su trayecto fuera de Puente Grande.

Un guardia los detuvo mientras intentaban salir del estacionamiento, pero su turno estaba a punto de concluir y no tenía ganas de hacer su trabajo a conciencia. Echó un vistazo rápido al interior del vehículo, haciendo caso omiso de la bota, y con una seña le indicó al Chito que pasara. El guardia y el Chapo se alejaron en el auto por la avenida Zapotlanejo.

El Chapo estaba libre.

El papel del Chito no había concluido aún. El Chapo se pasó al asiento del copiloto y le dijo a su joven cómplice que sería mejor que huyera junto con él, dado que todos los titulares de los periódicos y la televisión, por no mencionar las cacerías humanas, lo incluirían.

Preocupado, El Chito meditó sobre el asunto mientras continuaba manejando. Cuando llegaron a las afueras de Guadalajara, el Chapo le dijo al guardia que tenía sed. El Chito entró en una tienda para comprarle una botella de agua. Cuando volvió al coche, el Chapo se había ido.

A lo largo de toda la operación no habían sonado alarmas en Puente Grande. Aunque tenían una vista de 360° del área, los guardias de las torres de vigilancia no habían visto nada. Adentro, sus colegas continuaban con sus inspecciones como si nada hubiera pasado.

A las 11:35 pm, el director de la prisión, Leonardo Beltrán Santana, recibió una llamada telefónica. El Chapo no estaba en su celda, le dijo un guardia. El pánico cundió entre el personal de la prisión y empezaron a buscar en las instalaciones, celda por celda, habitación por habitación, clóset por clóset. Pasarían otras cinco horas antes de que Tello Peón fuera informado de la fuga.

El primer pensamiento —y tuvo razón— de Tello Peón fue que el sistema había sido vulnerado. La corrupción ha sido rampante por mucho tiempo en las prisiones de México, y sólo la corrupción podía haber permitido que el Chapo escapara con tanta facilidad. Esa había sido precisamente la razón de su visita: revisar la prisión en busca de señales de colusión entre los guardias y el Chapo y su cohorte de narcos. Antes del 19 de enero surgieron rumores de que el Chapo intentaría escapar, pero no había evidencia concreta de que el plan estuviera en marcha. Como resultado, Tello Peón ordenó que el Chapo fuera transferido a un ala diferente después de su visita, pero esta orden todavía no se había llevado a cabo.

"Esto es una traición a la seguridad del sistema y el país", declaró Tello Peón aquella mañana de sábado, mientras el país se despertaba con las noticias de la fuga hollywoodense del Chapo. Furioso, con el rostro encendido, el oficial de policía prometió lanzar una cacería humana por todo el país para atrapar al Chapo a como diera lugar y castigar a todos los responsables.

Comenzó por Puente Grande. Setenta y tres guardias, custodios e incluso el director, fueron detenidos para interrogarlos. De acuerdo con la legislación mexicana, podían ser retenidos 40 días mediante una orden judicial a fin de que la Procuraduría General de la República los investigara a fondo por supuesta complicidad en la fuga.

En los poblados cercanos, la policía y el Ejército comenzaron su búsqueda. Catearon casas, ranchos e incluso edificios públicos, pero encontraron poco: evidencias de traficantes, armas, dinero, drogas, pero nada del Chapo.

La búsqueda se extendió a Guadalajara, la segunda ciudad más grande de México, ubicada a unos 8 kilómetros. Ahí, en casa de uno de los socios del Chapo, la Policía Federal halló armas para uso exclusivo del Ejército, teléfonos y computadoras, así como 65 mil dólares en efectivo, pero todavía del Chapo nada. Informes anónimos los llevaron a Mazamitla, unos cuantos kilómetros al sur de Guadalajara, donde registraron de arriba a abajo 17 casas y cuatro ranchos. La gente de Mazamitla estaba albergando al Chapo, o eso le habían dicho a las autoridades, pero no: ahí tampoco lo encontraron.

En unos días se hizo evidente que el Chapo debía haber abandonado el área de inmediato. La cacería tendría que extenderse a toda la nación, con cientos de policías federales y soldados dispersos por doquier, desde ciudades grandes, y minúsculos pueblos en las sierras hasta polvorientos poblados fronterizos, todos en busca del hombre que tanto había avergonzado al gobierno con su escapatoria. En todo el trayecto desde Tamaulipas, en el norte, hasta la frontera sur con Guatemala, se reforzaron los puestos de revisión.

Se alertó a las autoridades de Guatemala. Se llamó a fuerzas de Estados Unidos —entre ellas el FBI— para que colaboraran en la búsqueda al norte de la frontera, en caso de que el capo de la droga hubiera logrado ponerse a salvo en Estados Unidos durante la confusión que siguió a la fuga. El público se reía del recientemente electo presidente Vicente Fox por la fuga del Chapo, y no se escatimaron recursos para atraparlo.

Mientras, el Chapo ofrecía una fiesta en Badiraguato con sus antiguos asociados en el crimen.

La DEA estaba furiosa. La cooperación entre México y Estados Unidos había comenzado a mejorar durante el gobierno de Fox; la fuga del Chapo fue "una afrenta a los esfuerzos de fortalecer y hacer cumplir la ley", declaró airadamente el entonces director de la DEA, Asa Hutchinson.

Algunos agentes de la DEA también se tomaron la fuga de manera personal. Ellos y sus contrapartes mexicanas habían perdido vidas tratando de capturar al zar de las drogas, ¿y ahora al Chapo se le había permitido simplemente salir caminando de la cárcel? Se trataba de "un enorme desaliento a los esfuerzos por hacer cumplir la ley".

La buena vida tras las rejas

El día que el Chapo puso el pie en Puente Grande, el 22 de noviembre de 1995, impuso las reglas. Abordaba a guardias y empleados, con frecuencia a solas, y les preguntaba si sabían quién era él. "¿Tu supervisor te ha hablado de mí?". "¿Estarías dispuesto a trabajar para nosotros?". En realidad no se trataba de una pregunta, y serían bien recompensados. Aun el personal de limpieza y de cocina era sobornado, y recibía entre 100 y 5,000 dólares por su colaboración.

El dinero no era un obstáculo: el Chapo y sus aliados en Sinaloa le enviaban efectivo con regularidad. Pronto El Chapo y sus amigos habían establecido un sistema mediante el cual el personal de la prisión incluso llevaba a cabo el reclutamiento por ellos. "Te presento a otra persona que va a trabajar para nosotros", le diría un guardia al Chapo al presentarle a un nuevo recluta. Los nombres y los roles eran debidamente anotados por uno de los secretarios del Chapo, los cuales también eran prisioneros.

Aunque los hombres del Chapo mantenían un registro detallado de la función de cada persona, los trabajos específicos no siempre se asignaban a los que estaban en la nómina. En ocasiones les pagaban por trabajo; casi siempre, la cantidad se entregaba mensualmente. Uno de los asociados del Chapo anotaba un mensaje en clave ("Tengo una entrega del director de la escuela", era uno de esos mensajes, el cual significaba que el guardia debía recoger su pago en un lugar predeterminado de Guadalajara) en una servilleta, y lo entregaba a uno de sus empleados.

La idea era tener a toda la prisión a la entera disposición del narcotraficante. El Chapo quería dirigir Puente Grande como si fuera suya, y nada lo detenía. Toleraría su condena hasta que llegara el momento de salir.

Y aguardó hasta el momento oportuno. Al principio, recuerdan los custodios, las exigencias eran pequeñas, más bien como peticiones. El Chapo y sus cómplices querían alguna cosilla especial para la cena: ¿podrían los cocineros idear algo? Una amiga estaba de visita; ¿podrían permitirles un poco de tiempo extra para una visita conyugal?

Gradualmente, Puente Grande se convirtió en el patio de recreo personal del Chapo. Las fiestas en el bloque de celdas donde se hallaban recluidos el Chapo y su cómplice principal, Héctor Luis Palma Salazar alias "El Güero", se volvieron algo normal. Andaban por donde querían al interior de Puente Grande, también conocido como Cefereso 2, y disfrutaban del contrabando de alcohol, cocaína y marihuana, y ni qué decir de las visitas conyugales de mujeres que no eran sus esposas ni novias. El Chapo tenía afición por el whisky y las cubas libres (ron con refresco de cola).

Se daban festines con comidas preparadas especialmente para ellos —al fin y al cabo, el personal de cocina también estaba entre sus empleados— y prestaban poca atención a las reglas de esa prisión de máxima seguridad. Dos cocineros en particular, Oswaldo Benjamín Gómez Contreras y Ofelia Contreras González, eran responsables de preparar "festines" para el Chapo, de acuerdo con la Procuraduría

General de la República, más comúnmente conocida por su acrónimo en español, la PGR. Más tarde a ambos se les fincaron cargos por crímenes relacionados con las drogas en los cuales se habían involucrado en Puente Grande por órdenes del Chapo.

Al menos en una ocasión se llevó un conjunto de mariachis a la prisión para entretener al Chapo y a sus compañeros prisioneros. Después de la fuga del Chapo, un custodio recordó que para una fiesta de Nochebuena un camión entregó más de 500 litros de vino en la prisión como si se tratara de una celebración privada. Cenaron sopa de langosta, filete *mignon* y una selección de quesos, y bebieron whisky con soda hasta altas horas de la noche.

En ocasiones, la diversión y los juegos eran competitivos: al Chapo le gustaba jugar ajedrez con un reo en particular, un antiguo miembro de la guardia presidencial que había sucumbido a la corrupción. También jugaba basquetbol y voleibol. "Era bueno en todo", recuerda el reo. El Chapo se hallaba en excelente forma para ser un hombre de cuarenta y pocos; también tenía la fortuna de poseer una "fuerza de voluntad asombrosa".

El Chapo aparentemente también tenía un lado ligero. En ocasiones, los grupos musicales que tocaban *banda* sinaloense llegaban a la prisión; como era un ávido bailarín, el narcotraficante los adoraba. En ocasiones, el comedor de Puente Grande se convertía en cine; el Chapo y otros reos veían película tras película en una pantalla grande, mientras comían palomitas de maíz. A veces comían helado y chocolates. A ratos el Chapo era un tanto sentimental, de acuerdo con un reo: "Vimos *La Cenicienta* juntos, comiendo palomitas. ¡Imagínese!".

En ocasiones se fugaba información acerca de las fiestas y sucesos en Puente Grande, lo cual se convirtió en algo así como un chiste nacional en un país en el que el sistema penitenciario tenía una grave necesidad de reforma. Hasta hoy siegue habiendo rumores no confirmados de que al Chapo se le permitía abandonar la prisión con regularidad en fines de semana para visitar amigos, cómplices y familiares en lugares cercanos. José Antonio Bernal Guerrero, un funcionario local de derechos humanos, ha insistido públicamente en que, durante su reclusión, el Chapo tenía permitido entrar y salir de prisión a su gusto.

Las prisiones de México nunca han sido famosas por ser instituciones administradas de manera segura, pero Puente Grande en la década de los noventa se llevó la palma. Cuando llegó el Chapo: "la seguridad y la disciplina en el Cefereso 2 se vinieron abajo", recuerda el custodio Claudio Julián Ríos Peralta. Había disciplina de alguna manera, pero no venía del personal de la prisión.

En las pocas ocasiones en que el dinero no era suficiente para convencer a un custodio o a un reo de cumplir todo capricho del Chapo, las amenazas garantizaban su cumplimiento. Aquellos que no querían trabajar para el Chapo eran reportados con Jaime Leonardo Valencia Fontes, un prisionero que fungía como el "secretario" más cercano del Chapo.

Valencia abordaba al prisionero o al custodio reacio: "Mira, dicen que estás molesto y que no quieres nuestra amistad. No te preocupes, aquí tenemos... —entonces sacaba una laptop y un organizador electrónico portátil, y se los mostraba al rebelde antes de continuar —los datos de tu casa y de tu familia. No hay problema".

Después de eso, casi todos accedían. Blandiendo sus bates de béisbol, un grupo de vándalos conocidos como "Los Bateadores", se encargaban de los que no accedían.

El Chapo y su gente también recibían mujeres regularmente, tanto de dentro como de fuera de Puente Grande. Existía un procedimiento para elegir a las prostitutas. Alguien en la nómina del Chapo se dirigía a los bares en Guadalajara, de noche, y seleccionaba a varias mujeres, a las que luego llevaban a un punto de contacto cerca de Puente Grande. Allí, un custodio de alto rango que recibía 3,000 dólares mensualmente como pago por actuar como pseudo-padrote, las llevaba a la prisión en una camioneta. Su presencia significaba que no habría revisión, pero él llevaba dinero extra por si acaso hacía falta sobornar a sus subordinados para traer alcohol o drogas adicionales.

En las noches, el Chapo y los otros narco-reos cerraban el comedor durante dos horas y tenían sexo con las mujeres elegidas. El comedor se convertía en un "hotel", de acuerdo con el testimonio de un empleado de la prisión. En ocasiones permitían a las mujeres subir a las celdas. Rara vez usaban las celdas designadas para visitas conyugales.

Las mujeres de Puente Grande también eran opciones aceptables, y de hecho, parece que el Chapo tenía su lado encantador. En una entrevista realizada en el 2001, la empleada de cocina Ives Eréndira Arreola recordó como la había cortejado el narcotraficante. Era junio del año anterior y ella estaba trabajando en el Bloque de Celdas 2. De acuerdo con sus compañeros reos, él se fijó por primera vez en Eréndira —que tenía 38 años de edad— aproximadamente un mes antes, y preguntó sobre ella. ¿De dónde era? ¿Tenía familia? ¿Niños? ¿Era casada? ¿Podían transferirla para que trabajara en el Bloque de Celdas 3, donde él estaba recluido?

Cuando finalmente se acercó a la tímida empleada de cocina, en junio, y se presentó, la jefa de Eréndira supo exactamente lo que él quería. Ella y sus compañeros animaron a Eréndira; después de todo, era una manera de hacer dinero, y Eréndira era madre soltera de un pueblo pobre de la cercanía. Ni qué decir del hecho de que rechazar al Chapo sólo le causaría problemas.

Sin embargo, Eréndira sabía que emparejarse con el Chapo podía también llevarla por un camino peligroso. Así pues, cuando finalmente él le pidió que acudiera a su celda durante las horas preestablecidas para las visitas conyugales, ella se rehusó. "No subiré —le dijo amablemente—. Tengo hijos, vivo sola y no quiero que la gente hable de mí... incluso si subo sólo para platicar, la gente dirá que estuve contigo".

El Chapo pareció tomarlo bien y le ofreció su amistad y nada más. Pero al día siguiente Eréndira llegó a casa y encontró un ramo de rosas. No tenía tarjeta, pero ella supo de parte de quién era. Después él la llamó —a su teléfono celular, cuyo número no le había dado—. "¿Te gustaron las rosas?", preguntó el Chapo.

Las flores siguieron llegando, y para julio, Eréndira sucumbiría a los encantos del Chapo. Tuvieron relaciones sexuales por primera vez en un cubículo de la prisión reservado para visitas de abogados, psicólogos y sacerdotes. Las citas continuarían por varios meses, y a pesar de que el Chapo era el caballero perfecto (se aseguraba de que su celda o cualquier habitación en la que se reunieran estuviera en el mejor estado; ordenaba sábanas limpias, flores y cortinas para tener privacidad), Eréndira tenía miedo de las repercusiones. Para septiembre, ella se dio cuenta que sería mejor dejar su trabajo en Puente Grande, y renunció.

El Chapo no la dejaría ir tan fácilmente. "Te compraré un carro". No, fue la respuesta de Eréndira. "¿Una casa?". Pero aún así, dijo que no. El Chapo prometió ponerle un pequeño negocio; sus hijos estarían bien cuidados. Aún así, Eréndira se negó.

Pero aunque ella pudiera rechazar el dinero, había algo que no podía resistir: al Chapo mismo. Luego de dejar su trabajo, ella continuó visitándolo en Puente Grande, donde pasarían la noche juntos. Se volvieron unidos. En el cumpleaños de ella, el 11 de noviembre, se oyó un golpe en la puerta de Eréndira. El Chapo mandó a uno de sus hombres a darle un regalo de 1,000 dólares. No era mucho, viniendo de un hombre con sus medios, pero lo que contaba era la idea.

Había otras mujeres, muchas otras mujeres. Sus esposas, Alejandrina y Griselda, tenían nombres en clave y números de teléfono celular especiales mediante los cuales podía ponerse en contacto con ellas —y convocarlas— en un instante. El Chapo incluso recibía entregas de Viagra regularmente para mantener su libido.

Y luego estaba Zulema.

Aun cuando andaba tras Eréndira y entreteniendo a sus esposas, el Chapo se estaba enamorando de una prisionera, Zulema Yulia Hernández, de 27 años, una ex policía de Sinaloa que había sido condenada por delitos relacionados con las drogas.

Hernández había empezado su carrera como una mujer policía ejemplar, con altas calificaciones y evaluaciones brillantes por parte de sus superiores. Pero la tentación del mundo de los narcóticos había sido demasiada y había sido seducida tanto por el estilo de vida como por el dinero. Había terminado en Puente Grande, una de apenas cinco prisioneras en la penitenciaría de máxima seguridad. Pero ella era la prisionera que destacaba: 1.65 metros de estatura, delgada, con cabello castaño, piel clara, ojos café oscuro y un "cuerpo casi perfecto", como describió un periodista. Ella era el trofeo.

Tanto ella como el Chapo eran de Sinaloa. Ambos sabían de la miseria absoluta en la sierra, que destruye vidas aun antes de que comiencen. Ambos estaban involucrados en el tráfico de drogas. Ambos habían acabado en Puente Grande, atrapados entre las mismas lúgubres paredes de la prisión. Ella y el Chapo se conectaban. Ella encontraba consuelo en los brazos de él, y él en los de ella.

"Joaquín y yo nos identificamos uno con el otro porque yo estaba en el mismo lugar que él", recordó Hernández en una entrevista con el escritor mexicano Julio Scherer en 2001.

Yo estaba viviendo lo mismo [el infierno] que él. Yo sé lo que es caminar de un lado al otro en tu celda. Yo sé lo que es estar acostado, despierto y esperando, yo sé de este insomnio, yo sé de esto... de querer quemarse uno mismo en sexo, quemarte las manos, la boca, fumarte el alma, fumar el tiempo para que pase... Y él sabía que yo sabía".El romance se agotó. Con frecuencia dormían juntos en su celda, a veces hacían el amor, a veces sólo se acostaban juntos. Hablaban, se abrazaban, compartían sus secretos más íntimos. "[Con frecuencia] no teníamos [sexo], pero él quería sentirme cerca", recordaba ella. "Él quería que yo estuviera desnuda, sentirme cerca de su cuerpo. No teníamos sexo, pero estábamos juntos. Y yo lo entendía, y sabía que él quería llorar. Yo sabía que ya estaba harto de esa prisión...

Hernández recordó que después de la primera vez que hicieron el amor, "él envió un ramo de flores y una botella de whisky a mi celda. Yo era su reina".

Aunque el Chapo no podía escribir, también le envió tarjetas a Hernández, escritas por un reo, que expresaban sus pensamientos.

"¡Hola, mi vida! Zulema, querida", escribió el Chapo el 17 julio 2000, mientras las autoridades planeaban transferir a su amante a otra correccional. "He estado pensando en ti cada momento y quiero imaginar que estás contenta... porque tu transferencia será pronto... La otra prisión será mucho mejor para ti, porque habrá más espacio, más movimiento y tiempo en los días en que tu familia te visita.

Cuando uno ama a alguien, como te amo en mi corazón, uno está contento cuando hay buenas noticias para esa persona que uno adora, aun cuando estaré más sensible en los días posteriores a tu transferencia... Preciosa, si antes de que te transfieran podemos vernos (si Dios quiere, mañana), quiero darte un dulce abrazo y tomarte en mis brazos para preservar este recuerdo cada vez que piense en ti, y así soportar tu ausencia hasta que Dios nos permita estar juntos de nuevo, bajo diferentes condiciones y en algún otro sitio que no sea este difícil lugar.

Firmó la carta simplemente "JGL".

Zulema no fue transferida. El Chapo escribió de nuevo unos días después.

¡Amor de mis amores! ¿Cómo estás, preciosa? Espero que estés bien, tranquila y optimista, como deberías estarlo, probablemente estás algo ansiosa porque no has sido transferida aún, pero no te desesperes, sucederá, es sólo cuestión de tiempo, sólo unos cuantos días, de acuerdo con el abogado...

...Mi corazón, ahora que te vas y que yo me quedaré un rato más, te extrañaré muchísimo... Cuando te hayas ido sufriré mucho, me he encariñado mucho contigo, has sabido cómo ganarte mis sentimientos, y con franqueza y honestidad puedo decir que te amo, que eres una bella persona, una niña bonita que ha despertado en mí la pasión del amor... Encuentro consuelo en pensar cómo te comportaste conmigo, recuerdo tu cara con esa sonrisa que tanto me agrada, recuerdo todo lo que hemos hablado, las alegrías, las tristezas, pero por encima de todo, para mí, recordar cada momento, cada instante que fuimos una pareja —hombre y mujer— tiene un valor especial... Zulema, te adoro...

Luego de siete años tras las rejas, cinco de ellos en Puente Grande, estaba claro que el Chapo había encontrado una verdadera compañera. La transferencia de Hernández nunca se llevó a cabo, y ellos continuaron su relación.

El Chapo envió más cartas.

¡Hola mi amor!... Mi amor, ayer soñé contigo y fue tan real, tan bonito, que cuando desperté, sentí como si tuviera algo bueno en mí, pero al mismo tiempo [sentí] un poco de tristeza cuando me di cuenta de que era sólo un sueño... De momento no tengo los detalles precisos, pero sí... la próxima semana, con el favor de Dios, te veré y tendré la oportunidad de mirarte a los ojos y al mismo tiempo decirte cuánto te amo, [decirte] lo que representas en mi vida y [contarte de] los planes que tengo para nosotros en el futuro.

Una noche, a finales del 2000, cuando estaban juntos, el Chapo le habló a Hernández de sus planes para escapar.

"Acabábamos de hacer el amor —recuerda Hernández—. Él me abrazó: 'Cuando me vaya, estarás mejor; te voy a ayudar con todo. Le di instrucciones al abogado... No te preocupes, nada saldrá mal, todo está bien'.".

El Chapo cumplió su promesa. En 2003, Hernández fue liberada de Puente Grande, y se unió a una pequeña banda de narcotraficantes. En menos de un año fue capturada, pero los abogados del Chapo ayudaron a acortar su sentencia.

Sin embargo, las relaciones del Chapo con mujeres dentro de Puente Grande no eran todo rosas, ni siquiera disfrazadas de amor. Algunas relaciones eran mucho más siniestras. Los reportes de abuso y violación durante los encuentros del Chapo y sus asociados con las prostitutas abundaban y en más de una ocasión las autoridades de derechos humanos y las autoridades estatales investigaron sus quejas.

Por supuesto, muy poco de esto se comprobó: todos estaban en la nómina del Chapo, y pocos hablaban.

Señal de alerta

Aunque el Chapo era un prisionero (si se le puede decir así), seguía siendo un gran narcotraficante. Pudo continuar administrando su negocio desde el interior de Puente Grande. Antes de su captura, le había dado algo de dinero a un lugarteniente de alto rango para asegurarse de que todo marchara sobre ruedas mientras él estaba adentro. El Chapo y sus hombres tenían varios teléfonos celulares, y por ese medio se encargaban de sus negocios; aparentemente también usaban *laptops* para algunos asuntos de contabilidad.

De acuerdo con la DEA y la PGR, Arturo, uno de los hermanos más jóvenes del Chapo, había recibido el control operativo del narcotráfico en Sinaloa en 1995, más o menos por la época en que el Chapo fue transferido a Puente Grande. Pero por medio de sus abogados, quienes le daban instrucciones a Arturo, aparentemente el Chapo aún estaba ordenando la construcción de túneles para el contrabando de drogas por debajo de la frontera con Estados Unidos —lo cual, para entonces, se había convertido en su marca distintiva— y asegurándose de que su hermano tuviera bien afianzado el negocio.

Incluso parecía estar ganando terreno. En 1996, el agente más importante de la DEA, Thomas Constantine, le dijo al Congreso de Estados Unidos que Miguel Caro Quintero, ubicado en el norte, en el estado de Sonora, estaba a cargo del narcotráfico sinaloense. Pero para 1997 Constantine había cambado de opinión y le recordaba al gobierno la existencia del Chapo.

> "Actualmente está encarcelado en México; sin embargo, las autoridades de México y Estados Unidos aún lo consideran un narcotraficante internacional muy importante", le dijo Constantine al Congreso. "La organización [sinaloense] no ha sido desmantelada o seriamente afectada por el encarcelamiento de Guzmán Loera... los elementos y colaboradores cercanos de Guzmán Loera están activos en México, a lo largo del suroeste de la frontera [de Estados Unidos], en el oeste y centro-oeste de Estados Unidos, y en Centroamérica".

El siguiente año, Constantine advirtió nuevamente acerca del poder del Chapo. "Guzmán Loera aún es considerado un gran riesgo, tanto en Estados Unidos como en México", declaró.

Hasta el día de hoy no está claro por qué el Chapo decidió quedarse tanto tiempo en Puente Grande, dado que probablemente podía haber escapado antes sin mucho problema.

En 1995 pasó por un intenso proceso de exámenes y terapia psicológicos. Aunque se le había diagnosticado trastorno de personalidad antisocial, aparentemente respondió a la terapia. Durante sesenta y tres sesiones con un terapeuta en su celda, se había abierto con respecto a su familia, y expresaba interés en cambiar su conducta si fuera necesario.

Tanto su habilidad para manejar la frustración como el control de su paciencia mejoraron en el curso de su terapia; el Chapo también aprendió a controlar sus impulsos, indicaba la evaluación psicológica. Su capacidad de introspección se estaba incrementando; su capacidad de juicio estaba mejorando. Aprendía de las experiencias. El Chapo también tenía un plan para el futuro, dijo el terapeuta: trabajaría en la agricultura, legalmente.

De acuerdo con Zulema Hernández, el Chapo sabía los riesgos que implicaba dejar Puente Grande. Durante sus reuniones nocturnas él hablaba del destino que le aguardaba afuera.

Tenía enemigos por todo el país. Los hermanos Arellano Félix en Tijuana todavía lo querían muerto, y las relaciones entre el cártel de Sinaloa del Chapo y sus rivales del Golfo de México eran siempre una fuente de tensión. "Él sabía que si escapaba, si quedaba expuesto... podrían matarlo", recordó Hernández. "Él sabe que en su negocio, uno [podría] pierde a toda su familia. Y sabía lo que tendría que enfrentar. No es tan fácil decir 'Me voy... y eso es todo'. Porque es andar huyendo por el resto de la vida, es esconderse toda la vida, es estar alerta toda la vida".

Más allá de sus hermanos y familiares cercanos, ni siquiera estaba claro si el Chapo realmente podía confiar en su propia gente en Sinaloa, incluso en los hermanos Beltrán Leyva, Juan José Esparragosa Moreno, alias "El Azul", e Ismael "El Mayo" Zambada. El grupo de Sinaloa nunca había sido una hermandad unida, sino que operaba con un

estilo de organización relajada, lo cual más tarde les gran-
jearía a ellos y sus aliados el nombre de "La Federación".
Pero los hermanos Beltrán Leyva le estaban enviando dinero
a Puente Grande, ayudándole a mantener su estilo de vida
mediante la corrupción, y por medio de mensajes retransmi-
tidos al Chapo en la prisión, los capos sinaloenses finalmente
expresaron su deseo de que se uniera de nuevo a sus filas.

Él tenía que confiar.

También había indicadores de que el Chapo no tenía
control total dentro de Puente Grande, como algunos han
alegado. En sus cartas a Zulema, en ocasiones el narcotraficante reconocía que las cosas no estaban completamente
bajo su control. A veces escribía que arreglar encuentros
con ella y otros asuntos, "era sólo cuestión de dinero",
mientras que en otras ocasiones él no podía ver a su amor
porque "debemos ser prudentes".

Es muy probable que el Chapo estuviera simplemente
engañando a Hernández mientras coqueteaba con otras
mujeres. Era un hombre que sabía conseguir lo que quería, aun siendo de procedencia sencilla. También era extremadamente platicador para ser un hombre que se creía era
emocionalmente muy desapegado; algunas de sus palabras
(transcritas por un reo) sonaban como si fueran de un esta-
fador, no de un amante: "Te envío un beso de miel y un
abrazo que te haga vibrar de emoción", escribió en octubre del 2000.

La teoría más interesante con respecto a la fuga del
Chapo era que tenía tanta información sucia acerca de
los nexos del gobierno federal con su organización y sus
enemigos, que hubo que soltarlo. Algunos dicen que el
Chapo iba a dejar en evidencia al nuevo gobierno del presidente Vicente Fox, mismo que en el año 2000 se había
convertido en el primer gobierno de México electo demo-

cráticamente. Otra teoría era que el Chapo sabía que un cambio en el gobierno mejoraría su situación, puesto que los hermanos Arellano Félix habían estado presuntamente muy ligados a el Partido Revolucionario Institucional (PRI).

En una de sus cartas a Hernández, el Chapo dio a entender que estaba esperando hasta que Fox tomara el poder para resolver algunos asuntos: "Ellos podrán arreglar muchas cosas en asuntos que no son tan sencillos como los tuyos...".

Samuel González Ruiz, exprocurador federal contra el crimen organizado, cree que fue su cerebro lo que sacó al Chapo de prisión, asegurando que el plan para escapar fue urdido a lo largo de aproximadamente cuatro años. El Chapo mandó a uno de sus cuñados a negociar un acuerdo, tanto con el gobierno mexicano como con la DEA. "¿Qué te puedo dar?", preguntó el cuñado. ¿Qué te puedo dar? "Había negociaciones serias, con presión de verdad", dijo González Ruiz.

Al final el Chapo ofreció entregarles a los hermanos Arellano Félix. "Los norteamericanos cayeron en la trampa", dijo el ex fiscal, ahora consultor y académico en la principal universidad de izquierda, la UNAM, con frecuencia crítica acérrima del gobierno federal. "el Chapo se ganó a la embajada [de Estados Unidos]. Es listo."

Las autoridades norteamericanas desecharon sus declaraciones como falsas.

Cualquiera que haya sido la razón, en los albores del nuevo milenio el Chapo estaba listo para irse, y sus aliados en el cártel de Sinaloa aparentemente querían traerlo de vuelta a la organización. Le ayudarían a escapar.

Casi un año antes de su fuga, el Chapo echó a andar un plan. La idea original era simular un *motín* o revuelta, y escapar en medio del caos. En el pasado se habían llevado a cabo fugas así de descaradas —no en Puente Grande, pero sí en otras penitenciarías mexicanas— y el Chapo sabía que podía funcionar. Pero siempre existía el riesgo de una acción represiva inmediata por parte de la Policía Federal o del Ejército, tan pronto estallara el motín.

El bajo mundo mexicano se enteró rápidamente de estos rumores; al menos un reo telefoneó anónimamente a las autoridades de Puente Grande para dar aviso. Se hablaba de que el Chapo planeaba escapar; tal vez incluso ya lo había hecho y el gobierno simplemente lo estaba encubriendo. También se especulaba que los jueces federales habían recibido dinero a cambio de dejar libre al Chapo.

En 1995, dos años después de su arresto, el Chapo había sido condenado por tres crímenes: posesión de armas, crímenes contra la salud —o tráfico de drogas— y participación en el asesinato del cardenal Juan Jesús Posadas Ocampo el 24 de mayo de 1993. El juicio se había llevado a cabo como la mayoría de los juicios mexicanos serios: a puertas cerradas, con un juez, pero sin jurado. El Chapo había sido juzgado y sentenciado en un tribunal dentro de la prisión federal, en las afueras de Almoloya de Juárez, Estado de México.

Cuando el Chapo ya había pasado varios años en prisión, otro juez falló que no era culpable del cargo de asesinato. Estaba claro que el Chapo lo había sobornado, clamaron los cínicos; pronto compraría su salida de la prisión por completo, vaticinaron.

El 12 de octubre de 2000, la PGR habló:

> [Los rumores con respecto a] que el señor Joaquín Guzmán Loera pudiera quedar pronto en libertad, son absolutamente falsos e inexactos. El señor Joaquín Guzmán Loera... está confinado en la prisión federal de máxima seguridad de Puente Grande, Jalisco, en donde se encuentra cumpliendo [una condena de] 20 años y nueve meses.

Indicó la institución judicial en una declaración.

Cuán equivocada estaba la PGR. Para entonces, el Chapo ya había echado a andar el Plan B. Aunque, efectivamente, la prisión estaba en su nómina, el Chapo había desarrollado una amistad especial con el custodio conocido como El Chito. El Chito y él se habían vuelto cercanos; a veces el custodio trabajaba de intermediario, entregando a Eréndira flores y regalos del Chapo.

Sólo unos meses después, el momento se presentó. Supuestamente la fuga le costaría 2.5 millones de dólares; habría que sobornar a docenas de custodios. La policía en Jalisco sería sobornada para que el Chapo tuviera al menos 24 horas para salir del estado y ganar suficiente ventaja ante la inevitable persecución militar.

La historia oficial, la que le contarían a los custodios de Puente Grande sobornados, sería que el Chapo estaba contrabandeando oro fuera de la prisión. El oro, ostensiblemente extraído de rocas en el taller de la prisión, era contrabando, pero no era algo tan grave como para que los custodios fueran castigados severamente por hacerse de la vista gorda ante su salida. Sólo El Chito sabría que lo que iba en el carrito de lavandería no era oro.

Era uno de los trucos más antiguos (y mejores) del manual: reconocer una actividad ilegal pero mantener en secreto tus intenciones reales. Precisamente como los espías que antaño cruzaban las fronteras actuando como contrabandistas —y los narcotraficantes se habían dirigido a Estados Unidos simulando llevar otra mercancía ilegal, menos nociva—, el Chapo escaparía bajo la cortina de humo del oro ilegal. Era prácticamente a prueba de tontos.

Sólo Tello Peón estaba en el paso. El 15 de enero del 2001, el subsecretario de Seguridad Pública recibió una llamada telefónica de la Comisión Nacional de Derechos Humanos. Las condiciones en Puente Grande se deterioraban día con día, le dijeron. Había que hacer algo con respecto a la corrupción en las instalaciones. Tello Peón se dio cuenta de que el Chapo era, al menos parcialmente, responsable de ello. El narcotraficante debía ser trasladado inmediatamente a otro bloque de celdas, en donde sus movimientos e interacción con otros reos estuvieran mucho más restringidos. Ese sería un primer paso adecuado; quizá más adelante pudiera ser transferido a otras instalaciones.

Nunca sucedería.

La fuga del Chapo

Se fugó el Chapo Guzmán
Dóriga dio la noticia
fue una noticia muy fuerte
para el gobierno ese día
ellos no se imaginaban
que el Chapo se fugaría

Lo tenían procesado
en el penal Puente Grande
eran grandes los problemas
que el Chapo tenía pendientes
a fuerza estaba pagando hasta
que se enfadó el jefe

Qué bonitas son las fugas
cuando no existe violencia
mi compa les ganó limpio
grábenselo en la cabeza
si antes hubiera querido
él se les pela a fuerza

Muchos millones de verdes
los que ahí se repartieron
el director del penal

y 32 compañeros
se voltearon los papeles
y ellos están prisioneros

Dónde está el Chapo Guzmán
búsquenlo por todas partes
si tardaron pa' sacarlo
van a tardar pa' encerrarlo
tal vez muera mucha gente
si un día llegan a encontrarlo.

Adiós penal Puente Grande
para mí no fuiste cárcel
yo me sentía como en casa
mas no pude acostumbrarme
adiós compa Güero Palma
afuera voy a esperarte

La Fuga del Chapo, narco-corrido de El As de la Sierra

Capítulo 2

EL INTERCAMBIO DE LAS CULPAS

Mientras más de 500 agentes de la PGR y miembros de la Policía Federal y el Ejército buscaban por todo México para encontrar al Chapo, el intercambio de culpas alcanzó su máxima expresión. Funcionarios de derechos humanos estatales señalaron a la Comisión Nacional de Derechos Humanos (conocida como la CNDH), diciendo que ellos habían ignorado reclamaciones de corrupción en Puente Grande. La PGR criticó a la Secretaría de Seguridad Pública (SSP), encargada del sistema penitenciario de la nación, entre otras cosas.

Tello Peón se preguntaba por qué le había tomado tanto tiempo a la prisión notificarle de la fuga, pero no recibió respuesta. Los reportes de prensa eran contradictorios; el confiable periódico *Reforma*, por ejemplo, reportó que el Ejército y la Policía Federal se enteraron de la fuga a las 10:00 pm, horas antes de que se informara a Tello Peón, lo que desembocó en más comentarios acerca de una complicidad en gran escala. El *Reforma* incluso mencionó que al Chapo se le había permitido desaparecer por mandato federal, pues poseía mucha información que implicaba a funcionarios de alto rango.

Algunos guardias atestiguaron que la fuga había ocurrido más temprano, en la tarde; otros aseguraron que el

Chapo se había evadido varios días antes de la visita de Tello Peón. Subsisten las lagunas en la historia, incluso después de las subsecuentes investigaciones. La confusión era la única certeza.

Se hicieron búsquedas y arrestos, no sin problemas. Los custodios que habían sido detenidos presentaron quejas alegando que habían sido maltratados y privados de sus derechos. Mauricio Limón Aguirre, el gobernador de Jalisco, estaba furioso por que Tello Peón no hubiera incluido tropas estatales en la cacería de su convicto evadido más notorio. (El Ejército y la Policía Federal se habían hecho cargo de la persecución, en gran medida porque les preocupaba que la Policía Estatal ya hubiera sido comprada por el Chapo).

En la conferencia de prensa del 22 de enero Limón condenó al jefe de la Policía Federal:

> Yo creo que hay una serie de contradicciones entre lo que están diciendo las autoridades federales y lo que están haciendo —declaró—. El señor Tello Peón ha difundido un número telefónico para que el público llame (para dar pistas acerca del paradero del Chapo). Sin embargo, él no pidió el apoyo del gobierno estatal ni formal ni informalmente.

Representantes de la PGR en Sinaloa se quejaron de lo mismo. Al público se le había pedido que ayudara, pero a las autoridades locales se les había hecho a un lado.

A lo mejor las autoridades locales eran sospechosas a los ojos del gobierno federal, pero el número telefónico establecido para el público tampoco estaba funcionando precisamente de maravilla. En los días que siguieron inmediatamente a la fuga del Chapo, la Policía Federal recibió cerca de diez llamadas cada cinco minutos a través de su línea de acceso directo. El anonimato de los denunciantes estaba garantizado pero no se ofrecía ninguna recompensa a pesar de que casi todos los que llamaron preguntaron si había recompensa. Se siguieron algunas pistas pero resultó que la mayoría de las llamadas se debían a niños que bromeaban. "Lamentablemente la gente está interpretando esto como un juego", dijo una fuente de la Policía a un periódico local. Tello Peón no bromeaba.

> Lo que sucedió en Jalisco —declaró—, es evidencia de la capacidad de corrupción, podríamos decir de la erosión estructural de las instituciones nacionales por parte del crimen organizado, particularmente del tráfico de drogas. Las rejas de la prisión y los millones de pesos [invertidos] en sistemas de seguridad no servirán de nada si los prisioneros salen por la puerta. Dicen que el señor Guzmán no escapó, sino que lo dejaron salir.

Tello Peón volvió a prometer que atraparía al Chapo.

> Es nuestra responsabilidad —dijo—. Todos tenemos que trabajar por la seguridad de México tenemos que hacer la vida de gente como él [Chapo] imposible, ya sean conocidos como criminales fugitivos o como servidores públicos coludidos".

Desde aquel día el Chapo ha sido el hombre más buscado de México.

Sólo en 2001, docenas de socios del Chapo fueron arrestados en las ciudades de Reynosa, Puebla, Toluca y la capital del país. Sinaloa y el vecino estado de Nayarit, también experimentaron una ola de redadas. A finales del verano de aquél año, Esteban Quintero Mariscal, un primo y asesino a sueldo del Chapo, fue arrestado y encarcelado en el Cefereso 1, la prisión de máxima seguridad de México. Al día siguiente, El Chito, el custodio que había ayudado a escapar al Chapo, fue capturado y encerrado en el reclusorio preventivo oriente de la ciudad de México.

Mientras, en Guadalajara, en los días que siguieron inmediatamente a la fuga, El Chito, había sufrido un ataque de pánico. Regresó al coche con una botella de agua, sólo para descubrir que el Chapo había desaparecido en la noche. ¿Qué debía hacer con el coche? ¿Debía seguir el consejo del Chapo y continuar huyendo? Él no tenía manera de ponerse en contacto con el señor de las drogas; ¿podría arreglárselas él sólo para evitar que lo capturaran?

El Chito había decidido dejar el Chevrolet afuera de la casa de una novia; ella dormía, así que no haría preguntas. Entonces él tomó un taxi hasta el centro de Guadalajara donde compró un boleto de autobús para la ciudad de México. Ahí se perdería en el anonimato. Nadie lo conocía ni podría identificarlo.

Aun así, las autoridades lo atraparon. Una vez en sus manos, él habló.

El testimonio del Chito aparentemente contradecía buena parte de lo que el gobierno había afirmado hasta entonces. Por ejemplo, El Chito aseguró que había actuado solo; él era el único responsable de lo que "El Señor" había hecho, le dijo a un juez en la prisión. Más aún: la fuga no había sido planeada, dijo El Chito. Él había estado haciendo sus rondas con el carrito de la lavandería cuando el Chapo lo mandó llamar a su celda.

"¿Me ayudarías? —preguntó el señor de las drogas—, no puedo enfrentar una extradición, necesito salir de aquí ahora mismo".

El Chito calcula que la fuga completa debió haber tomado precisamente 15 minutos a partir de aquel momento. Él sacó el carrito de la lavandería simplemente para ayudar al Chapo, con quien simpatizaba. "No me pagaron un peso por el favor que le hice al señor Guzmán Loera".

Las autoridades no le creyeron. Aunque seguía habiendo varios huecos en su propia reconstrucción de la fuga, ellos simplemente no creyeron que El Chito hubiera sido el único involucrado en tan complicado, por no decir embarazoso, asunto.

La búsqueda continuó. El 7 de septiembre la suerte de las autoridades cambió.

Luego de una incursión a una casa de seguridad en el barrio de Iztapalapa, al Este de la ciudad de México, agentes federales persiguieron a un trío de sospechosos hasta Taxqueña, al sur de la ciudad, donde finalmente los atraparon. Entre esos detenidos estaba Arturo Guzmán Loera, alias "El Pollo". Habían pescado al hermano del Chapo, el hombre que se había hecho cargo del negocio de las drogas de Sinaloa, mientras su hermano mayor estaba encerrado en Puente Grande. Más importante aún, era que quien los había conducido hasta Arturo había sido el primo capturado Quintero Mariscal. Si la familia se estaba volviendo contra la familia, quizá tendrían suerte.

Aquel otoño de 2001, las fichas de dominó siguieron cayendo. A cada gran redada seguía otra gran redada. En noviembre, la inteligencia militar determinó el paradero del Chapo en algún lugar entre las ciudades de Puebla y Cuernavaca. Agentes federales se movilizaron.

Pero para cuando llegaron, el Chapo, una vez más, hacía mucho que se había ido. Capturaron en cambio a un cómplice clave: Miguel Ángel Trillo Hernández. (Más tarde sería transferido a Puente Grande, que ya para estos momentos se conocía con el nombre burlón de "Puerta Grande"). Trillo había ayudado al Chapo en los días posteriores a su fuga, también, rentando casas que el señor de las drogas podía usar para esconderse.

Las autoridades obtuvieron más pistas, pero el Chapo seguía sin aparecer. En una ocasión investigando soplos proporcionados por detenidos y residentes anónimos, habían estado a un pelo de atraparlo. Habían descubierto que el Chapo se ocultaba en un rancho en las afueras del poblado de Santa Fe, Nayarit. Los militares desplegaron helicópteros para cercar el área pero El Mayo Zambada, su colaborador, puso a su disposición su propio helicóptero para sacar al Chapo y llevárselo a un territorio más seguro en la sierra.

También había perdido al Chapo cuando éste se ocultaba en Toluca, aproximadamente a una hora de la capital del país. En una ocasión, el convoy del Chapo circulaba por la autopista México-Toluca cuando uno de sus cuatro coches había sido detenido en un retén. El Chapo estaba en uno de los otros tres a los que se les había franqueado el paso apenas momentos antes.

En los días que siguieron a la fuga, él no siempre estuvo huyendo. Un oficial de la Policía Federal reveló que de junio a septiembre el Chapo había permanecido oculto en Zinacantepec, un pueblo de unos 130 mil habitantes en las afueras de la ciudad de México, lo que obligó a las autoridades federales a volver a evaluar una vez más la posible complicidad de autoridades locales y fuerzas policiacas.

Dos incidentes en Nayarit, el estado situado al sur de Sinaloa, habían resultado ser los más conflictivos. Luego de su fuga, el Chapo aparentemente había ofrecido una gran fiesta en Nayarit, que en ese tiempo también se consideraba parte de su territorio. Tal exposición debería haberles permitido aprehenderlo.

En otra ocasión, el Ejército recibió información de que el Chapo estaba en las montañas del estado, cerca de donde los soldados estaban destruyendo plantaciones de marihuana. Mientras se preparaban para cercarlo, un avión de la Fuerza Aérea Mexicana sobrevoló precisamente el área donde decían que se escondía el Chapo. Si en efecto hubiera estado ahí, el avión habría sido suficiente advertencia; para cuando llegaron los soldados, no encontraron a nadie. Tener a alguien de la Fuerza Aérea en su nómina seria bastante fácil para un poderoso como el Chapo, pero tal complicidad era sumamente preocupante.

Todavía abundaban los rumores de que Tello Peón había desempeñado un papel en el escape del Chapo. Sólo alguien de alto nivel en el gobierno e información de primera mano como él podía haber orquestado la fuga, murmuraban los cínicos; seguro que el Chapo se lo había echado al bolsillo.

Tello Peón negó las acusaciones. Pero éstas tuvieron efecto. Hacia finales de 2001 renunció a su cargo y a la administración pública alegando razones personales.

Pero mientras el año se acercaba a su fin, las autoridades aún tenían esperanzas. Se habían enterado de que el Chapo estaba molesto por la captura de su hermano; informantes que en octubre habían estado con el narco en Puebla dijeron que había considerado el suicidio, durante, luego de la captura de Arturo.

La caída de casi un puñado de los principales encargados de logística y seguridad del Chapo también habían sido aparentemente un golpe duro a su ánimo. Pronto caería, aseguraron las autoridades; el único sitio para ese criminal estaba en la cárcel.

Pero el Chapo pasó por alto la retórica; todavía estaba libre

Capítulo 3

DE GOMEROS A DIOSES

Cuando nació, preguntó la partera
cómo le van a poner.
Por apellido él será Guzmán Loera
y se llamará Joaquín.
De niño vendió naranjas allá por la sierra
nomás pa' poder comer.
Nunca se avergüenza de eso;
al contrario, dice que fue un orgullo pa' él.

Pa' los que no saben quién es Guzmán Loera,
 con gusto les voy hablar.
apoyado por El Mayo, por Nacho y Juanito
y amigos que andan por a'i
Él forma parte del cártel
más fuerte que existe.
Es de puro Culiacán
trae la camisa bien puesta, orgulloso lo dice:
yo soy el Chapo Guzmán

"El Hijo de La Tuna" (fragmento), narcocorrido cantado
por Roberto Tapia

Las montañas alrededor de La Tuna de Badiraguato, Sinaloa, se alzan escarpadas y firmes. Los caminos de terracería conducen a las afueras del pueblo; a la distancia, los bulbos rojos de la amapola del opio puntúan el camino en los terrenos de altitud elevada. También hay bulbos morados, y algunos campos en las faldas de las montañas están llenos de bulbos blancos, que desde el aire se ven como nieve.

Fue aquí, en el noroeste de México, donde los comerciantes chinos introdujeron el opio al hemisferio occidental en el siglo XIX. Y fue aquí, en este pequeño caserío de apenas unos cientos de habitantes, donde el 4 de abril de 1957 nació Joaquín Archivaldo Guzmán Loera.

En aquel entonces La Tuna tenía alrededor de 200 habitantes, todos hacinados en poco más de una docena de casitas diseminadas bajo una cumbre que se eleva mil 400 metros sobre el nivel del mar. Hoy La Tuna sigue teniendo como 200 habitantes; aparte de la finca grande que el Chapo construyó para su mamá, el resto del terreno permanece prácticamente igual. Dos caminos se dirigen hacia el pueblo, y dos caminos conducen fuera de él. Una pista aérea en las faldas de la montaña es la vía principal para llegar y salir de ahí.

Como todo los hombres de La Tuna, el padre del Chapo, Emilio Guzmán Bustillos, era, al menos oficialmente, ganadero y agricultor. Excepto por unas pocas huertas de tomates y naranjas en el pueblo, la economía local gira ostensiblemente alrededor del ganado. La mayoría de los habitantes de La Tuna viven en casitas de dos habitaciones con piso de tierra. No hay agua potable en la zona. No hay sistema de drenaje de ningún tipo. Los niños andan descalzos por todo el pueblo y las faldas de las montañas. Hospitales y escuelas son lujos que la gente de esta parte de la sierra no puede pagar.

Una educación decente no estaba en el destino de Joaquín, quien de niño se ganó el sobrenombre sinaloense habitual de "Chapo", que significa "bajo y fornido". La escuela más cercana estaba a casi 97 kilómetros de distancia, así que él y sus hermanas Armida y Bernarda, y sus hermanos Miguel Ángel, Aureliano, Arturo y Emilio, fueron educados por maestros visitantes. Eran principalmente voluntarios que podían pasar entre tres y seis meses en La Tuna antes de volver a rotar. Los útiles escolares y los libros eran escasos, y en el mejor de los casos los niños estudiaban sólo hasta los 12 años de edad. Después tenían que trabajar una tierra tan implacable que la mayoría apenas costeaba su supervivencia y sólo podía tener esperanza y rezar por una vida mejor que la que habían heredado.

Caseríos como La Tuna han sido abandonados históricamente. No hay gobierno, sólo un ciudadano del pueblo que ostensiblemente le reporta a las autoridades municipales. Hay una historia famosa de un congresista del estado recién electo que visita uno de los poblados más apartados de su distrito. Al dirigirse a los residentes en la plaza del pueblo, no se anda por las ramas: "Échenle una buena y larga mirada a mi cara... porque ésta es la última vez que la van a ver en este pueblo de mierda". Según la historia, el congresista cumple su promesa.

Meza Ortiz, el alcalde actual de Badiraguato, ciertamente lo ha hecho, y los habitantes dicen que su antecesor nunca se molestó en visitar La Tuna. La mayoría de la gente en Badiraguato mira despectivamente las profundidades de la sierra, de manera muy semejante a como los de Culiacán hacen menos a Badiraguato. Un miembro del equipo del alcalde fue particularmente franco con respecto al poblado donde creció el Chapo: "¿Para qué querría uno ir a La Tuna? Está jodido allá".

La violencia doméstica campea en la sierra, lo mismo que el abuso infantil. En ocasiones, las chicas jóvenes son violadas por sus padres y tíos; en los hechos, las mujeres no tienen derechos. Los hijos veneran a sus madres, pero una vez que esos hijos se casan, el ciclo de abuso continúa con las nuevas esposas. La mayoría de la población de la sierra es iletrada. El alcoholismo es rampante. La vida tiene poco valor. Cuando son jóvenes, los residentes le rompen el cuello a los pollos; cuando crecen, algunos no dudan en partirle el cuello a sus prójimos.

Los políticos de Sinaloa admiten que la situación en la sierra es mala, pero eso no significa que estén haciendo algo al respecto. "La gente en la sierra que trabaja en el tráfico de drogas, es porque no les hemos dado oportunidades de desarrollo para que la gente se dé cuenta de que el crimen no paga", lamentó el congresista de Sinaloa, Aarón Irízar López, un ex alcalde de Culiacán, mientras desayunábamos y conversábamos en el vestíbulo de un hotel de la ciudad en una calurosa mañana de verano. "[Y] la gente es como las computadoras: lo que pones ahí es lo que hace".

Mientras el congresista hablaba, un grupo de narco-esposas que almorzaban en el hotel se rieron a carcajadas en una larga mesa situada a sus espaldas. Arregladas con las uñas pintadas y peinados como sacados de la película *Goodfellas*, se pasarían las siguientes tres horas bebiendo sorbos de champaña y platicando, antes de finalmente irse en sus autos deportivos y sus camionetas, algunas de las cuales no tenían placas. El equipo del hotel les servía calladamente, esperando a que se fueran antes de murmurar sobre ellas. La mayoría de las esposas de narcos son de Culiacán y sus alrededores; es bien sabido que hablar públicamente de ellas, especialmente de manera negativa, se paga caro.

Irízar, un hombre de cincuenta y tantos años y aspecto amable que tiene claros los límites de la política, goza de respeto en Sinaloa. Como alcalde, él prometió acabar con ciertas actividades ilícitas —la prostitución, por ejemplo— y, como resultado, recibió amenazas de muerte. Pero a pesar del miedo, perseveró. "Decir que no tenía miedo sería mentir. Pero necesitamos un cambio de actitud. Estamos viviendo en un tiempo en que la democracia no está satisfaciendo las expectativas del público". Durante nuestra entrevista, varios transeúntes se acercaron a él para saludarlo; estrechando su mano, le desearon la mejor de las suertes para cambiar las cosas. Él sonreía y también les deseaba buena suerte.

Irízar está insistiendo en particular en un programa que implante valores en la sierra —donde "los jefes de la droga matan padres y secuestran madres"— y tiene particular interés en impulsar proyectos para la juventud a lo largo y ancho de su estado. El congresista creció en un pequeño pueblo localizado a unos 80 kilómetros de Cualiacán; él admite que algunos de sus compañeros de escuela se hicieron narcos. "Algunos están en la cárcel, algunos está muertos", dice, con una sonrisa triste. "Otros son ricos".

Como muchos mexicanos que crecieron en esta depauperada región montañosa, el joven Chapo quería salir de aquí. Su padre lo golpeaba con frecuencia, y cuando era adolescente lo corrió de la casa. Él se fue a vivir con su abuelo. Día y noche trabajó en el campo. No tuvo infancia de ningún tipo, le contaría a Zulema Hernández mientras estuvo en la cárcel. Cuando hizo un recuento de su historia para ella, el Chapo se volvería contra las frías paredes de concreto, "como si fuera algo que sólo quisiera olvidar pero que, al mismo tiempo, lo hubiera mantenido prisionero cada momento de su vida".

Pero a diferencia de sus predecesores, él tendría un escape. Mientras el Chapo crecía en Sinaloa, otra industria se estaba desarrollando silenciosa y rápidamente a su alrededor. Después de la Segunda Guerra Mundial, cuando los veteranos de guerra de Estados Unidos necesitaban morfina por prescripción médica y otros buscaban heroína ilegal para aliviar el dolor de la posguerra, el sector agrícola de Sinaloa se estaba diversificando. El opio se estaba volviendo el boleto para salir rápidamente de la pobreza abismal. La aceptación de la marihuana en Estados Unidos durante las décadas de los sesenta y los setenta estaba creando demanda de otro producto ilícito que Sinaloa podía cultivar.

Puede que oficialmente el padre del Chapo fuera ganadero, pero de acuerdo con los residentes que recuerdan cómo era La Tuna en aquel entonces, de hecho era un *gomero* o productor de la amapola del opio, como todo el mundo en el pueblo. Aunque trabajaban para los de arriba —en aquellos tiempos los jefes eran los políticos locales, los encargados de aplicar la ley y otros por el estilo—, los gomeros administraban sus operaciones como negocios familiares.

Todos trabajaban: cada mañana, al amanecer, los hijos —al menos aquellos que tuvieran entre 11 y 18 años de edad— caminarían un par de horas montaña arriba hasta su sembradío de amapola y comenzarían a trabajar en la cosecha. Con cuidado, cortaban el capullo de la amapola, del cual la preciada goma de opio rezuma como melaza. (Hoy un kilo de goma le reportaría a la familia un ingreso de 8 mil pesos o 700 dólares). Mientras, la madre y las hijas prepararían el almuerzo y se los llevarían a primera hora de la tarde, llevando a cuestas a los hermanos menores.

El papel del padre no sólo era el del agricultor, sino también el de negociante. Él negociaría la venta de la cosecha con el siguiente eslabón de la cadena, y el opio sería transportado a Culiacán u otra ciudad cercana, como Guamúchil. Hoy en día la industria funciona de manera muy parecida.

El padre del Chapo tenía la suerte de estar relacionado con los meros meros en Culiacán, capital de Sinaloa, por medio de un hermano, Pedro Avilés Pérez. Elemento clave en el negocio de la droga en Sinaloa, a Avilés Pérez se le considera pionero, pues halló nuevos métodos para transportar el producto rural a las áreas urbanas para su embarque. También fue famoso por haber sido el primero que usó aviones para introducir cocaína a Estados Unidos.

Para una familia de campesinos, aquél era un gran paso. Para cuando estaba en sus veintes, el joven Chapo tendría una oportunidad para escapar de la horrenda pobreza que había atrapado a sus predecesores y coetáneos.

Raíces de rebelión

Si confundes el cielo y la tierra, el verde y el rojo; si has olvidado cómo sacar una raíz cuadrada y no sabes qué hacer con tu brújula, la mañana o el amor, has llegado a Sinaloa.

ÉLMER MENDOZA, escritor sinaloense.

No siempre Sinaloa ha tenido que ver con las drogas, pero incluso antes de los narcos y la demanda estadounidense de sustancias ilícitas, siempre ha estado marcada por la anarquía. Siempre ha estado al margen de la ley y ha sido violenta. "El carácter del sinaloense es mitad ángel y mitad demonio", dice el historiador local y sociólogo Martín Amaral.

A menudo, a lo largo de su historia, el ángel ha permanecido bien oculto, a veces completamente enterrado.

Durante la época prehispánica —antes de 1519— varios grupos indígenas vivían en la sierra. La región estaba aislada y ellos rara vez bajaban a los valles. Algunos grupos nómadas cruzaron la región, incluyendo a los aztecas, y las montañas siempre fueron más seguras, a pesar de las duras condiciones. Sin embargo, un grupo conocido como Huey Colhuacan terminó asentándose en el área de lo que hoy es Culiacán, sus tres ríos y la vegetación del valle era mucho más atractiva que la dura vida en las montañas.

Por varios cientos de años, el Huey Colhuacan vivió sin que lo molestaran en los bancos de los tres ríos locales, ahora conocidos como Humaya, Tamazula y Culiacán. Su asentamiento era conocido como Colhuacan, que se puede traducir como "aquellos que reverencian al dios Coltzin". El Huey Colhuacan sumaba sólo unos cuantos centenares, y vivieron una muy pacífica existencia.

Luego, en 1531, llegaron los españoles. Habiendo finalmente conquistado a los aztecas en 1521, estaban expandiendo sus dominios. El 29 de septiembre de 1531, Nuño Beltrán de Guzmán, un conquistador que había dejado dos años antes la capital de la Nueva España para colonizar el oeste, renombró esa área como San Miguel de Culiacán. Rápidamente se volvió un punto estratégico para los conquistadores españoles, que buscaban extender no sólo su dominio en la Nueva España sino también su religión.

Su trabajo se vería de pronto reducido. Apenas cuatro años después de la fundación de San Miguel de Culiacán, una epidemia de viruela mató a cientos de indígenas y españoles por igual en esa región. Mientras se dedicaban a fundar ciudades como Mazatlán en la costa y Sinaloa de Leyva en las faldas de la Sierra Madre y construir misiones y fuertes a lo largo de lo que hoy es el estado de Sinaloa, los españoles pronto descubrieron que imponer su idea del orden a los grupos indígenas del área iba a ser difícil, si no es que imposible.

Aunque dispersas, las tribus indígenas se unían en un feroz frente común: el odio a los fuereños. Como resultado, la mayoría de los españoles simplemente siguieron adelante; después de todo, buena parte de su gesta era dirigirse al norte y expandirse, mientras que aquellos que se quedaron se mezclaron con los nativos a pesar de enfrentar la perspectiva inminente de la muerte.

Los nativos incluso mataron a dos frailes —"los indios no querían más españoles en sus tierras", escribió un historiador— y gradualmente los españoles se retiraron de este territorio hostil.

Luego, el 6 de julio de 1591, llegaron los jesuitas. Esta orden católica, que había sido encargada por el Papa para encabezar la conquista espiritual, fundó misiones en la sierra a lo largo de las tierras bajas de la costa. Serían los jesuitas quienes más se acercarían a imponer orden en Sinaloa. Evitando la estrategia española de colonizar mediante la esclavización, buscaron ganarse la confianza de los indígenas. Los misioneros aprendieron su idioma y visitaban las comunidades con regularidad.

Al cabo de un año, más de mil indígenas de San Miguel de Culiacán y sus alrededores se habían convertido a la fe católica, y los jesuitas tenían la esperanza de que muchos más lo hicieran. Apostaban a lo que optimistamente percibían como la "docilidad" de los sinaloenses, aunque tímidamente preferían rodearse de soldados españoles cuando visitaban los pueblos de la sierra. Los jesuitas se dieron cuenta de que a los residentes no les molestaba escuchar su prédica; incluso parecían dispuestos al cambio.

Caminar por Culiacán hoy en día es como navegar en el laberinto de lo desconocido. El centro de la ciudad bulle como cualquier otro: la fila de fieles entra a misa mientras tañen las campanas de la iglesia; los ancianos se sientan en el parque y comentan las noticias del día o el clima; los escolares caminan por las calles persiguiéndose unos a otros o flirteando; los conductores de taxi gritan por la ventanilla.

Pero el submundo siempre está presente: cerca del pequeño pero surtido mercado de la ciudad, hombres jóvenes merodean por las esquinas de las calles. Algunos venden drogas; otro simplemente holgazanean. En puestos del mercado y en tiendas, los residentes reciben educadamente a los visitantes, pero es claro que casi todos se están preguntando qué haces ahí.

Según un agente de la DEA, en Culiacán darte la vuelta y hacer caso omiso de tus instintos equivale a suicidarte.

"Los indígenas no eran tan dóciles como creyeron los jesuitas", dice el historiador Sergio Ortega Noriega. En 1594, apenas tres años después de que habían llegado los jesuitas, esas tensiones salieron a flote. Un indio llamado Nacabeba reunió un grupo de simpatizantes rebeldes. Mataron a un misionero.

Miguel Ortiz Maldonado, de hecho el alcalde español de Sinaloa, reunió sus tropas y capturó a los insurgentes. Fueron ejecutados. Pero para prevenir que la rebelión se extendiera todavía más por la región, Ortiz Maldonado también expulsó a los jesuitas, ordenándoles que se retiraran a San Miguel de Culiacán.

Todavía se conservan las misiones, pero los jesuitas intentaron un acercamiento más modesto. Como define un estudiante de historia, "los jesuitas fueron los mejores gobernantes que jamás había tenido Sinaloa: nos dejaron gobernarnos nosotros mismos". En cambio, las relaciones de los jesuitas con los españoles se deterioraban. En julio de 1767 los españoles expulsaron totalmente a los jesuitas de Sinaloa.

A la largo de las décadas subsecuentes, Sinaloa volvió al desorden, sujeta sólo a los caprichos de su propia gente y a su temperamento arrebatado. Vinieron tiempos turbulentos. Los españoles que se quedaron a cargo se fueron acostumbrando a una vida fácil, menos apegada a la ley en el Nuevo Mundo.

A finales de 1810, con México en medio de su guerra por la independencia de España, la población indígena de Badiraguato también se levantó en armas. En pocos meses su territorio quedó libre de españoles; el 25 de febrero de 1811, los residentes declararon su independencia.

Desde entonces el Ejército Mexicano, el gobierno local y los regidores al estilo tribal —hombres fuertes, contrabandistas y narcos— rara vez han estado en el mismo bando, casi siempre en extremos opuestos, pero de alguna manera coexistiendo.

La peor clase de criminales siempre se han sentido bienvenidos en Sinaloa. Una costa accesible y montañas para esconderse son el principal atractivo para los contrabandistas, mientras que la falta de gobierno apropiado resulta igualmente atractivo para los bandidos de México.

A principios del siglo XX, incluso el legendario revolucionario Francisco "Pancho" Villa estableció su hogar en la Sierra Madre, en las faldas de lo que ahora es el estado de Chihuahua. Huyendo tanto de las fuerzas mexicanas como de las de Estados Unidos a lo largo de su vida, Villa se ocultó en la sierra, y al final se reunió con su creador en el pueblo montañés de Hidalgo del Parral.

Para la década de los sesenta, la cultura de la ilegalidad estaba tan arraigada en Sinaloa que el mítico bandido Jesús Malverde disfrutaba de un estatus que rayaba en el culto entre los residentes. La leyenda aseguraba que a finales del siglo XIX el bandido bigotón había robado a los ricos para darle a los pobres, antes de ser supuestamente capturado y colgado, el 3 de mayo de 1909.

El legado de Malverde florecería. Incluso hoy en día, un siglo después, miles de devotos seguidores se congregan cada mes en su templo en Culiacán para conmemorar su vida y su muerte, y para solicitar su asistencia de la misma manera en que lo harían con la Virgen de Guadalupe, la figura más reverenciada de la nación.

Los criminales consideran a Malverde una especie de "narco-santo", mientras que las autoridades denuncian su celebración como una plaga en la sociedad. "A menudo el gobierno no le da a la gente, así que ésta acude a los narcos", dice el estudiante de leyes Jesús Manuel González Sánchez, quien se ha hecho cargo del templo de Malverde en Culiacán desde que su padre, quien fuera el fundador, falleció. "Malverde es precisamente un símbolo de esto".

La violencia reina en Sinaloa. En la década de los sesenta del siglo xx, igual que ha ocurrido durante centurias, las disputas por la tierra en la sierra a menudo terminaban en matanzas. Los machetes todavía eran un arma popular entre los campesinos (hoy, la modernidad ha llegado: las pistolas, que se consiguen con facilidad, tienden a ser el arma preferida). Los duelos de antaño —disputas que se resolvían a tiros, al amanecer, con pistolas— todavía se dan.

Aunque no hay duda de que la ausencia del imperio de la ley tiene gran importancia en esta cultura, algunos residentes se lo atribuyen al temperamento de la gente (*caliente*), mientras que otros simplemente le echan la culpa al clima (igualmente caluroso). El psicoanalista Luis Ricardo Ruiz, quien actualmente trabaja con sinaloenses adictos a las drogas, es categórico en su valoración de las raíces de la violencia de su gente. "Las drogas no sacan a relucir nada que no esté en ti. Un carnicero es un carnicero".

Fue sobre estas bases que tanto Culiacán como el comercio de drogas crecieron. Culiacán había mantenido su aislamiento geográfico hasta la década de los cuarenta, cuando aceptó una oleada de inmigrantes griegos y chinos que llegaron a las costas sinaloenses. Pero a mediados del siglo xx una nueva línea de ferrocarril proveniente de la ciudad de México y que pasaba por Guadalajara, daría lugar a una afluencia de mexicanos de todos tipos. Culiacán se convirtió en un poblado en expansión que crecía a un ritmo que todavía era demasiado lento.

Para la década de los sesenta, los ranchos de las afueras de la ciudad, propiedad de los adinerados, estaban empezando a ser rodeados por viviendas de clases media y baja. La industria le estaba dando un empujón financiero a la ciudad, y la agricultura florecía. También el contrabando. Los residentes que crecieron en Culiacán en los sesenta recuerdan vívidamente cómo los vendedores ofrecían mercancía de Estados Unidos —cuya importación estaba prohibida por el gobierno federal— a lo largo de las calles y en los mercados de la ciudad. Mientras incluso en una capital cosmopolita como la ciudad de México tales artículos, como ropa y zapatos, todavía eran difíciles de encontrar, allá en el norte causaban furor en Sinaloa. Los niños de clase media tenían poco que desear.

En Sinaloa no se condenaba socialmente la actividad ilegal, así que, ¿por qué cultivar y traficar drogas habría de estar mal? Incluso, Estados Unidos no había empezado todavía realmente su guerra contra los narcóticos ilícitos. (Hoy en día persisten los rumores de que después de la Segunda Guerra Mundial, los gobiernos mexicano y estadounidense llegaron a un acuerdo mediante el cual los sinaloenses podrían proveer a Estados Unidos de heroína de manera extra legal, pero muchos expertos cuestionan su veracidad). Los hombres a cargo del comercio de drogas eran principalmente políticos o miembros de una élite social. Algunos se dedicaban a la agricultura, unos a las importaciones. Eran hombres de negocios, no narcos.

En aquel entonces la palabra "narco" ni siquiera existía. Aquellos que trabajaban en el comercio de drogas —los hombres y mujeres que se ensuciaban las manos cultivando o transportando marihuana y opio— eran conocidos ya fuera como gomeros o, más despectivamente, *buchones*—. Por vivir en la sierra, los buchones rara vez comen sal, una comodidad difícil de obtener, así que con frecuencia desarrollan bocio, que puede ocasionar que el cuello se inflame; de ahí *buchón*, en referencia a la bolsa que algunas aves tienen en la garganta para almacenar comida. Hoy en día la palabra ha llegado a asociarse simplemente con cualquiera que genera dinero de manera ilegal. Muchos sinaloenses más jóvenes incluso creen que se deriva de las cadenas de oro que los narcos llevan al cuello.

Allá por los sesenta y los setenta las cadenas de oro y la ropa llamativa que con tanta frecuencia se ve hoy en día en ciudades como Culiacán, no se veían por ningún lado. Mientras que los buchones se dedicaban al trabajo duro, los *capos* o jefes simplemente se dedicaban a sus negocios. Por supuesto, tenían autos deportivos y ropa de diseñador, y algunos ofrecían fiestas espléndidas en mansiones opulentas. Pero ahora la riqueza exhibida tenía clase, y las fiestas se llevaban a cabo en residencias de gobernadores y ranchos de empresarios. No había nada ostentoso ni siniestro al respecto, en buena medida porque el gobierno y los grandes negocios efectivamente lo compartían.

Miguel Ángel Félix Gallardo, un ex policía que fue guardaespaldas de un político y para la década de los ochenta se convirtió en el patriarca del tráfico de drogas (lo que le valió, precisamente, el sobrenombre del Padrino), caminó por las calles de Culiacán. Ernesto "Don Neto" Fonseca, de Santiago de los Caballeros, en las montañas más allá de Badiraguato, tenía una discreta casa en la ciudad. Ambos eran sólo empresarios.

Mientras tanto, el Chapo y sus futuros socios, los hermanos Beltrán Leyva (Marcos Arturo, Alfredo, Héctor, Mario y Carlos), se ganaban la vida con gran esfuerzo en el territorio de la sierra. Eran otro montón de buchones. No eran nadie.

La guerra de las drogas

Para la década de los setenta, el tráfico de drogas en Sinaloa se había convertido en la parte predominante de un negocio nacional. Estaba floreciendo. Se traía cocaína de Colombia en barcos y aviones, y los sinaloenses la llevaban en camiones al otro lado de la frontera con Estados Unidos. A veces usaban aviones ligeros. La marihuana y la cocaína estaban ganando rápida aceptación en la Norteamérica liberal, y el tráfico de drogas estaba en auge.

También estaba atrayendo mucha atención. El gobierno de Estados Unidos estaba despertando rápidamente ante el creciente consumo en su territorio, lo cual se percibía como una amenaza a la construcción de la sociedad. El 17 de junio de 1971 el presidente Richard Nixon declaró que el abuso de drogas había "asumido dimensiones de emergencia nacional". Solicitó al Congreso 155 millones de dólares para combatir el uso y el tráfico (doméstico e internacional), y su meta era revertir "una oleada que ha sumido al país en la década pasada y que afecta tanto el cuerpo como el alma de Estados Unidos".

En dos años se crearía la DEA. En 1974, habiendo advertido que el "lodo mexicano", la heroína, "repentinamente tenía gran demanda", la DEA declararía que los traficantes mexicanos controlaban 75 por ciento del mercado de la heroína en Estados Unidos. "Una guerra a fondo contra la amenaza de la droga" había comenzado.

El tráfico de droga en Sinaloa —y para el caso, la propia Sinaloa— únicamente sobreviviría las etapas iniciales de esta arremetida encabezada por Estados Unidos. El 26 de enero de 1974 se lanzó la Operación SEA/M (*Special Enforcement Activity in Mexico*) en Sinaloa para combatir el tráfico de opio y heroína. En 1976, la DEA y el gobierno mexicano lanzaron un gran programa conjunto de erradicación de la amapola en el Triángulo Dorado. (También se rumoraba que la CIA estaba envuelta). Helicópteros donados por el Departamento de Estado norteamericano se emplearon para arrojar herbicidas a lo largo de las montañas de Durango, Chihuahua y, por supuesto, Sinaloa, que era el objetivo principal de la operación. Al cabo de un año, cerca de 90 kilómetros cuadrados de amapola —suficientes para producir ocho toneladas de heroína— habían sido completamente destruidos.

La DEA aclamó el éxito de la Operación Trizo, como se le conocía. "Para 1979 la pureza de la heroína mexicana cayó hasta apenas 5 por ciento, su nivel más bajo en siete años", declaró el reporte oficial de la iniciativa contra las drogas. "Además, 4 mil miembros de organizaciones en México fueron arrestados. La Operación Trizo hizo que disminuyera la demanda de heroína mexicana en el mercado de Estados Unidos".

Sin embargo muchos residentes de la sierra recuerdan *la limpieza* con menos agrado. Los sacó del mapa. De hecho, esos "4 mil miembros de organizaciones" eran principalmente buchones u otros residentes de la sierra suficientemente desafortunados como para ponerlos en el mismo costal. Como muchos agentes norteamericanos admitirían años después, ningún traficante importante fue arrestado. Y las consecuencias de la fumigación y los arrestos en la sierra fueron muy drásticas. Casi 2 mil comunidades fueron abandonadas o destruidas, y tuvo lugar una crisis económica.

La gente desplazada de la sierra emigró a la ciudad, donde integraron "grandes filas de miseria", recuerda El Padrino Félix Gallardo."La falta de espacio y de empleo los orilló al crimen o murieron de hambre, los niños no acudieron a la escuela, fueron parias sociales y aceptaron empleo en lo que fuera... Trabajar en la ciudad era muy distinto de lo que sabían hacer".

Aquellos que eligieron quedarse en la sierra sufrieron inmensamente. Miles de soldados patrullaban la sierra sin supervisión, supuestamente robando las cosechas o los animales que habían logrado mantener los que no se habían ido. Las casas eran cateadas y destruidas. En muchos casos, pequeños pueblos quedaban diezmados; sólo unas cuantas docenas de ancianos pobladores permanecían ahí.

Finalmente cediendo a la presión pública, el gobierno mexicano rompió temporalmente su colaboración con la DEA y en 1978 la Operación Trizo quedó definitivamente suspendida. Los principales traficantes de Sinaloa no habían estado siquiera cerca de ver el interior de la prisión. Habían ganado la primera de muchas batallas.

Poco después de la Operación Trizo, El Padrino tenía el control del negocio de las drogas en Sinaloa. Con la ayuda de Don Neto Fonseca y Caro Quintero, él dirigiría todo el *show*. El Padrino era el hombre por cuyas manos pasaban todas las drogas que entraban y salían de México provenientes de cada rincón de la quinta nación más grande del hemisferio occidental.

Pero sólo era el intermediario: los colombianos seguían estando a cargo de todo.

Hasta bien entrada la década de los ochenta hubo dos grandes cárteles de drogas en Latinoamérica: los grupos de Medellín y de Cali, ambos designados con nombres de ciudades de Colombia. La DEA y la Interpol (y en algunos casos fuerzas militares especiales de Estados Unidos) se concentraban en estos dos principales proveedores de cocaína y heroína para Estados Unidos. Los mexicanos involucrados en el tráfico de drogas todavía eran principalmente sólo "mulas". Los colombianos embarcaban toneladas de sus drogas ilegales hacia las costas mexicanas, y los mexicanos simplemente las trasladaban al otro lado de la frontera con Estados Unidos.

Trasladar las drogas al otro lado de la frontera de 3 mil 200 kilómetros no era una tarea muy difícil; sólo requería hombres y sobornos. Miles de camiones cruzan la frontera México-Estados Unidos todos los días, por docenas de rutas claves. No había manera de que incluso los normalmente vigilantes guardias de frontera pudieran monitorear todo el contrabando que ingresaba; por la suma adecuada, sus contrapartes del lado mexicano simplemente miraban en otra dirección. En las raras ocasiones en que las autoridades los sorprendían, las pistas de aterrizaje clandestinas y los aviones ligeros aseguraban que las drogas pudieran cruzar con la misma facilidad.

En algún momento ese llegaría a ser el trabajo del Chapo. A finales de la década de los setenta el capo sinaloense El Güero Palma Salazar le dio al Chapo su primera gran oportunidad al ponerlo a cargo de transportar drogas desde la sierra hasta las ciudades y la frontera, y supervisar los embarques.

De acuerdo con la tradición local, el Chapo era ambicioso. Estaba ansioso por incrementar las cantidades de drogas que se transportaban hacia el norte, y presionaría a sus jefes para que le permitieran hacerlo. También era eficiente: Si un envío no se había hecho desde la sierra o se había retrasado por alguna razón (incluso las fuertes lluvias, que arrasaban caminos enteros, no eran excusa), él mismo ejecutaba al empleado.

No perdía los estribos; sólo le disparaba al hombre en la cabeza. También los gomeros en la sierra sabían que más les valía no intentar dejar fuera al Chapo y venderle sus drogas a otro comprador, incluso si les ofrecían un precio más alto.

Los jefes notaron su estilo y a principios de los ochenta el Chapo fue presentado ante el mismísimo Padrino. Lo pusieron a cargo de la logística; efectivamente, coordinando vuelos de avión, llegadas de barcos e ingresos de camiones a México procedentes de Colombia. El Güero continuó asegurándose de que las entregas llegaran por tierra sin contratiempo a los clientes en Estados Unidos.

Pronto el Chapo demostraría que era digno de trabajar directamente con el propio Padrino.

Capítulo 4

EL PADRINO

NACIDO EN UNA PEQUEÑA POBLACIÓN rural de Sinaloa el 8 de enero de 1946, El Padrino avanzó rápidamente entre las filas del tráfico de drogas. Policía hasta los veintitantos, dejó esa fuerza para servir como escolta de seguridad del entonces gobernador de Sinaloa, Leopoldo Sánchez Celis. Fue en ese empleo cuando se cree que debe haberse enterado del tráfico de drogas en el estado, donde gobernaba el partido de Celis, el Revolucionario Institucional (PRI).

El PRI, que gobernó México con mano de hierro entre 1929 y 2000, es ampliamente culpado por haber permitido que floreciera el tráfico de drogas, pues su mandato estuvo manchado por la más insidiosa corrupción. El gobierno actual de México es conservador, encabezado por el Partido Acción Nacional (PAN), pero el PRI aún controla más de la mitad de las gubernaturas de los estados, lo que genera acusaciones generalizadas de otros partidos de que continúa haciéndose de la vista gorda (en el mejor de los casos) sobre el tráfico de drogas. "Sinaloa es una simbiosis de crimen y política", dijo Manuel Clouthier Carrillo, descendiente de una de las principales familias adineradas de Culiacán y un apasionado miembro del PAN, que su padre ayudó a fundar.

Las autoridades de Estados Unidos también han lamentado la situación. "Es difícil probar que hay protección política [en México]", explicó el fiscal de un estado fronterizo de Estados Unidos.

Si pudiéramos probarlo, les formularíamos cargos a todos. Hay una gran diferencia entre saber algo y probarlo en una corte legal... Tienes fuentes de inteligencia extremadamente confiables, pero a menos que puedas probarlo, ¿para qué quemar a tus fuentes? Sus cuerpos en pedazos aparecerán regados por todo Sonora.

El Padrino surgió de este sistema político-criminal. Y no contento con ser sólo un lacayo, él procuró construir su propio imperio. Por medio de sus conexiones con un importante traficante hondureño, El Padrino se convirtió en el hombre más importante para el cártel de Medellín en México, el cual era comandado por Pablo Escobar. Por medio de sus conexiones políticas, El Padrino se aseguró de tener en su bolsillo a la gente indicada a lo largo de la costa del Pacífico mexicano, desde políticos hasta policías. También supervisó la distribución local de marihuana y opio, que podían embarcase rumbo al norte, junto con la producción de los colombianos. Él era el señor mexicano de las drogas; él supervisaba todo en el país. En aquel tiempo "no había cárteles" en México, recuerda ahora El Padrino. Sólo eran él, sus amigos y los políticos que le ofrecieron protección.

El Padrino era un hombre de voz suave, dedicado a su familia. Casi siempre estaba trabajando, y viajaba frecuentemente por todo México para tener vigilado su negocio. Él vivía en una casa, mientras sus 18 hijos vivían en otras dos cercanas. Poseía propiedades en todos los estados de México, la mayoría de las cuales se empleaban para negocios. Obsesionado por la electrónica —tenía todos los *gadgets* nuevos del mercado—, llevaba una vida relativamente tranquila.

Aparte de su gigantesca colección de zapatos y ropa de diseñadores italianos y unos cuantos autos deportivos, parecía ser exactamente como todos los demás; al menos como todos los demás ricos. El complejo de su rancho en las afueras de Culiacán era espléndido, pero no ostentoso. Coleccionaba relojes finos, pero nunca los usó. Sabía no atraer demasiado la atención. Mientras todavía vivía en Culiacán, trasladó su centro de operaciones a Guadalajara; sería menos conspicuo ahí, dado el enardecido ambiente en Sinaloa luego de la Operación Trizo.

El Chapo aprendió del Padrino cómo sobrevivir y prosperar en el tráfico de drogas. Él ya vivía modestamente, sin muchas fanfarrias o actividades extracurriculares. En 1977 se casó con Alejandrina María Salazar Hernández en una boda sencilla en el pueblo de Jesús María, Sinaloa. Los tabloides locales —que en aquel tiempo reportaban rutinariamente las actividades sociales en el área, incluyendo aquellas de los traficantes más importantes— ni siquiera la cubrieron.

El Chapo tuvo tres hijos con Salazar Hernández: César, Iván Archivaldo y Jesús Alfredo. Estableció su hogar en un rancho en el pequeño poblado, a unos 96 kilómetros de Culiacán, en el camino a Badiraguato. La familia no organizaba grandes fiestas, y rara vez se les veía en la gran ciudad. El Chapo quizá se sintiera atraído por la riqueza que el tráfico de drogas ofrecía, pero no estaba interesado en ser parte de la élite social; en cambio, prefería pasar sus horas de asueto bebiendo whisky con sus confidentes más cercanos u ocupándose de su familia. Como su mentor, El Padrino, se cree que ha pasado la mayor parte de su tiempo trabajando, viajando para vigilar embarques y haciendo tratos.

A mediados de los ochenta, el Chapo se volvió a casar, esta vez con Griselda López Pérez, con quien tuvo otros cuatro hijos: Édgar, Joaquín, Ovidio y Griselda Guadalupe. Al mismo tiempo, de acuerdo con la DEA, el joven de La Tuna de Badiraguato no sólo se había convertido en un hombre de familia: se había colocado como uno de los brazos derechos del Padrino. En efecto: estaba listo para ser un *patrón* o jefe por su propio derecho.

El Chapo estaba listo para hacerse cargo. Había desarrollado un agudo olfato para los negocios y una manera implacable de llevarlos a cabo. No se toleraban la incompetencia ni los errores; cualquiera que lo contrariara era simplemente tachado de la lista. Él y su socio El Mayo estaban supuestamente estableciendo fuertes conexiones también, por ejemplo, con el alcalde de Culiacán.

Para mediados de los ochenta —la impetuosa era Reagan contra las drogas— México estaba listo para volverse su propio jefe. Esfuerzos antidrogas de las autoridades colombianas con apoyo de Estados Unidos pronto derrocarían a Escobar y su cártel de Medellín. La cocaína colombiana continuaba fluyendo rápido hacia Estados Unidos, pero los antiguamente bien organizados y unidos grupos colombianos estaban perdiendo influencia y los mexicanos vieron una oportunidad; al menos así es como lo recuerdan los sinaloenses. La DEA asegura que fueron los colombianos quienes se dieron cuenta de que sería más redituable darle mayor control a los mexicanos; así no tendrían que arriesgarse a monitorear embarques todo el trayecto hasta la frontera estadounidense y vigilar cada movimiento de los mexicanos.

Por años los narcos mexicanos habían seguido el modelo colombiano y trabajado para sus contrapartes, introduciendo hasta 20 toneladas de cocaína al mes en California y cantidades similares en Texas, que luego se hacían llegar a la costa este de Estados Unidos. Ahora los mexicanos eran capos por derecho propio. También podían producir su propia marihuana y heroína (más adelante, las metanfetaminas aparecerían en el menú), y meterlas de contrabando en Estados Unidos de la manera en que estaban moviendo la cocaína. Podían controlar México y el hemisferio, en vez de que los colombianos lo controlaran por ellos.

Pero mientras los mexicanos obtenían más influencia, una vez más la DEA surgiría como una amenaza para los jefes sinaloenses.

La DEA en la refriega

En ese tiempo, el trabajo de la DEA en el territorio de México estaba lleno de riesgos. Campeaba la corrupción en el lado mexicano y nadie en la DEA sabía en quién confiar. Los agentes tenían órdenes de moverse de manera encubierta y buscar fuentes e informantes confiables, pero básicamente operaban solos, sin protección ni inmunidad diplomática. Simplemente se dirigían a México por Arizona o cualquier estado fronterizo en el cual estuvieran destacados, y se ponían en contacto con las fuerzas de policía locales. Aguardaban lo mejor; su modus operandi era "hacer tanto daño como fuera posible", de acuerdo con Michael Vigil, un ex agente de la DEA que estuvo destacado en México durante más de una década.

No había "protección en absoluto", recuerda Vigil. "Básicamente era como improvisar un juego de futbol americano: no teníamos almohadillas… no teníamos protección, y políticamente recibimos tremendos golpazos a ambos lados de la frontera".

En una ocasión, Vigil y otro agente, Enrique "Kiki" Camarena, organizaron una incursión en un rancho aislado de Sonora donde se cultivaba marihuana. Habían recibido información fidedigna de que había guardias armados en el rancho, así que alquilaron un camión y solicitaron unos treinta soldados del Ejército Mexicano. Cuando llegaron, las balas "empezaron a volar por todo el lugar". Los soldados respondieron el fuego, y todos los narcos, menos uno, huyeron. Luego de unos 30 minutos de resistencia, al final el último hombre cayó.

El Ejército Mexicano casi de la misma forma en que sucede hoy, tiene la política de no tomar prisioneros, y le importa aún menos el proceso judicial. Para borrar cualquier duda que los fiscales pudieran albergar acerca de si el muerto estaba relacionado con el tráfico de drogas, un grupo de soldados llenó sus bolsillos de marihuana. Así era la justicia en aquel tiempo. "México sabía que tenía una guerra en las manos —recuerda Vigil— en aquel entonces no existían los derechos humanos... per se. Hacían lo que fuera necesario en términos de desarticular la violencia en relación con las drogas... era una ley muy dura".

El modus operandi de la DEA, en aquel entonces como hoy, significaba poner en riesgo la vida de sus mejores hombres, pues el trabajo de campo tiene que hacerlo en persona alguien confiable. El agente se encontraría con un traficante, a veces a plena luz del día, en ciudades fronterizas como Nogales, Sonora. Él acudiría a la casa del hombre —o a una ubicación desconocida— y obtendría la heroína o marihuana. El agente no tenía un verdadero respaldo, y debido a que con frecuencia estos encuentros se llevaban a cabo en sitios abiertos a petición del traficante, podía resultar comprometido una vez que se habían hecho los arrestos al otro lado de la frontera si se filtraba información sobre la participación de la DEA.

"Los tiempos eran duros", de acuerdo con Vigil. Pero la DEA tenía a sus mejores hombres en México, añade; poseían "agallas y… mucha ingenuidad. Era como un juego de ajedrez con humanos".

A finales de 1984 las tensiones alcanzaron un punto culmen. Camarena, que para entonces era un veterano de la DEA con 11 años de experiencia, se había vuelto particularmente intrépido. Tenía su sede en Guadalajara y se las arregló para infiltrarse a fondo en el mundo del tráfico de drogas del llamado Triángulo Dorado. Se había vuelto allegado de algunos de los principales traficantes del país, entre ellos El Padrino.

Actuando en respuesta a información proporcionada por Camarena, 450 soldados mexicanos respaldados por algunos helicópteros tendieron un cerco a una plantación de marihuana de alrededor de mil hectáreas conocida como "Rancho Búfalo", justo en la parte Este de la Sierra Madre en el norteño estado de Chihuahua. Más de 10 mil campesinos trabajaban en estos campos, cuya producción anual se estimó más adelante en 8 mil millones de dólares. Los zares de las drogas estaban indignados y aprensivos con respecto a lo que veían no sólo como una falla en la seguridad sino quizá también incluso una traición desde dentro.

Estos temores no estaban injustificados. A diferencia del pasado, cuando algunos agentes de la DEA simplemente se habían conformado con que los mexicanos encerraran a los sospechosos habituales (agricultores de bajo nivel), Camarena quería atrapar a los cabecillas. Estaba trabajando en proyectos dirigidos a identificar a los principales narcos del país y señalando sus paraderos. Uno de los proyectos recibió el nombre de "Operación Padrino", cuyo objetivo era El Padrino.

Pero el 7 de febrero de 1985 Camarena tomó un descanso de trabajo para ir a almorzar con su esposa en Guadalajara. Un auto se aproximó y cinco hombres descendieron de él. Uno se identificó como oficial de la Policía Federal de México. Lo agarraron y lo metieron al auto. Camarena nunca volvió a ser visto con vida.

El secuestro desató la indignación de la DEA. Aparentemente la policía mexicana había estado involucrada en el incidente, aunque Los Pinos —la residencia presidencial en la ciudad de México, semejante a la Casa Blanca— no estaba haciendo nada. Washington presionó para que la Agencia Antidrogas simplemente aceptara lo que había ocurrido; "no harán nada al respecto porque la política de México y Estados Unidos es de suma importancia —se le advirtió a la dea— en el contexto general de la escena política, un agente de la DEA es prescindible".

Los chicos antidrogas no se iban a dar por vencidos tan fácilmente. "Nadie va a matar a un agente de la DEA y hacer que otra oficina nos diga que carece de importancia en el contexto general de la escena política", recuerda un ex integrante de la DEA.

Así que la DEA actuó por medio de la Operación Leyenda, la investigación del homicidio más grande que la DEA hubiera emprendido jamás. Se despachó unidad especial de la DEA para coordinar la investigación en México —donde se estaba implicando a funcionarios corruptos— y 25 agentes especiales fueron enviados a Guadalajara para investigar de manera independiente. Durante el mes siguiente, incursionaron en ranchos e interrogaron a residentes e informantes en busca de información. Siguieron todas las pistas que pudieron. Pronto la DEA llegó a la conclusión de sus pesquisas y pidió a la Policía Federal mexicana que "considerara" a Rafael Caro Quintero, El Padrino Félix

Gallardo y Don Neto Fonseca como los principales sospechosos del secuestro.

La búsqueda llevó a un campo en el estado central de Michoacán, donde hallaron dos cuerpos: un equipo de patólogos y forenses norteamericanos realizó una autopsia. Su conclusión: uno de los muertos era Camarena. Lo habían torturado al menos por dos días y finalmente murió a causa de "heridas con fuerza contundente en la cabeza", lo que resultó en un "cráneo aplastado".

Arrestos adicionales —incluyendo los de cinco oficiales de policía que admitieron ser parte de una conspiración para raptar y torturar a Camarena— dejaron rotundamente la culpa en manos de Caro Quintero y Fonseca. Rápidamente fueron detenidos también, y rindieron declaraciones en las que reconocían el secuestro el agente de la DEA, pero no su asesinato. Éste fue obra del Padrino, aseguraron.

El Padrino aún disfrutaba de protección política, pero los buscaban las autoridades de Estados Unidos por "el secuestro y asesinato de Camarena, asociación delictuosa, crímenes violentos cometidos en asociación delictuosa, conspiración para cometer crímenes violentos en asociación delictuosa, posesión y conspiración para poseer cocaína con la intención de distribuirla...", la lista del Departamento de Justicia continuaba. El arresto de Caro Quintero y Fonseca fue prueba suficiente de que la DEA podía tronarle el látigo a los mexicanos si lo quería, así como los mexicanos podían y harían arrestos cuando realmente lo quisieran.

Así que en 1987, El Padrino se mudó con su familia para instalarse de manera permanente en Guadalajara. Él se mudó a una casa en un barrio residencial anodino, mientras su esposa, su amante y sus hijos ocuparon otras dos cercanas. Guadalajara, la segunda ciudad más grande de México, ofrecía más anonimato que Culiacán o cualquier otra ciudad sinaloense.

El Padrino también decidió dividir el tráfico que él controlaba; sería más eficiente, más organizado y más autosuficiente, y era menos probable que fracasara en una redada de las fuerzas del orden público.

En efecto, estaba privatizando el negocio mexicano de las drogas y abriendo el mercado. Pero también estaba enviándolo a la clandestinidad, para ser administrado por jefes que eran menos conocidos y todavía no estaban en el radar de los estadounidenses. Nadie estaba implicado en la muerte de Camarena. Nadie tenía largos y comentados historiales de criminalidad. Todos ellos podrían desarrollar nuevos vínculos con el sistema político mexicano y la policía (después de todo el dinero, no era problema), y permanecían en la localidad, aferrándose a sus respectivas parcelas de terreno, podrían controlar el negocio incluso más estrechamente.

El Padrino convocó a los principales narcos del país a una casa en la sureña ciudad turística de Acapulco, y ahí les planteó sus planes para el futuro. La división de las plazas, como se conoce a las rutas de drogas, era muy simple.

La ruta de Tijuana sería para los hermanos Arellano Félix, quienes contrariamente a reportes de prensa subsecuentes y a las declaraciones del gobierno no eran sobrinos del Padrino; eran, sin embargo, originarios de Culiacán, y él había conocido a la familia toda su vida. Ciudad Juárez, con todas sus importantes rutas camioneras rumbo a Texas, sería para la familia Carrillo Fuentes desde Guamuchilito, Sinaloa, bajo la supervisión de una fuerza de seguridad de alto rango, contacto del Padrino.

El hermano de Rafael Caro Quintero, Miguel, originario de La Noria, en las montañas de Badiraguato, se encargaría del negocio en el capítulo Sonora; en otras palabras, las rutas claves de transporte y contrabando a través de Arizona. Ya antes Miguel y sus hermanos habían mostrado un verdadero espíritu empresarial, al pasar de ser sólo cultivadores de marihuana locales a asociarse con Don Neto, y El Padrino sabía que podía confiar en Miguel para que se hiciera cargo de Sonora sin que hubiera mucho conflicto con Sinaloa, ubicada al sur.

Sobre la costa noreste de México, en Matamoros, Tamaulipas, Juan García Ábrego conservaría el control de las operaciones. Habiendo establecido cercanos nexos con los colombianos desde 1985, el hombre a quien se atribuiría haber fundado el cártel del Golfo era un capo por pleno derecho, y nadie debía molestarlo.

Mientras tanto, en Sinaloa, el Chapo y El Mayo Zambada se harían cargo de las operaciones en la costa del Pacífico. Ellos traerían al Güero Palma Salazar de regreso a la escena (había salido de ésta junto con El Padrino en los setenta, y había intentado establecer sus propias operaciones). Trabajando con sus compañeros sinaloenses al norte en Sonora, podrían mover las drogas hacia Arizona y partes de California. Al Chapo se le dio control sobre el corredor de contrabando de Tecate.

El Padrino todavía planeaba supervisar las operaciones en el plano nacional; tenía contactos, así que seguía siendo el hombre clave. Pero ya no controlaría todo el negocio como si se tratara del show de un solo hombre.

El 8 de abril de 1989, El Padrino llegó a la casa de un amigo en Guadalajara, poco antes de una cita para almorzar con un funcionario de alto rango de la policía llamado Guillermo "Memo" Calderoni, un contacto suyo.

El Padrino entró en la casa. Cinco agentes federales irrumpieron detrás de él. Arrojaron al Padrino al suelo. Él los conocía a todos de tiempo atrás. Entonces llegó Calderoni.

"¿Qué está pasando?", preguntó El Padrino.

"Yo no te conozco", respondió el policía.

Ahora, a sus sesenta y tantos años, languideciendo en una celda en una prisión de máxima seguridad a las afueras de la ciudad de México y padeciendo una deteriorada salud, El padrino sigue culpando a Calderoni, quien más adelante fue vinculado con García Ábrego en la costa del Golfo por haberse vuelto contra él.

Poco después de su captura, surgieron rumores de que los propios protegidos del Padrino lo habían traicionado. A principios de los noventa el Chapo y el Güero incluso ordenaron el asesinato de los lugartenientes y abogados leales al Padrino, con lo cual se extendió la creencia de que el Chapo se había vuelto contra su mentor. Pero El Padrino nunca se ha referido a tal especulación, y en cambio ha decidido culpar a Calderoni, el policía, de la traición.

La nueva guardia

Así que los hermanos Arellano Félix heredaron Tijuana, una ciudad fundada a fines del siglo XIX. Por décadas luego de su fundación, Tijuana consistió en unos cuantos ranchos dispersos desde el interior hasta la costa. Unos cuantos centenares de campesinos llamaban hogar a Tijuana. Luego vino la era de la Prohibición. Entres 1920 y 1933 la prohibición del alcohol en Estados Unidos transformaría Tijuana en un antro de mala reputación. Se abrieron bares y las operaciones de contrabando florecieron. El gobierno del PRI se hizo de la vista gorda mientras todo el mundo, desde soldados norteamericanos hasta estrellas de Hollywood y miembros de la mafia venían al sur para pasar un buen rato en los burdeles, bares, casinos y pistas de carreras.

Tijuana también se convirtió en un punto de encuentro central para migrantes que aspiraban a una vida en Estados Unidos. Conocida como *la esquina de Latinoamérica* (por su ubicación en el extremo noroeste de México, exactamente al lado de Estados Unidos), la ciudad atrajo migrantes desde tan al sur como Argentina. Aquellos que lograban cruzar la frontera iniciaron una nueva vida en California; los que no, comenzaron de nuevo en Tijuana.

Incluso antes de que llegaran las drogas, Tijuana era un punto neurálgico de contrabando. Alcohol y otros artículos baratos se embarcaban hacia el norte, y los migrantes eran conducidos a pie al otro lado de la frontera, a través del desierto, o llevados en camiones por docenas a través de las garitas de Tijuana. El río Tijuana ofrecía otra posible ruta hacia Estados Unidos. Para la década de los ochenta la explotación infantil se había vuelto rampante y se había agregado a la lista de las plagas de la ciudad. El buen gobierno y el mantenimiento del orden siempre han sido una fantasía.

Ahora Tijuana tiene una población de cerca de un millón 200 mil habitantes; en los alrededores, los suburbios y asentamientos se extienden casi hasta Mexicali, a unos 215 kilómetros de distancia. Esta fue la ciudad de la que se apropiaron los hermanos Arellano Félix a principios de los noventa. Se cree que muchas de las figuras públicas y políticos de la ciudad de ese tiempo ya estaban involucradas en los aspectos sórdidos de la ciudad —apuestas y lavado de dinero—, y a los pocos meses de haber llegado, los hermanos Arellano Félix ya eran parte del círculo social. Asistían a todas las fiestas adecuadas y conocían a toda la gente indicada.

Se hicieron muy cercanos a Jorge Hank Rohn.

Ninguna historia sobre Tijuana está completa sin Jorge Hank Rohn; ninguna historia acerca de la corrupción mexicana o política está completa sin su padre, Carlos Hank González, un ex poderoso del Partido Revolucionario Institucional que supuestamente se valió de su posición política para enriquecerse y desarrollar fuertes nexos con el tráfico de drogas. El propio Hank González lo dijo así: "Un político pobre es un pobre político".

Un veterano de las fuerzas mexicanas del orden público se refirió una vez a Hank González como "el primer intermediario entre las iniciativas multinacionales del tráfico de drogas y el sistema político mexicano".

Pronto quedó claro que Hank Rohn, su segundo hijo, no era ni el político ni el empresario que su padre había sido. Hank Rohn se había mudado a Tijuana en los ochenta, cuando tenía 29 años. Rápidamente se volvió una figura destacada en la ciudad y se hizo cargo de Agua Caliente, una pista de carreras con un orgulloso pasado. La mala administración de Hank Rohn condujo a su desaparición: en el plazo de cinco años, el circuito decayó y los caballos se retiraron a sus caballerizas. Pero él seguía siendo multimillonario por herencia, y sus actividades en Tijuana siguieron llenando las páginas de chismes.

Aunque nunca se comprobó que Hank Rohn estuviera conectado con el tráfico de drogas en Tijuana, nunca tuvo empacho en mostrar que vivía como narco. Ofrecía fiestas fastuosas y escandalosas en su rancho en las afueras de la ciudad; a veces los hermanos Arellano Félix estaban presentes. Él usaba el cabello largo y lucía botas vaqueras hechas de pieles de especies exóticas.

Al hombre que más tarde se convertiría en el alcalde de Tijuana siempre le gustaron sus animales. De niño jugaba con caballos de exhibición y perros con pedigrí en el racho de su padre en las afueras de la ciudad de México. Tenía dos lobas por mascotas. Se ha sabido que tenía boas pitón en su casa, y llevó tigres a su oficina para alegrar el ambiente. En el centro de la pista de carreras de Agua Caliente, que ahora es sólo un polvoriento galgódromo, se encuentra lo que bien podría ser el logro más grande de Hank: un zoológico privado, lleno de aproximadamente 200 mil animales de todas formas y tamaños: cebras, leones, jirafas, lobos, emús, búhos, osos. Enjaulados a lo largo del flanco Este de la pista se encuentran los que son el orgullo y alegría de Hank: sus tigres blancos. Sólo existen unos 200 de estos en todo el mundo, y Hank posee 14 de ellos para él solo.

Padre de 18 hijos de tres esposas y una novia, alguna vez Hank Rohn le dijo a un reportero que las mujeres eran sus animales favoritos.

Las supuestas conexiones de Hank Rohn con los hermanos Arellano Félix atraerían mucha más atención que sus animales o sus vergonzosas declaraciones. Un reporte trascendido del Centro Nacional de Inteligencia contra las Drogas de Estados Unidos, el documento llamado "The White Tiger" (El tigre blanco), lo acusó a él, a su padre y a su hermano Carlos de estar involucrados en el comercio mexicano de drogas. Específicamente, señaló que se había "reportado que era un socio cercano" de los hermanos Arellano Félix. "La familia Hank representa una significativa amenaza para Estados Unidos" a causa de sus actividades de lavado de dinero y distribución de cocaína, indicaba el reporte. Y él "es más abiertamente criminal que su padre o su hermano… [A él] se le conoce como despiadado, peligroso y dado a la violencia".

Los hermanos Arellano Félix se labraron una reputación similar. Demostraron que constituían el más poderoso de los nuevos cárteles; ciertamente, era el más violento. Tijuana registró más de 300 asesinatos al año desde 1994 hasta 1999, cuando alcanzó los 637. La mayoría de estos homicidios fueron atribuidos a los hermanos de Sinaloa.

El asesinato era a veces parte del negocio; en otras ocasiones, los hermanos Arellano Félix querían la euforia del poder. Podían estar bebiendo en un bar o comiendo en un restaurante, por ejemplo, y de pronto Ramón Arellano Félix tenía "el deseo de matar", recuerda el ex agente especial de la DEA Errol Chávez, quien tenía su base en San Diego en aquel tiempo. "Así que simplemente manejaban por el camino y mataban a alguien".

Los hermanos instauraron un ambiente de temor e incertidumbre en la norteña ciudad fronteriza. Sus hombres se ponían uniformes de la policía y recorrían las calles de Tijuana, secuestrando a cualquiera a quien le hubieran perdido la confianza o que representara una amenaza. Las pandillas que empleaban los hermanos se aseguraban de que las calles permanecieran leales. Estas pandillas incluso llegaron hasta San Diego. Si alguien debía dinero de un cargamento de drogas en Estados Unidos, ellos lo perseguían; algunos infractores eran secuestrados y se pedía rescate por ellos; otros eran disueltos en tinas de ácido.

La policía y los investigadores no hicieron nada. El clima en Tijuana —sin mencionar las conexiones políticas de los hermanos Arellano Félix— propiciaba tal impunidad.

En 1994 un ambicioso político joven y candidato presidencial, Luis Donaldo Colosio, ofreció combatir la corrupción y sacudir al sistema. Incluso prometió combatir el tráfico de drogas. Mientras hacía campaña en Tijuana, recibió un tiro en la cabeza. Algunos han acusado a los hermanos Arellano Félix del asesinato de Colosio; nunca se ha presentado evidencia ante una corte.

Sin investigaciones a fondo, era virtualmente imposible reunir evidencia de actividades ilícitas en Tijuana. Para empezar, Hank Rohn sostiene que él y otros siempre han sido objeto de campañas de desprestigio, nada más.

"Yo siempre [he dicho]: 'no hagas caso de los chismes, sólo encuentra la prueba, y entonces regresas'", dijo durante una entrevista en sus oficinas de Tijuana, justo después de haber asumido el cargo de alcalde. En efecto, poco después de que trascendió el reporte, la entonces procuradora de Justicia le replicó, diciendo que sus demandas nunca habían sido aceptadas.

Aun así, en una ciudad como Tijuana, las acusaciones oscuras suelen pesar más que sus desmentidos o, incluso en las raras ocasiones en que se presentan, las pruebas de inocencia. Un alegato en particular sigue persiguiendo a Hank Rohn. Héctor Félix Miranda, periodista de un respetado semanario de Tijuana, había tenido una larga relación con él; los dos coincidían en fiestas, el reportero cubriría los últimos sucesos de manera velada, sin entrar en muchos detalles acerca de la vida privada y social de Hank Rohn. Con frecuencia también escribía sobre los hermanos Arellano Félix, quienes asistían a algunos de los mismos eventos.

Pero en una ocasión Hank Rohn sintió que Félix había traicionado su confianza. El reportero había publicado material acerca de Hank Rohn que debía ser confidencial. No se trataba de nada incriminatorio, pero Hank Rohn sintió que era información personal que nada tenía que hacer en la columna de un periódico.

En una poco común mañana lluviosa, el 20 de abril de 1988, Félix fue baleado al volante de su LTD Crown Victoria. La autopsia halló 19 balas, que habían destrozado su pecho, rompiéndole once costillas. De acuerdo con reportes de los especialistas forenses que examinaron el cadáver, hasta el corazón de Félix estaba hecho pedazos. Los culpables fueron tres de los guardaespaldas de Agua Caliente de Hank. Dos fueron encarcelados; el tercero fue hallado muerto en Tijuana poco después de los juicios.

A Hank nunca se le hicieron cargos en relación con el asesinato. Aun así, la acusación parece haber tocado un nervio. Cuando yo le pregunté directamente acerca de Félix, Hank Rohn se desplomó en su silla y se llevó la mano derecha a la frente.

"La verdad es que eso es lo que sucede cuando estás empezando a volverte demasiado popular y le pisas el pie a alguien…", comenzó. Inclinándose hacia adelante, una fuerte tos lo interrumpió en seco. Por ocho segundos, Hank continuó aclarando sus pulmones, todo ese tiempo acariciando un abrecartas de 12 centímetros de largo en su palma derecha, cerca del extremo de su escritorio. Respiró profundo, y finalmente continuó: "Ellos encuentran una manera de neutralizarte. Pero siempre han sido imputaciones".

Durante el ascenso de los hermanos Arellano Félix tales imputaciones girarían en torno a la ciudad. Nunca serían probadas. La DEA y las autoridades mexicanas sostienen que los hermanos tenían carta blanca y mataban a voluntad. Entre 1990 y 2000 introdujeron de contrabando cientos de toneladas de drogas a través de California.

El Señor de los Cielos

Mientras los hermanos Arellano Félix se establecían en Tijuana, Amado Carrillo Fuentes se asentaba como jefe del corredor de drogas de Ciudad Juárez.

Carrillo Fuentes, el mayor de seis hermanos, había aprendido el negocio de las drogas nada menos que de Don Neto Fonseca, en Sinaloa. Cuando era joven, Carrillo Fuentes había sido enviado a Ojinaga, una pequeña ciudad ubicada a 305 kilómetros al oeste de Ciudad Juárez, para coordinar el contrabando de cocaína ahí.

Aprendió rápido, y para cuando heredó la plaza de Ciudad Juárez ya era un experto. Era adepto a nutrir sus contactos y era conocido en toda la nación como un narco diplomático, que prefería la paz a la guerra y la corrupción al caos.

En ese tiempo, México y Estados Unidos estaban trabajando en una red de radares que mejorara la detección de aviones provenientes de Colombia. Un ex general del Ejército fue encargado de la nueva red de radares.

Las autoridades de Estados Unidos aseguraron que Carrillo Fuentes había llagado hasta él rápidamente.

El ex militar negó cualquier cooperación con los traficantes de drogas, pero no había duda de que Carrillo Fuentes había tenido éxito en abrirse paso por la vía aérea. Poseía varias compañías de aviación y empezó a usarlas para transportar cocaína directamente de Colombia a Chihuahua y a Estados Unidos. Los aviones aterrizarían en una pista en el desierto de Chihuahua, donde el equipo de Carrillo Fuentes y hasta 70 miembros del personal de seguridad aguardaban el cargamento. En sólo minutos se descargaban las drogas y el avión colombiano podía regresar a casa. Luego se usaba otro avión para llevar las drogas a Texas.

Los aviones que usaba Carrillo Fuentes eran rápidos —excedían las 500 millas náuticas por hora— y podían burlar a los aviones radar que usaba la Aduana de Estados Unidos. Aterrizaban en medio del desierto, donde un contacto norteamericano recogía el cargamento, que en ocasiones era hasta de 12 toneladas de cocaína. El vuelo de regreso a México transportaba lo recaudado: hasta 60 millones de dólares en un solo viaje.

Carrillo Fuentes se volvió conocido como "El Señor de los Cielos".

Carrillo Fuentes también deseaba expandirse en México. Estableció operaciones en Hermosillo, Sonora, que planeaba usar como punto clave de tránsito para los cargamentos de drogas. (Ubicado en el desierto, justo al sur de la alejada franja de la frontera México-Estados Unidos, Sonora ha sido desde hace mucho tiempo una ruta de transporte crucial desde Sinaloa). Carrillo Fuentes se mudó a una mansión de estuco rosa cerca de la residencia del cónsul de Estados Unidos, y retomó la construcción de una casa conocida localmente como "El Palacio de Las Mil y una Noches" por sus domos en forma de cebolla. De acuerdo con el agente de la DEA Wilburn Sears, que en algún momento encabezó la estación de Hermosillo, Carrillo Fuentes se las arregló para obtener protección federal para los vuelos que llegaban y partían de la ciudad. "Hacían de todo menos echar a andar los aviones de los narcos".

Carrillo Fuentes enfrentaría cierta oposición en 1991. El gobernador de Sonora, Manlio Fabio Beltrones, ordenó la confiscación de varias de las propiedades del zar de las drogas, incluyendo su palacio. Pero la DEA aseguró que Beltrones simplemente estaba incautándose de algunas de las propiedades para aparentar que estaba del lado de la ley. Los estadounidenses creían que el gobernador estaba muy metido con Carrillo Fuentes.

Nunca se comprobó nada, y Beltrones lo negó con vehemencia, asegurando que los reportes de inteligencia que lo vinculaban con el zar de las drogas habían sido fabricados por rivales políticos. "Esto suena como una novela, llena de horrores y errores", le dijo al *New York Times*. "¿En qué momento del día gobierno, si estoy empleando mi tiempo en todos esos crímenes?".

Carrillo Fuentes fue vinculado incluso con Raúl Salinas de Gortari, el hermano del entonces presidente Carlos Salinas de Gortari. Esto tampoco se comprobó nunca, y fue rechazado.

Luego resultaría que Carrillo Fuentes tenía un punto débil, pero durante la mayor parte de la década de los noventa él seguiría siendo todopoderoso en la zona alrededor de Ciudad Juárez.

Capítulo 5

LA ASCENSIÓN DEL CHAPO

Para los primeros años de la década de los noventa, el acuerdo con los colombianos había evolucionado, 90 por ciento de la cocaína colombiana que se consumía en Estados Unidos entraba ahora a través de México; ahora los traficantes colombianos le pagaban a sus contrapartes mexicanas ganancias hasta de 50 por ciento por cada cargamento.

Efectivamente, los mexicanos eran socios de los colombianos a partes iguales. Pero sin la supervisión y la autoridad del Padrino, eso también significaba que los mexicanos estaban inmersos en una seria competencia entre ellos.

El Chapo decidió que él debía ser mejor que los demás.

Mientras sus compadres se iban labrando sus propios nombres en Tijuana y Ciudad Juárez, el Chapo continuó haciendo las cosas a la manera del Padrino: gradual, metódicamente, con menos fanfarrias pero con ambición implacable. Estaba decidido a no regresar jamás a la pobreza de la cual había surgido, marcado, pero vivo. Él había ascendido en las filas desde abajo, y juró nunca perder su posición de poder.

El Chapo construyó un círculo interno en la tradición de la mafia. Empleó a parientes en quienes pudiera confiar —hermanos y primos, aunque más tarde expandiría ese círculo para incluir sobrinos y sobrinas—. (Mientras tanto, su padre había muerto, y su madre permanecería al margen de la batalla). Sus socios más allegados eran principalmente de la sierra, no fuereños que él no conociera bien.

Su consejero principal —equivalente al *consiglieri* de la mafia italiana— era Juan José Esparragosa Moreno, alias "El Azul". De piel mucho más oscura que el Chapo y sus parientes —ellos eran mestizos, cuya sangre se había mezclado con sangre española en algún momento—, a Esparragosa le dieron ese apodo porque su oscuro tono de piel por momentos parecía casi azul.

Esparragosa nació en Badiraguato, y sus narco-conexiones se remontaban bastante atrás. Él había trabajado con El Padrino, Don Neto Fonseca y Rafael Caro Quintero en los primeros tiempos (primero en Sinaloa, luego en Guadalajara), y supuestamente había sido cómplice en su conspiración para matar al agente de la DEA Kiki Camarena. De los capos sinaloenses originales, Esparragosa era el único que seguía libre. Ex policía como El Padrino, tenía extensas conexiones. Además, se había casado con el clan del Chapo, al contraer nupcias con la cuñada de su amigo narco.

Esparragosa era discreto, reservado y no era dado a perder los estribos. También actuaría como mediador entre el Chapo en Sinaloa y Carrillo Fuentes en Ciudad Juárez. Era una especie de consejero independiente, y se le consideraba el número 2 en la organización de Carrillo Fuentes. Esparragosa tenía habilidad para desempeñarse en ambos lados y aun así representar sus intereses equitativamente; cuando él entraba en una habitación, los egos se hacían a un lado para hacerle espacio a las ganancias.

El Chapo empleó *sicarios*. Algunos eran desertores del Ejército que tenían treinta y tantos años, expertos en el uso de armas como AK-47 y M-16, granadas y lanzacohetes. Ellos reclutaban jóvenes por todo el país para que trabajaran en sus filas. Usaban ropa militar o parecida, y empleaban armas cuyo uso en México está reservado al Ejército; confundir a estos hombres con el propio Ejército no era inusual.

El Chapo quería eficiencia, y no toleraría errores o derramamientos de sangre innecesarios.

En una ocasión, una empleada perdió algo de dinero del Chapo en un cargamento. El jefe ordenó a Luis Rolando Llanos Romero, alias "El Chilango", uno de sus sicarios más jóvenes, que la matara. Sin embargo, Llanos Romero se equivocó y mató a otra mujer. Cuando el Chapo se enteró, se puso lívido, de acuerdo con un testigo protegido que más tarde testificó ante la PGR.

El Chapo ordenó una reunión en la cual Llanos Romero sería reprendido. Un grupo de hombres del Chapo —incluido Llanos Romero— se reunió en una casa que usaba la organización, y discutieron la equivocación. Se levantó la sesión y con Llanos Romero ensangrentado pero indemne, tomaron sus armas de la mesa y se dirigieron a la puerta.

Cando iban saliendo, otro de los sicarios del Chapo le metió una bala en la nuca a Llanos Romero.

El Chapo podía enojarse cuando lo traicionaban, pero nunca dejaba que su temperamento se apoderara de él. "Una de sus fortalezas es su tolerancia a la frustración... la venganza no es algo a lo que él recurra con la inmediatez con que lo hace una persona impulsiva", indica un análisis psicológico del zar de las drogas realizado por la PGR. "Su respuesta es calculada, intencional; su visión es herir a su adversario utilizando sus debilidades para producir el mayor daño posible".

Siempre que la violencia afloraba entre pandillas de bajo nivel, era Esparragosa quien se hacía cargo, recordándole a todo el mundo que las muertes no calculadas —y la atención que ello atraía— eran malas para el negocio.

El Chapo también controlaba sus emociones cuando se trataba de negocios. De acuerdo con la PGR, fuera cual fuera la situación, el Chapo atendía razones. "En lo que se refiere a sus acciones vengativas, es obsesivo pero mesurado... de tal manera que [cualquier acción emprendida] fortalezca [su] estructura".

El Chapo era egocéntrico, concluyó la PGR, y se aseguraba de que todos supieran siempre quién era el jefe. Pero también sabía cuáles eran sus responsabilidades en tal posición, y en ocasiones asumía la culpa cuando algo salía mal. La PGR decidió que, a pesar de todo, el Chapo "era una persona emocionalmente estable".

En un primer momento el Chapo tuvo su base en Guadalajara, donde El Padrino Félix Gallardo también vivía, hasta su arresto; pero su "centro de mando y control" estaba de hecho un poco más al norte, en Agua Prieta, una ciudad fronteriza con Sonora. Esto le permitía monitorear personalmente las actividades de contrabando de su organización.

Tal como había hecho El Padrino, el Chapo adquirió docenas de casas en varias ciudades por todo México; empleó apoderados de confianza para hacer las compras y registrar las propiedades bajo nombres falsos. Las casas no eran nada especial; habitualmente eran estructuras de una o dos plantas con reja y entrada de vehículos, a veces un patio, ubicadas en barrios residenciales. Las casas estaban diseminadas por ciudades como Culiacán, Mexicali, Tecate y Guadalajara. La capital del país también se usaba como escondite; le ofrecía al Chapo y a sus hombres un anonimato que no podían encontrar en ninguna otra parte. Las propiedades se usaban principalmente como escondites para operativos, armas, drogas y dinero.

Usualmente, de tres a cinco hombres operaban desde una casa de seguridad; si hubieran sido más habrían atraído una atención indeseable. No era raro encontrar en el interior de cada casa docenas de armas, granadas y miles de municiones. Los operativos movían decenas de miles de dólares y pesos en efectivo; a menudo era necesario sobornar a policías o agentes aduanales.

El Chapo adquirió ranchos también, por todo México, pero particularmente en Sinaloa, Sonora, Chihuahua y Durango. Ahí los gomeros locales cultivaban amapola y marihuana. A veces el Chapo pagaba por los ranchos; a veces simplemente los ocupaba por la fuerza.

De acuerdo con la PGR, al Chapo le gustaba delegar, de tal manera que pudiera recargarse en el respaldo y "disfrutar" su dinero sin tener que estar prestando atención a las minucias de cada transacción de drogas. Incluso el reclutamiento se llevaba a cabo de manera local. El aspirante a empleado se le presentaba al jefe local; ese hombre le reportaría luego a otro superior, y así subiendo en el estamento. El Chapo permanecía en las sombras; pocos llegaban a conocerlo en persona.

Los hombres en las "celdas" del Chapo se quedaban en gran parte ahí, supervisando operaciones en su área designada. El principal objetivo era recibir, vigilar y distribuir las drogas del Chapo al siguiente eslabón en la cadena. También matarían en representación de su jefe.

Aunque trabajaban para el Chapo, al parecer a estos encargados a veces se les daba libertad de acción para realizar operaciones paralelas, como el robo de vehículos. Mientras no llamaran la atención, sus actividades eran aprobadas. Incluso en Sinaloa, al Chapo no le molestaba que hubiera un poco de pluriempleo; aparentemente permitía que los fureños trabajaran siempre y cuando le pagaran un arancel.

Todas las actividades —recepción de cargamentos y efectivo, transacciones, deudas por pagar— se registraban en libros de contabilidad. A los encargados de una célula se les daban identidades falsas (pasaportes y credenciales de elector mexicanas) y, en ocasiones, vehículos blindados. Usualmente se comunicaban mediante *walkie-talkies*, de la misma manera en que lo hacía la gente del Chapo en la sierra. Más adelante, los teléfonos celulares se usarían con más frecuencia. El Chapo sobornaría a encargados de compañías de telecomunicaciones para asegurarse de que los teléfonos que usaba su gente no figuraran en la base de datos de la central. Cada miembro de la organización recibiría un teléfono celular (en el caso de algunos empleados, hasta tres) y un código con el cual identificarse.

Después de su fuga de la prisión, el Chapo también haría una suave transición hacia la era del Internet. Contrató a un contador que digitalizó todos los documentos de su organización. Se cree que siempre viajaba con una laptop y que usaba el correo electrónico para enviar instrucciones a sus subordinados. Organizaba reuniones por medio de salas de chat, y prefería los mensajes en clave en línea a los mensajes en clave por teléfono. En las montañas de Sinaloa, su gente ahora navega por Internet para obtener las novedades más recientes acerca de su jefe.

En la sierra los gomeros todavía usan *walkie-talkies*. También silban y se llaman unos a otros con sonidos de la naturaleza (como el de los búhos, por ejemplo) cuando escuchan que vienen soldados o intrusos.

Debajo del barniz

Desde el principio, uno de los principales retos del Chapo fue permanecer en movimiento. Cuando viajaba fuera de su propia área, el Chapo se rodeaba de un séquito de sus mejores hombres. En ocasiones, docenas de hombres armados lo acompañaban; él casi siempre conducía en convoy. Contrató un chofer, que era más bien una especie de guardaespaldas de confianza. El Chapo tenía varios de estos choferes diseminados por el país, siempre disponibles.

En ocasiones el Chapo incluso se ponía un disfraz. Tenía preferencia por hacerse pasar por sacerdotes u oficiales del Ejército; al fin y al cabo, en México pocos eran tan intocables como estas figuras. Viajar con atuendo clerical o militar le garantizaba un trayecto sin contratiempos.

Debajo de los disfraces, los integrantes del séquito y el equipo de seguridad, estaba el Chapo de verdad, un hombre que siempre se sintió más cómodo con gorra de beisbol y jeans que con la ostentosa joyería de oro y los trajes de diseñador que usaban otros narcos.

El Chapo es "puro Badiraguato", nacido y criado en las montañas. Lo único ostentoso en él ha sido siempre su afición a las pistolas con chapa de oro grabadas con las iniciales J.G.L. Tiene un acento de campo que es común en la sierra. Su voz es también un tanto nasal, pero tranquila; no es suficientemente aguda como para resultar chillona; más bien pareciera como si cantara bajito. Su ojo izquierdo está aparentemente paralizado, por lo que su mirada resulta a la vez amable y escalofriante.

Poco después de que llegó a Puente Grande en 1995, el Chapo fue mostrado ante las cámaras. Él permaneció de pie ahí bajo la lluvia, esposado, mientras los guardias miraban. Llevaba una gorra de beisbol y una sudadera beige. Le sonrió a las cámaras, pero casi no dijo nada. La expresión de su rostro lo decía todo: yo estoy a cargo aquí. Este momento me pertenece. Todos ustedes me pertenecen: los guardias, la prensa, el gobierno.

De acuerdo con la PGR, el Chapo siempre tiene que estar a cargo; tiene una necesidad obsesiva de "controlar" su entorno. Pero también está seguro de sí mismo, es agradable, cortés y educado con quienes se hallan en su presencia. Es franco y puede dar la impresión de ser simple, pero los engranes se están moviendo constantemente en el interior de su cabeza; es extremadamente agudo, dicen quienes lo conocen.

El Chapo es encantador, un hombre con reputación de seductor, ya sea de un compañero traficante de drogas para fines de negocios, o de una mujer con fines sexuales. "Su carácter afable le permite convencer de manera natural a aquellos con quienes interactúa, especialmente aquellos que... lo protegen", dijo la PGR.

Mide apenas 1.68. La PGR asegura que eso ha sido un factor determinante en el éxito del Chapo. Su "tenacidad" parece surgir de un subyacente sentimiento de inferioridad relacionado con su estatura, lo que ha ocasionado que lo compense mediante "superioridad intelectual" y una "desproporcionada ambición de poder".

Su corta estatura es una ventaja en otro sentido: le ayuda a permanecer al nivel de sus empleados. Con su voz nasal, su sonrisita medio infantil medio diabólica y su estilo de vestir práctico, el Chapo se ve igual que cualquier otro narco de bajo nivel, no como un superior con el ego inflado. Así es su estilo.

Miguel Ángel Segoviano, un contador, recuerda la primera vez que vio al Chapo. Lo habían convocado a conocer al zar de las drogas en una fiesta, el lanzamiento de una compañía tapadera llamada Servicios Aero Ejecutivos. Segoviano entró en la habitación y presenció cómo un hombre le echaba bronca a otro, que él asumió que era el jefe. Segoviano intervino. "¿Por qué no lo dejas en paz?, ¿por qué lo estás regañando?". Rápidamente otro hombre sujetó al contador y se lo llevó escaleras arriba. Estaba desconcertado; no podía entender qué había hecho mal.

El hombre al que había reprendido era el mismísimo Chapo. "Nunca pensé que Joaquín Guzmán... bueno, que Joaquín Guzmán se viera como una persona normal, como cualquier empleado", recordaría más tarde en una corte de Estados Unidos.

Segoviano sobrevivió la metida de pata y prosperó en la organización del Chapo hasta que finalmente fue capturado.

En todo momento el Chapo tiene hasta 150 mil personas trabajando para él y su negocio de drogas. No muchos lo han conocido en persona. Incluso en los primeros tiempos, el Chapo rara vez se comunicaba directamente con los empleados; contrató un *vocero* (literalmente, un portavoz) para transmitir sus órdenes. Otras órdenes vienen de intermediarios, mandos medios en la jerarquía de mando.

Isaac Gastellum Rocher, de 36 años de edad, nacido y criado en Culiacán, trabajó para el cártel de Sinaloa como vendedor callejero. Sus ojos cafés miran en todas direcciones y gotas de sudor comienzan a formarse en su frente mientras empieza a contar su historia.

Cuando tenía alrededor de 25 años, comenzó a usar *hielo* ocasionalmente, como se conoce a las metanfetaminas por estos rumbos. En unos cuantos años ya lo usaba diario, y le agregaba cocaína, marihuana y alcohol a la mezcla. Se le acercaron unos tipos: ¿le gustaría transportar drogas a Nogales, en la frontera con Arizona? Le dijeron: "Sabemos que necesitas dinero, tienes una familia, tienes que moverte", recuerda Gastellum. Él estaba abierto a la idea, así que fue con ellos a una casa en Culiacán. "¿Le entran o no?", le preguntaron a un grupo de hombres jóvenes como él.

Asustado, se dio cuenta de que la situación lo superaba, pero les dijo que si tenían un trabajo en menor escala que hubiera que hacer, él se apuntaría. Le dieron ocho piezas de metanfetamina para vender en las calles de Culiacán y Navolato. "Vieron que era de confianza".

Mientras habla, Gastellum se sienta derecho, los ojos mirando a un lado y al otro. Por dos años la relación con sus nuevos patrones floreció; él podía conseguir metanfetamina fácilmente de sus proveedores porque esperaban que se uniera a sus filas. Le dieron manojos de billetes para mantenerlo a flote incluso cuando los adictos no compraban. Pero la suerte de Gastellum finalmente se acabó. Una tarde iba conduciendo, ligeramente borracho, hacia un supermercado en Navolato, cuando la policía lo detuvo. Se veía sospechoso, y lo revisaron a él y al coche. Encontraron 100 gramos de metanfetamina en una bolsa.

La policía lo acusó de planear distribuir drogas de parte del cártel de Sinaloa en la prisión local, que estaba ubicada justo al lado del supermercado. Le dieron una condena de poco más de diez años por *delitos contra la salud,* que es el eufemismo judicial mexicano que engloba todos los cargos serios relacionados con drogas o con narcotráfico.

Gastellum nunca conoció a nadie de mayor jerarquía en el cártel de Sinaloa que los hombres que originalmente se le acercaron. Y por supuesto nunca conoció al jefe.

José Luis García Puga también nació y creció en Culiacán. A los 29 años tenía licencia de piloto, así que tenía mejores perspectivas que muchos en su barrio. Entornando los ojos bajo el sol de mediodía y sin dejar de moverse nerviosamente, cuenta cómo fue su comienzo llevando a hombres de negocios locales a otros aeropuertos de Sinaloa y estados vecinos.

Un día, en el aeropuerto de Guamúchil, donde el avión que él rentaba permanecía en tierra, se le acercó uno de los hombres de negocios que solía llevar con regularidad. ¿Le gustaría llevar un poco de marihuana a Nogales?

García Puga no tenía siquiera que pensarlo. Le pagarían 15 mil dólares sólo por llenar el avión de marihuana y volar al norte, a un aeropuerto con mínima seguridad. No tendría que cruzar fronteras ni hacer nada demasiado riesgoso. Por varios años transportó las drogas en su propio avión. Nunca lo atraparon por hacerlo. Él y un amigo intentaron robar un avión que pertenecía a la PGR, y después de su misión fracasada, se pelearon. Al calor del momento él le disparó a su amigo y fue sentenciado a doce años de cárcel.

García Puga se ve atormentado mientras habla. Él sabía los riesgos. Mientras revelaba partes de su historia, se movía nerviosamente y golpeaba la mesa con el puño. Al confesar los que él llama sus pecados, traicionó no sólo a sus jefes sino sus creencias. Cuando finalmente salga de la cárcel —se encoge de hombros—, espera volver a ser un piloto honesto otra vez. Pero ahora tiene un expediente criminal y los narcos son quienes tienen todo el dinero y el poder. García Puga se levantó y se fue.

Nunca ha conocido a nadie de una jerarquía más alta en el cártel de Sinaloa que el hombre que originalmente lo abordó.

A Jesús Manuel Beltrán Zepeda, alias "El Caballo", y Gerardo Maximiliano Coronel del Razo, alias "El Max", los recogieron en Ciudad Juárez. Llevaban 200 kilos de marihuana, uniformes militares, chalecos antibalas, dos revólveres, una granada, cartuchos y una variedad de equipo electrónico. De acuerdo con la PGR, eran parte de una célula de nueve integrantes dirigida por el Chapo.

Ellos nunca han visto al jefe.

Armando Guzmán Nares, Benjamín Dosal Rodríguez y Luis Carlos Villa Rosales fueron arrestados por soldados en una casa en el desprestigiado barrio de San Isidro, también en Ciudad Juárez. El Ejército se incauto de cuatro vehículos robados, siete kilos de marihuana, 230 gramos de crack, ocho rifles, tres revólveres y mil 987 cartuchos de diversos calibres.

Los hombres eran parte de una célula que trabajaba para el Chapo, encargada de matar a los miembros de una pandilla radicada en Ciudad Juárez. De acuerdo con los militares, la célula de unos diez hombres era responsable de por lo menos doce ejecuciones en Ciudad Juárez y sus alrededores. También habían quemado por lo menos tres casas que pertenecían a miembros de la pandilla rival.

Ellos tampoco vieron nunca a su jefe.

Maestro estratega

Desde el principio, el Chapo supo sus metas y las maneras en que las llevaría a cabo. "Planeación, organización, negociación y mirar hacia el futuro" eran las fortalezas del Chapo, según la PGR.

A diferencia de otros capos, que se establecían en su centro de contrabando, el Chapo tenía que ocuparse él mismo de la transportación desde la fuente. Así, para mover las drogas de las montañas de Sinaloa la gente del Chapo compró o robó todos los aviones de los que pudo echar mano. En ocasiones incluso robaron aeronaves propiedad del gobierno. Ocultaban drogas en vehículos y les pagaban a camioneros para que transportaran sus productos hasta el norte. Los compartimientos secretos en el piso de un automóvil estándar podían ocultar varios kilos de cocaína; a veces las drogas se escondían en las llantas.

El Chapo estableció puntos de recolección a lo largo de la costa del Pacífico, hasta llegar Chiapas, en el sur. Ahí, los colombianos podían enviar su cocaína, que luego se iba directo por la costa hasta la frontera con Estados Unidos. Los representantes de la ley a lo largo de la costa de México estaban comprados. También los políticos.

El chapo quería ser "directamente responsable de la planeación de sus acciones a fin de lograr exitosamente sus objetivos", según la PGR, pero también sabía que no podría controlar todo trato de negocios si quería expandir sus operaciones. Así que se vinculó en todo México con figuras más experimentadas en las cuales pudiera confiar.

El Chapo empleó un equipo de abogados para que se acercaran en su representación a figuras públicas, militares de alto rango y otros funcionarios.

En Oaxaca, Pedro Díaz Parada se volvió el principal hombre del Chapo. *Cacique* local u hombre fuerte, que no tenía rival en cuanto a nexos locales, Díaz Parada se aseguraría que los representantes de la ley se hicieran de la vista gorda cuando la cocaína colombiana llegara por mar a lo largo de la costa de aquel estado sureño. Díaz Parada era intocable: una vez había sido sentenciado a 33 años de cárcel por tráfico de drogas; luego de escuchar la sentencia, se volvió hacia el juez: "Yo saldré libre y tú morirás".

Seis días después, el capo estaba, en efecto, libre. El cuerpo del juez fue encontrado acribillado con 33 balas. Habían dejado una nota.

"Una bala por cada año", decía.

En Guerrero, un estado con una larga costa sin vigilancia y una igualmente larga historia de producción de drogas, el Chapo conocería a Rogaciano Alba Álvarez, un cacique de la vieja escuela que mandaba a la depauperada gente que lo rodeaba. Famoso por la pistola en su cinturón y su sombrero, Alba Álvarez disfrutó de la protección del PRI, como Díaz Parada en la vecina Oaxaca, él también era intocable.

En tres estados subiendo por la costa oeste hacia Sinaloa —Michoacán, Colima y Nayarit—, el Chapo también se vinculó con otros caciques y jefes locales de la droga para asegurar la ruta de contrabando hacia el norte. También se relacionó con militares en aquellas áreas. Él ya poseía Jalisco, que también tiene costa en el Pacífico, y, naturalmente, Sinaloa.

Mientras los hermanos Arellano Félix ejercían el control por medio de la violencia y el temor, y Carrillo Fuentes tenía tendencia hacia la diplomacia, el Chapo construía alianzas. Estaba construyendo una red de corrupción nacional que no tenía rival. Él, el Güero y El Mayo —esencialmente sus segundos de más confianza, pero capo por derecho propio— extendían sus tentáculos a través del sistema mexicano, justo como El Padrino les había enseñado. El Chapo había visitado al Padrino en prisión por lo menos en una ocasión, cuando conoció al subprocurador general de Justicia y a un alto comandante de la Policía Federal. Ellos se volverían sus principales cómplices.

Cualquiera podía ser comprado. En una ocasión, el Chapo fue arrestado en la ciudad de México. En la estación de policía, el levantó un portafolios y lo puso en el escritorio del jefe de la policía capitalina. Dentro había 50 mil dólares en efectivo; en cosa de minutos, el Chapo estaba en la puerta de salida.

Otra vez, el jefe de la Policía Estatal de Jalisco recibió de regalo un millón de dólares y cinco camionetas tipo SUV. El trato del Chapo: el jefe policiaco y sus hombres permitirían que un par de aviones cargados de cocaína aterrizaran, sin decir una palabra.

La red de corrupción del Chapo le permitió conservar la discreción. La DEA apenas si tenía conocimiento de su existencia; parecía que "nada más andaba de puntitas", recuerda el agente Chávez. "Siempre estaba en segundo plano, operando con apoyo del Mayo".

El Chapo apareció realmente por primera vez en el radar de Estados Unidos en 1987, cuando los testimonios de criminales convertidos en testigos en una corte estadounidense declararon bajo juramento que él era el líder de su organización. Una acusación emitida en Arizona afirmaba que en siete meses entre el 19 de octubre de 1987 y el 18 de mayo de 1990, el Chapo había planeado la entrega de 2 mil 86 kilos de marihuana y 4 mil 764 kilos de cocaína en Arizona y California. Más tarde el Chapo supuestamente intentaría transportar las ganancias —1.5 millones de dólares en efectivo— de regreso a Sinaloa.

Otra acusación indicó que el grupo del Chapo había importado 35 toneladas de cocaína y "una cantidad no especificada de marihuana" hacia Estados Unidos durante un periodo de tres años, y había obtenido ganancias por 100 mil dólares, que "regresaron íntegras a las arcas de la organización en México". Su método de contrabando era simple: la cocaína se colocaba en los fondos falsos de dos tráileres, que llevarían las drogas a una bodega en Tucson, Arizona. De ahí, la mercancía sería distribuida por sus contrapartes estadounidenses.

Esa fue la primera vez que se mencionó que el Chapo estaba a cargo de algo. A los agentes de la DEA encargados de monitorearlo les fue quedando claro que estaba "madurando". Estaba mostrando que era innovador, y que definitivamente no había que subestimarlo.

En efecto, el Chapo se había hecho cargo del corredor de contrabando entre Tecate y San Luis Colorado, justo al norte de Sinaloa, y entre Tijuana y Ciudad Juárez. Como los otros capos, estaba utilizando principalmente rutas terrestres para llevar sus drogas al otro lado de la frontera, complementadas con algunos vuelos de aviones ligeros. Esta era la estrategia más común: al mantener las cantidades de drogas relativamente pequeñas, los traficantes minimizaban el riesgo de ser arrestados o perder la mercancía. Era lo que los agentes llamaban "estrategia de a poco", pero funcionaba.

Sin embargo, era lenta y laboriosa. Los vehículos eran detenidos en los puestos de revisión y los aviones siempre eran riesgosos. Los hermanos Caro Quintero incluso estaban recurriendo a caballos y porteadores humanos (a menudo migrantes ilegales) para contrabandear a través del desierto que se extiende desde San Luis Río Colorado hasta Agua Prieta.

Sin embargo, el Chapo se estaba volviendo más creativo. En Tecate fueron decomisadas mil 400 latas de chiles jalapeños; estaban llenas de 7.3 toneladas de cocaína. El señor de las drogas había construido una red en Los Angeles a través de la cual podía ocultar y traficar las drogas. La DEA arrestó a un traficante de Los Ángeles, José Reynoso González. Él y sus hermanos eran dueños de *Cotija Cheese and Tía Anita foods*, y distribuían productos enlatados *La Comadre*, la pantalla perfecta para las entregas de cocaína del Chapo.

El Chapo también estaba contrabandeando drogas al otro lado de la frontera en carros de ferrocarril que transportaban aceite de cocina, y rollos de malla de gallinero con compartimientos de fibra de vidrio ocultos. Su gente estableció bodegas desde California hasta Nueva Jersey para almacenar la mercancía una vez que ésta llegaba. El Chapo también contrabandeaba drogas en el interior de carros-tanque de petróleo.

Pero eso nada más era la punta del iceberg. Como quería más y más rápido, el Chapo empezó a construir túneles.

A principios de mayo de 1990, agentes de la Aduana de Estados Unidos cerca de la frontera Arizona-Sonora recibieron información acerca de actividades sospechosas en una bodega en Douglas, Arizona. Los agentes siguieron un camión desde ese sitio hasta un conjunto de granjas en Queen Creek, a más de 160 kilómetros de distancia, y se pusieron a vigilar. Durante los siguientes dos días no vieron gran cosa, con excepción de "flashes" en el interior de uno de los edificios. Pensaron que era una soldadora o un soplete. Era suficientemente sospechoso como para conseguir una orden de cateo. El 11 de mayo revisaron el complejo de Queen Creek, y descubrieron un compartimiento falso en la cama del camión que habían seguido. Hallaron 923 kilos de cocaína en cajas almacenadas en el interior de las construcciones de las granjas.

Seis días más tarde, mediante una orden solicitada para realizar otra búsqueda, se fueron contra la bodega en Douglas. No había manera de que anticiparan lo que encontrarían cuando levantaron la rejilla de acero del drenaje del suelo y se abrieron paso con un martillo neumático a través de la puerta disfrazada de plancha de concreto. Detrás de los escombros se abría el Callejón de la Cocaína.

Revestido de paredes de concreto, un pasillo de 60 metros conducía de la bodega a la casa del abogado del Chapo en Agua Prieta, Sonora. Estaba equipado con un sistema de aire acondicionado, iluminación y desagüe tubular a fin de drenar agua. Para tener acceso al túnel desde la casa en Agua Prieta, uno simplemente abría un grifo de agua ubicado afuera, el cual activaba un sistema hidráulico que elevaba un piso falso debajo de una mesa de billar. Una vez que las drogas se hacían descender por el agujero —por medio de un sistema de poleas, que actuaba efectivamente como un elevador—, abajo un trabajador las cargaba en un carro sobre rieles. Utilizando un sistema que desde hace mucho han empleado los mineros de la región, los trabajadores trasladarían entonces las drogas a Arizona. Era suficientemente amplio como para conducir un camión pequeño a través de él, y tenía cuartos disimulados para armas, efectivo, narcóticos: lo que quisieran. Era una de las estratagemas para contrabandear narcóticos más creativos e impresionantes con que se hubiera topado la DEA jamás.

El Chapo había contratado a un arquitecto para que diseñara el complejo subterráneo, un hombre llamado Felipe de Jesús Corona Verbera. De acuerdo con el testimonio que rindió en cortes de Estados Unidos, Corona Verbera se había convertido rápidamente en un empleado de confianza. Le hablaba al Chapo con el modo informal "de tú", algo que otro testigo afirmó que nunca antes había visto hacer a nadie.

Corona Verbera y el Chapo se parecían en algunos aspectos: cuando cualquiera de los dos tenía un trabajo que quería que se hiciera, lo supervisaban personalmente o se aseguraban de que la gente adecuada fuera asignada para realizarlo. Él le encomendaba el trabajo preparatorio a subordinados, pero quería estar seguro de que la operación completa se realizara sin contratiempos.

Corona Verbera supervisó cada etapa de la construcción del Callejón de la Cocaína, de acuerdo con el testimonio de Ángel Martínez Martínez, a quien los fiscales señalaron como "co-conspirador". Él y el abogado del Chapo, Francisco Camarena Macías, también supuestamente puso en marcha unas mentiras muy bien construidas para proveer el material necesario para el proyecto, así como a aquellos que trabajarían en él.

A William Woods, un contratista que ayudó a arreglar la bodega en Douglas, a donde llegarían los embarques de droga, se le dijo que el lugar sería un punto para guardar camiones cruzando la frontera y donde, por ejemplo, se pudiera lavarlos. Le dijeron a otro empleado que un cargamento de pistones y bombas de agua era para una estación de gas en Guadalajara. Corona Verbera estuvo en el lugar "durante toda la construcción", recordó Woods.

Este hombre, a quien al Chapo le gustaba llamar "El Arquitecto", se había vuelto un elemento clave. Al fin y al cabo, como dijo el zar de las drogas: "él me construyó un túnel poca madre".

A pesar de la creatividad del Chapo y el ingenio de su arquitecto, las autoridades estadounidenses y mexicanas se las arreglaron para incautarse de una parte de su mercancía. Pero los decomisos únicamente sirvieron para subrayar las enormes cantidades de narcóticos que de hecho estaban cruzando.

Y con cada decomiso venía un recordatorio de cuán listo era el Chapo. Se descubrió otro túnel que conducía de una bodega en Tijuana a California por debajo de la frontera. Excavado a unos 20 metros bajo la superficie, luego se extendía 442 metros hasta Estados Unidos, hacia una bodega registrada a nombre de los mismos hermanos que habían contrabandeado cocaína para el Chapo en sus chiles.

Tanto las autoridades de México como las de Estados Unidos estaban asombradas. Ya antes se habían encontrado túneles bajo la frontera que iban de los 4.5 a los 9 metros de longitud. El Callejón de la Cocaína era el más impresionante, pero era algo inimaginable. ¿Cómo había logrado el Chapo hacer algo así?

Quizá el Chapo fuera sigiloso, pero era codicioso. Al parecer, su sed de dominio lo había impulsado a arriesgarse mucho más que sus predecesores y rivales, y a buscar mayores oportunidades para satisfacer su ambición.

"Él piensa en grande", dijo un integrante de la DEA con respecto a la avidez del Chapo. "Cuando el Chapo se involucra en un trato de drogas, estamos hablando de cantidades extremadamente grandes. Toneladas".

La mano de obra barata y desechable era uno de sus secretos: su gente recogía grupos de campesinos en las regiones más pobres de México (tal "reclutamiento", equivalente al secuestro, era conocido como *levantón)* y los ponía a trabajar en los túneles por semanas, incluso meses en cada ocasión. Los constructores de los túneles vivían bajo tierra o en bodegas cerca de la entrada del túnel. Cuando terminaban el trabajo, el Chapo los mataba.

Esto hacía particularmente difícil detectar los túneles, recuerda un agente de la DEA. Los túneles estaban tan bien ocultos que la única manera de hallarlos era por medio de informantes, la mayoría de los cuales habían muerto para cuando la DEA los descubría.

Teniendo su base de operaciones en Guadalajara y evitando el contacto social, el Chapo todavía se las arreglaba para seguir siendo una figura menos prominente que los narcos en Tijuana y Ciudad Juárez. Pero su naturaleza despiadada y su ambición llamaron la atención de sus rivales, lo mismo que su deseo de obtener mayor control del negocio mexicano del contrabando.

El equipo de Tijuana también se estaba volviendo "egoísta", como dijo un agente de la DEA, y quería expandirse. De hecho, Tijuana se volvió el corredor más preciado para los proveedores colombianos de cocaína, y los hermanos Arellano Félix querían capitalizar su recién descubierta influencia. También querían proteger su territorio del Chapo. Él y El Mayo eran altamente considerados por su dureza, por ser los únicos que querían hacerle frente a los hermanos de Tijuana.

El Chapo estaba invadiendo su territorio. Él invirtió más de un millón de dólares en el gran túnel de Tijuana; también adquirió casas de seguridad por toda la ciudad, en las cuales guardaba armas, lanzagranadas, lentes de visión nocturna y paquetes de billetes.

Los hermanos Arellano Félix "no tenían miedo de jalar el gatillo", como describió un policía de Tijuana. Ofrecieron una recompensa por la cabeza del Chapo.

A principios de 1992 los sicarios atacaron. Un grupo de miembros de la pandilla Calle Treinta —radicada en San Diego— contratado por los hermanos Arellano Félix atrapó a seis de los lugartenientes del Chapo en Tijuana. Los torturaron para sacarles información y luego les dispararon en la nuca. Los cadáveres, amarrados y amordazados, fueron arrojados a lo largo de una carretera en las afueras de la ciudad fronteriza.

Poco después, un coche bomba estalló afuera de una casa que el Chapo usaba en Culiacán. Nadie resultó herido; los narcos no estaban en casa. Pero el mensaje estaba claro.

El 8 de noviembre de 1992 el Chapo contraatacó.

Dos de los hermanos Arellano, Francisco y Ramón, habían ido a la ciudad turística de Puerto Vallarta para tomar un pequeño descanso. Una noche salieron a una popular discoteca, "Christine".

Vistiendo uniformes de la policía, quince hombres del Chapo descendieron de sus vehículos frente al club. Hicieron a un lado al hombre de la puerta y entraron. Estudiaron el escenario: unas 300 personas bailaban y bebían bajo las luces de la disco. La música era atronadora. Divisaron a los hermanos Arellano Félix y a sus guardaespaldas y abrieron fuego. Los guardaespaldas respondieron el fuego, mientras Francisco y Ramón Arellano Félix huían por la parte trasera del club y se alejaban a toda velocidad en uno de sus vehículos. La balacera continuó; seis personas murieron, algunas de ellas inocentes parroquianos.

El Chapo había iniciado una guerra contra el cártel de Tijuana, la primera guerra de la nueva era del tráfico de drogas mexicano.

Días después, otro grupo de sicarios de los Arellano Félix se desplegó en Guadalajara. Divisaron un vehículo a bordo del cual creyeron que iba el Chapo y abrieron fuego con sus AK-47. El Chapo escapó incólume.

En los siguientes seis meses, el Chapo sería un hombre buscado a los ojos de los hermanos Arellano Félix. Pero el Chapo estaba bien conectado y bien protegido en Guadalajara; sus esfuerzos por encontrarlo resultaron inútiles. Enviaron grupo tras grupo de sicarios a matarlo, pero no tuvieron suerte.

A finales de mayo de 1993, un equipo de sicarios de primera llegó a Guadalajara. Javier, uno de los hermanos Arellano Félix, venía con ellos.

El Chapo estaba siendo muy precavido, y se movía por Guadalajara con frecuencia. Se registró en varias habitaciones en el *Holiday Inn* y luego se fue a una de sus propias casas de seguridad. Después se mudó a otro hotel.

Los hermanos Arellano Félix no tuvieron éxito. Luego de días de andar buscando al Chapo, Javier y los sicarios decidieron volver a casa, el 24 de mayo.

Javier estaba registrándose para su vuelo de regreso a Tijuana cuando escuchó las noticias: el Chapo estaba llegando al estacionamiento del aeropuerto para tomar un vuelo de tarde a Puerto Vallarta.

Los pistoleros corrieron afuera disparando; un grupo de hombres armados respondió el fuego. "Se desató el infierno y había tiroteos por todo el aeropuerto", recuerda un agente de la DEA acerca de la escena. Divisaron el vehículo que creyeron pertenecía al Chapo, un Mercury Grand Marquis blanco, un tipo de automóvil que los narcos manejan con frecuencia. Abrieron la portezuela y abrieron fuego.

Pero no era el Chapo quien estaba en el coche; él se encontraba en un Buick sedán verde oscuro cerca de ahí. En el Mercury Grand Marquis estaba el cardenal Juan Jesús Posadas Ocampo, el arzobispo de Guadalajara. Entre el caos, el Chapo se alejó de la escena, abordó un taxi y se fue a toda velocidad a una casa de seguridad. El cardenal estaba muerto, su cuerpo acribillado por catorce balas.

Mientras tanto, Javier Arellano Félix ocupó su asiento de primera clase en el avión a Tijuana. En el asiento contiguo iba Jorge Hank Rohn. El avión despegó veinte minutos después; las autoridades nunca han explicado por qué se le permitió partir.

Al menos esa es una versión de lo que sucedió aquel aciago día de mayo. En la PGR algunos creen que los hermanos Arellano Félix sabían que el Chapo iba a estar en el aeropuerto. Creen que los hermanos sabían cuál era el color de su coche. Sugieren que los sicarios de los hermanos Arellano Félix en realidad iban tras el cardenal, pero no hay evidencia sólida de ello. Algunos testigos también han declarado que Benjamín Arellano Félix también se encontraba en la escena del crimen.

Pero estas explicaciones son refutadas por otros investigadores, quienes piensan que las afirmaciones e investigaciones de la PGR están equivocadas, quizá debido a su complicidad con el Chapo. "¡Mentiras! Es una pinche mentira", grita un funcionario destacado en Guadalajara por aquel tiempo, señalando al reporte de la PGR sobre el tiroteo en el aeropuerto. "No puedes confiar en nadie aquí: ni en los periodistas, ni en los secretarios, ni en los cardenales, ¡en nadie! Está jodido; [la verdad] te matará aquí".

"Si digo esto, la PGR me chinga, si digo aquello la PGR me chinga. Me matarán", dice, agarrándose el cuello como si lo estuvieran estrangulando.

Un ex investigador también cuestiona cómo es que alguien pudo llegar a la conclusión de que los sicarios de los Arellano Félix podían haber confundido el coche del Chapo con el del cardenal Posadas Ocampo, un Ford Marquis. A fin de cuentas, aparentemente sí sabían el color del coche del Chapo. "¿Cómo podían haber estado apuntándole al Chapo si él estaba en un coche verde y...? ¿Cómo pudo pasar esto?".

Que el Chapo hubiera eludido a sus asesinos no cambiaría la situación de la guerra por las drogas, pero la muerte accidental del cardenal Posadas Ocampo sí. Indignado por el asesinato de una figura religiosa de tan alto rango y tan respetada, el gobierno ordenó una redada de algunos de los principales traficantes de drogas del país. Ofreció una recompensa de casi 5 millones de dólares a quien proporcionara información que condujera a la condena del Chapo y varios otros elementos destacados del comercio ilegal de narcóticos.

El chapo voló a la ciudad de México y se quedó ahí dos días. Se reunió con un empleado, a quien le entregó cerca de 200 millones de dólares para proveer a su familia en caso de que lo detuvieran; a otro empleado le dio una cantidad similar para asegurarse de que su organización continuara funcionando sin contratiempos en caso de que él tuviera que ausentarse por corto tiempo.

Después, otro empleado de confianza lo condujo hasta el sur, a Chiapas. Unos meses antes el Chapo había establecido una red para sus operaciones de drogas en Chiapas y Guatemala; así, a su llegada se puso en contacto con un teniente coronel del ejército guatemalteco.

El Chapo le pagó al teniente coronel 1.2 millones de dólares. A cambio, el zar de la droga y sus acompañantes —cuatro hombres y una novia del Chapo— podrían ocultarse en Guatemala. El Chapo también tenía un pasaporte falso; ahora viajaba bajo el nombre de Jorge Ramos Pérez.

El 31 de mayo, justo una semana después de la balacera en el aeropuerto de Guadalajara, la PGR recibió informes de inteligencia de que el Chapo estaba, en efecto, en Guatemala. Soldados y agentes federales fueron destacados allá. Al amanecer del 9 de junio, tropas guatemaltecas rodearon el área en que el Chapo y sus cómplices se escondían. Los arrestaron y se los entregaron a los mexicanos aquel mismo día, por la tarde. El Chapo había sido traicionado.

No está claro por qué fue tan fácil atrapar al Chapo en 1993. En ese tiempo, sin embargo, la presión de Estados Unidos y su participación en operaciones antidrogas extranjeras estaban en su punto culmen. Fuerzas especiales estadounidenses y militares colombianos estaban cercando a Pablo Escobar en Medellín (sería asesinado en diciembre de 1993). El intercambio de información de inteligencia entre las naciones de Centro y Sudamérica, México y Estados Unidos alcanzó niveles sin precedente. Esto podría explicar por qué los guatemaltecos estaban tan deseosos de ignorar el acuerdo con el Chapo y agarrarlo. Los mexicanos declararon que dicha cooperación había hecho posible la captura.

Una vez en manos de los militares mexicanos, el Chapo se sinceraría. Sus conexiones colombianas eran de Cali, no del Medellín de Escobar. También reveló el alcance de su red de corrupción dentro de México; poco después de su arresto, uno de los funcionarios que el Chapo mencionó en su confesión sería hallado muerto; otro sería arrestado.

El Chapo también soltó la sopa con respecto a los hermanos Arellano Félix.

Si el fallido atentado contra la vida del Chapo fue el momento culminante de 1993, sus revelaciones al Ejército acerca de los hermanos Arellano Félix rompieron un acuerdo tácito de confidencialidad entre los cárteles que nunca se repararía.

Los hermanos también se convirtieron en Enemigos Públicos Número 1. "A partir de ese momento, cuando el cardenal fue asesinado, eran ellos [los hermanos Arellano Félix] contra el mundo, contra los otros cárteles, contra el gobierno de México y contra el gobierno de Estados Unidos", recuerda un agente de la DEA destacado en San Diego por aquella época.

Francisco Rafael Arellano Félix, el mayor de los hermanos, fue capturado el 4 de diciembre de 1993. Lo encerraron en una prisión de máxima seguridad. El resto de los hermanos Arellano Félix se replegó, pero esta vez sin sus armas. Le enviaron una carta al Papa, contándole su versión de lo que había sucedido en Guadalajara y alegando que habían sido los pistoleros del Chapo los que habían confundido al cardenal con Ramón Arellano Félix.

Las peleas entre el Chapo y los hermanos Arellano Félix desataron una guerra que desde entonces ha ido en ascenso hasta convertirse en una versión de alcance nacional de *Duelo de titanes* (*Gunfight at the OK Corral*, EU, 1957, Dir. John Sturges).

El tráfico de drogas mexicano no sería dirigido por mucho tiempo más por un grupo cerrado de amigos y familiares originarios de Sinaloa; ahora todo se valía. Las disputas ya no se resolverían en la mesa de negociaciones (aunque algunas veces se intentaría): se solventarían derramando sangre.

Se volvería común la colusión entre un cártel y las autoridades a fin de expulsar a otro cártel. Los principales actores —los cárteles de Sinaloa, Tijuana, Juárez y el Golfo— cooptarían nuevos grupos de ejecutores para hacer su trabajo sucio, sólo para descubrir que su propia gente se volvía contra ellos en subsecuentes luchas por el poder conforme ellos ganaban más influencia.

Nunca más la industria mexicana de la droga volvería a ser una simple empresa criminal. De ahora en adelante se trataría de matar o ser matado, un turbio y caótico mundo de desconfianzas, mitología y dinero; 40 mil millones de dólares al año, de acuerdo con algunos cálculos.

Para el nuevo milenio, los mexicanos serían los líderes en el escenario global, no los colombianos. Constantine, de la DEA, describiría a los narcos mexicanos como "una fuerza significativa en el crimen organizado internacional", y advertiría que ahora ellos "dominan el tráfico de drogas a lo largo de la frontera Estados Unidos-México y en muchas ciudades de Estados Unidos".

Los sucesos de 1993 también contribuirían a impulsar al Chapo hacia la infamia y un estatus casi mítico a la par del de Malverde, el narco-santo. Por las siguiente dos décadas él embellecería su reputación. Incluso en prisión su estatus crecería mientras las historias sobre cómo estaba viviendo como un rey tras las rejas se extendían a lo largo y a lo ancho. A lo largo de la frontera suroeste de Estados Unidos, se seguían descubriendo más túneles.

Su fuga se convertiría en el ejemplo a citar por cualquiera —criminal o no— que quisiera poner en vergüenza a las autoridades mexicanas. Mientras que antes de 1993 había sido "sólo un narco más", de acuerdo con el veterano periodista de Sinaloa Ismael Bojórquez, la fuga del Chapo de Puente Grande lo transformaría en el "narco de los medios", el favorito de todos.

Pero el Chapo, despreciando la publicidad, se las arreglaría todavía para burlar y dejar a todos atrás.

"Este tipo es uno de los más listos con que nos hemos topado", dijo José Luis Vasconcelos, un importante fiscal contra el crimen organizado, antes de su muerte en un avionazo en 2008 que también mató al secretario de Gobernación del país, un incidente que muchos teóricos de la conspiración le atribuirían al Chapo. "Siempre está en los lugares más secretos. Siempre protegido. Él se presenta como un hombre del pueblo, que entiende sus problemas y les da dinero, pero no debe ser tratado como un héroe. Está manchado con el dolor y la sangre de demasiadas familias".

Aquellas palabras se perdieron entre millones de mexicanos que seguirían reconociendo al Chapo como un moderno Robin Hood que se las ha arreglado para burlar al gobierno del cual desconfían. Pero mientras más sangre corría y más familias sentían el dolor, la persecución gubernamental del Chapo se volvería más intensa, lo mismo que el deseo de sus rivales de obtener su cabeza. El círculo a su alrededor se cerraría día tras día.

Capítulo 6

ROMPERLE EL CUELLO AL DESTINO

MIENTRAS LA LLUVIA CAE con fuerza se puede oír a los últimos juerguistas de Badiraguato cantando, gritando palabrotas, trastabillando y manejando borrachos a casa después de los festejos del Día de la Independencia. Acababan de disfrutar una celebración tranquila —nada de violencia, cero disparos—, para satisfacción del gobierno local y los residentes.

Luciendo cadenas de oro, pistolas y lujosas botas vaqueras, algunos narcos locales se dirigieron a la plaza a eso de las 9 pm para escuchar en vivo las tradicionales canciones de banda con el resto de Badiraguato, pero no causaron problemas. Algunos también seguramente eran sólo aspirantes a narcos vestidos como aquellos en quienes deseaban convertirse.

Un grupo de madres, formadas en una fila a lo largo de un costado de la plaza, miraban mientras un joven narco tomó la mano de una niña morena bonita de unos catorce años. Ella lucía tacones de aguja y un vestido corto sin espalda. Sus largas uñas estaban bien pintadas y los brillitos de sus mejillas reflejaban las luces. Él la arrastró hasta enfrente de la banda y empezaron a bailar con cierta torpeza —como adolescentes— mientras la banda de metales atacaba una nueva tonada alegre y animada.

Normalmente, el espectáculo de un supuesto traficante de drogas y una princesita adolescente emperifollada en lo que sólo se puede describir como música de circo sería para desarmarse de risa. Pero en Badiraguato es la regla: los narcos aman su banda y aman a sus princesas.

Había un ambiente de calma en Badiraguato aquella noche del Día de la Independencia, el 15 de septiembre de 2009. El año anterior había sido turbulento; los homicidios habían dominado las conversaciones en el pueblo. Mochomo —el sobrenombre de Alfredo Beltrán Leyva, que significa "hormiga roja"— y el Chapo habían estado en guerra, y ya nadie sabía realmente quién estaba a cargo. Pero ahora, gracias a un pacto entre los líderes de ambos feudos, nuevamente todo estaba bajo control y la violencia declinaba.

Los soldados en las umbrías barracas en un extremo de Badiraguato se asomaban por encima de los muros para echar un vistazo a las festividades; no los habían invitado, pero disfrutarían del momento tanto como pudieran. Algunos residentes echaron miradas hostiles a los soldados; todos optaron por guardar silencio mientras pasaban por ahí. Sólo cuando los soldados ya no podían escucharlos retomaban sus conversaciones.

El ambiente de calma en Badiraguato se sentía precariamente temporal. Hoy la sierra de Sinaloa no es lo que era antes. Hace ya varios años que la región es lo que los residentes llaman una "zona marcada". Los militares siempre están presentes, pero también los narcos. Pese a todo, los militares evitan entrar en conflicto, pero eso no significa que los narcos no se enfrenten entre ellos mismos.

El homicidio se ha vuelto tan común en Sinaloa, que sólo cuesta 35 dólares mandar matar a un rival.

Las manos de los militares también están cubiertas de sangre. Un viernes en la noche, un grupo de maestros y sus niños iban de regreso a La Joya de los Martínez, en las montañas sinaloenses, de una reunión en un poblado cercano. Una unidad de soldados iba de regreso luego de un largo día de haber estado quemando marihuana en los campos. Conforme el automóvil se acercó, los soldados le hicieron señas de que se detuviera.

Sorprendieron al conductor con la guardia baja. ¿Realmente eran soldados? En esta parte del país es demasiado común que los bandidos asalten vehículos. Redujo la velocidad, pero siguió avanzando. El auto se acercó más. Los soldados abrieron fuego. Una ráfaga de balas atravesó el coche.

Alicia Esparza Parra, de 19 años, estaba muerta. Griselda Martínez, de 25, también estaba muerta. Igual que sus hijos, Edwin, de siete años, Grisel, de cuatro, y Juana Diosminey, de dos.

En otra ocasión, en Santiago de los Caballeros, Badiraguato, cuatro jóvenes se dirigían a una fiesta en un coche. Los militares los detuvieron al salir de una curva en un camino vecinal. Todos estaban tensos y se enfrascaron en una discusión. Se disparó un tiro. El Ejército cosió el auto a balazos, matando a todos los que iban adentro.

Las investigaciones probarían que los soldados habían tenido la culpa: no había ningún arma en el interior del coche, ni evidencia de que se hubieran efectuado tiros desde aquella posición. Había una atmósfera tensa en Badiraguato. La gente organizó protestas, e incluso caminaron varias horas en una gran procesión hasta Culiacán, para manifestarse ante la oficina del gobernador.

Omar Meza y sus amigos recuerdan aquel funesto día. "El Comandante", como lo llaman sus amigos, cantó un corrido en el funeral. Mientras cantaba, muchos residentes lloraron.

Pueblo de Badiraguato:
la sangre vuelve a correr
al cobrar las cuatro vidas
sin poderse defender;
sus familiares y amigos
aún no lo pueden creer.
Iban con rumbo a una fiesta;
les salieron los soldados.
Sin tener ningún motivo,
sus rifles les dispararon,
y cuál sería su sorpresa:
que ellos venían desarmados.
Sinaloa está de luto
por aquella situación.
La Joya de Los Martínez
ya vivió el mismo terror;
militares inconscientes,
más peligrosos que un león.
Asesinos por error,
sería una simple incidencia,
son noticias publicadas
por la radio y la prensa.
Sólo exigimos justicia,
asesinos sin conciencia.
Ésta es tu despedida;
adiós Geovany, mi amigo,
hoy Dios te ha llamado
porque así quiso el destino;
no te vamos a olvidar,
tu familia y tus amigos.
Se acabaron las parrandas,
se acabaron las paseadas,
ya no vamos a llorar

ni reír a carcajadas.
Ya te quitaron la vida
sin tener culpa de nada.
Abuela, madre y hermanos:
nunca olviden que los quiero
y que los voy a proteger
cuando me encuentre en el cielo;
voy a seguir el camino
de mi padre y de mi abuelo.

"Tragedia en Santiago de los Caballeros", corrido cantado por Omar "El Comandante" Meza.

Meza, como muchos otros cantantes de corridos, se considera un comentarista social. Él canta lo que sucede a su alrededor, en la televisión y en los periódicos. Eso incluye las noticias más recientes acerca del crimen organizado en "narco-corridos", como se conoce a estas canciones en particular. En años recientes estas canciones se han vuelto cada vez más populares.

Pero para el gusto de Los Canelos de Durango, Roberto Tapia, Los Tigres del Norte, Los Tucanes de Tijuana y K-Paz de la Sierra, por mencionar sólo unos cuantos grupos musicales que han grabado narco-corridos, interpretar esa música entraña ciertos riesgos. Los propios narcos son fanáticos del género, y a menudo estos grupos tocan para ellos en fiestas privadas. Algunos de los músicos han decidido adoptar la vida acerca de la cual cantan, y llevan pistolas con chapa de oro y a veces se comportan como si fueran narcos.

Y algunos han encontrado narco-destinos.

Sergio Gómez, el vocalista del grupo K-Paz de la Sierra, que ganó un Grammy, fue secuestrado después de una presentación en Michoacán, su estado natal. Fue hallado al día siguiente, golpeado, torturado y estrangulado. Gómez y su banda le habían pisado los callos a un cártel. Apoyar al equivocado en el lugar incorrecto puede ocasionar que te maten.

Un intérprete de narco-corridos, Valentín Elizalde, se arriesgó a cantar alabanzas al Chapo en un festival en Reynosa, Tamaulipas, el corazón del territorio del cártel del Golfo. Cerró su actuación con "A mis enemigos", una canción acerca de un mensaje que el Chapo le envía a sus rivales del cártel del Golfo.

Elizalde dejó el escenario enmedio de calurosos aplausos. Dos vehículos lo siguieron. Abrieron fuego; el cantante recibió veintiocho impactos.

Más de una docenas de músicos famosos por haber grabado narco-corridos han sido asesinados en los últimos años. Todas las muertes han tenido las marcas del crimen organizado.

El Chapo es un gran fan de los narco-corridos, lo cual no es de sorprender cuando uno considera que hay por lo menos media docena de canciones compuestas en su honor. En ocasiones el narco ha contratado a los grupos para tocar en una fiesta privada.

En una ocasión, un hombre se acercó a los integrantes de La Sombra Norteña, en Badiraguato. Les ofreció 4 mil dólares para tocar próximamente en una fiesta; se les proporcionaría un avión privado para transportarlos. Ellos aceptaron y volaron a un pueblo en las montañas de Durango. Hicieron su número y volvieron a casa. Pero cuando regresaron a Badiraguato, fueron arrestados. Llevaban marihuana y una pistola, pero las autoridades estaban más interesadas en el hombre para quien acababan de actuar: el mismísimo Chapo.

Los integrantes de La Sombra Norteña tuvieron suerte de que no les fincaran cargos por nexos con el crimen organizado. En los últimos años el gobierno ha decidido condenar los narco-corridos, Malverde y otras formas de narco-idolatría. Algunos políticos han pretendido que se prohíban los narco-corridos en la radio; otros incluso están pidiendo penas de cárcel a los compositores de las canciones. Se prohibió la transmisión de una canción de Los Tucanes de Tijuana porque ridiculizaba abiertamente los esfuerzos del gobierno en la lucha contra las drogas.

La condena a los narco-corridos forma parte de una lucha por erradicar lo que en México muchos políticos y padres de familia llaman narco-cultura. Yudit del Rincón, una diputada de la legislatura estatal de Sinaloa, tiene hijos adolescentes y ha atestiguado el impacto que la narco-cultura ha tenido en ellos. Está consternada por el hecho de que su hijo escucha narco-corridos y quiere usar ropa y otra parafernalia (cadenas de oro, por ejemplo) de la que usan los narcos.

También es categórica en cuanto a que los políticos estatales pongan el ejemplo. En una ocasión, durante una sesión del Congreso local acerca del tráfico de drogas en Sinaloa, Del Rincón sugirió que ella y todos sus compañeros se sometieran a exámenes de dopaje para probar que eran aptos para representar a la mayoría de la población. Todo el mundo aplaudió la idea; luego los tomó por sorpresa: vamos a hacernos las pruebas ahorita mismo. Había llevado a dos técnicos de laboratorio para realizar los exámenes.

Los legisladores por poco cayeron unos sobre otros en su intento de llegar a la puerta.

Combatir la cultura del narco es extremadamente desafiante. Hay todo un mundo conectado al narco, y no se trata sólo de canciones o ropa. Los narcos comparten una camaradería de socios en el crimen, como evidencian sus sobrenombres. Estos apodos son comunes en el bajo mundo mexicano. Muchos se basan en la apariencia; el Chapo, por ejemplo, o El Barbas. Algunos arrojan cierta luz sobre el carácter del criminal —El Petardo es conocido por sus violentos exabruptos—, mientras que otros expresan admiración. La Reina del Pacífico era muy reconocida como una mujer que había llegado hasta los niveles más altos de un bajo mundo dirigido por hombres, hasta que la hicieron caer. El Padrino era otro sobrenombre de este tipo.

Algunos sobrenombres son bastante humorísticos, y enmarcaran la brutalidad de la persona en cuestión. "El Chuck Norris", por ejemplo, era sospechoso de estar involucrado en ejecuciones y en la excavación de tumbas clandestinas. Un notorio traficante de personas, David Avendaño Vallina, era conocido como "La Hamburguesa". Una banda de secuestradores en la ciudad de México llevó la ironía un paso más allá, al denominarse a sí mismos Los Gotcha (que en inglés es una forma apocopada de "got you", te atrapé).

Hombre muerto caminando (pena de muerte)

Hace apenas unos años —cuando el Chapo era la única forma de justicia y antes de que llegara el Ejército—, había más que un sentido de disciplina entre la juventud de Sinaloa. "Cuando los policías se cruzaban con el Chapo en el camino, lo llamaban Jefe", explica un residente. Había menos preocupación acerca de la narco-cultura; de hecho, el Chapo mantenía a raya a los niños.

Varios años atrás, un grupo de adolescentes robó algunos tanques de gas de un depósito en las afueras del pueblo, recuerdan los habitantes. La policía local estaba en un aprieto: no podía realizar una revisión casa por casa en las montañas cercanas; habría sido infructuoso y una pérdida de tiempo, y posiblemente incluso pondría su vida en peligro. Así que El Capo —o El Señor, como se referían a él por respeto— puso a su gente a que preguntara por ahí. Rápidamente cercaron a los perpetradores y los dejaron en la estación de policía.

En varias ocasiones, cuando la violencia en Culiacán o en Badiraguato se había ido de las manos, el Chapo supuestamente intervenía para hablar con los ofensores. Cálmense, les decía. Están atrayendo mucho la atención. Si no paran esto, nosotros lo haremos. Se dice que él y El Mayo visitaron casas en Culiacán para hablar con los padres de los jóvenes delincuentes.

Abundan las historias del Chapo impartiendo disciplina. Algunas parecen verdaderas y algunas apócrifas. Una vez, al parecer un joven robó, sin enterarse, el coche de una sobrina del Chapo. Cuando éste lo supo, mandó a sus esbirros a cortarle las manos al ladrón.

"Pero hoy en día es diferente", dicen los residentes, preocupados. La disputa ha cobrado su cuota. La presencia de los militares sólo ha incrementado las tensiones en la región. Los tiroteos se han vuelto rutina, y los jóvenes narcos no respetan la ley; algunos incluso desobedecen la ley del Chapo.

Un niño de 12 años de edad avanza y señala un crucero justo en frente de la iglesia de Badiraguato y al otro lado de la oficina del alcalde. "El otro día mataron a un niño ahí", dice con el ceño fruncido.

La policía sabe que no tiene control sobre la situación. En 2006 el jefe de la policía local de Badiraguato fue muerto a balazos, aparentemente por haber arrestado a un joven narco. Un par de meses después, dos pistoleros que habían ido en busca de su hombre tomaron por asalto la prisión de la localidad. La fuerza policial les permitió llevárselo sin hacer un escándalo. David Díaz Cruz, jefe de la policía en aquel tiempo, sabía que había muy poco que él pudiera hacer: no tenía siquiera el poder de echarle el guante a delincuentes de poca monta.

"Aunque tengo mis sospechas de que están vendiendo drogas en la tiendita de la esquina, no puedo investigar", dijo.

Los narcos, particularmente aquellos como el Chapo, todavía son admirados por muchos, tal vez por puro miedo. En Culiacán hay una expresión: "Mejor vivir cinco años como rey, que toda una vida como buey".

La gente joven, en efecto, vive y muere de acuerdo con ese código. De manera consistente, Sinaloa ocupa el primer lugar en homicidios de hombres de entre 18 y 29 años de edad.

La Policía Estatal ha tomado nota, pero es casi lo único que ha hecho. De manera semejante al gobierno federal, que con frecuencia equipara el consumo de drogas con lo "diabólico", Josefina de Jesús García Ruiz, jefa de la policía de Sinaloa, ha estado impulsando una moral desde que se hizo cargo del puesto.

García Ruiz hace énfasis en que los niños necesitan una estructura y valores familiares a fin de prevenir que caigan en el tráfico de drogas. Ella se lo toma muy en serio pero con severidad, como una maestra de escuela.

Los jóvenes sinaloenses quieren ser gente como el Chapo. Ellos creen que él lo tiene todo: dinero, poder, mujeres, armas. Pero necesitamos cambiar eso. Necesitamos amar y cuidar a nuestros hijos, no abusar de ellos, golpearlos, [no] amar el dinero, para que [el niño] no odie la vida.

La cuota de muerte no le ha ayudado a defender su postura: la mayoría de los jóvenes parecen estar optando por la tumba. Las drogas son la única manera de tener éxito en Sinaloa. Y con un gobierno al que casi no le importa y una economía formal que no se apiada de nadie, los narcos veteranos siguen siendo los patrones más respetables de la sociedad. Mientras los políticos se han robado cofres del estado y han fallado en el cumplimiento de promesas de proveer educación y atención médica, los narcos de Sinaloa han pagado escuelas y hospitales, y han entregado dinero a iglesias y hogares. Los residentes todavía están en deuda con ellos.

Un grupo de adolescentes de Badiraguato se sentó alrededor de una zapatería cerca de la plaza del pueblo, evaluando si hablar abiertamente acerca de esta aparente ironía. El sudor corría por sus rostros mientras pensaban qué debían decir. Reticentes a decir alguna indiscreción, uno preguntó: "¿Me matarán si hablo?".

Su amigo, José de Jesús Landell García, deseaba arriesgarse a ser franco. "Los traficantes de drogas hacen cosas buenas aquí. Le dan empleo a la gente. Aquí no hay maíz, no hay frijoles; aquí la gente vive de las drogas", dijo el joven de 22 años, que es copropietario de la zapatería con su padre, y agregó que él tenía ideas encontradas acerca de la narco-cultura. Mientras que por una parte él tiene la suerte de tener un empleo trabajando con su padre, la mayoría de sus amigos han aceptado subempleos con los cárteles porque "era lo único que podían hacer".

"Por un lado no estoy contra los narcos. Pero ellos traen asimismo la violencia. Me gustaría ver otra forma de empleo aquí... Los traficantes de drogas tienen dinero, crean empleos y ayudan a la gente".

Su amiga Gladys Elizabeth López Villarreal, de 17 años de edad, se mostró incluso más partidaria de los narcos. "La gente como el Chapo son buenas personas. Somos sus admiradores. Nos ayudan y ellos responden como deben hacerlo", dijo, refiriéndose a la forma en que los traficantes de drogas se enfrentan a sus competidores en el negocio y, con frecuencia, a la ley.

La cultura de la ilegalidad no sólo está muy arraigada en Sinaloa; parece haber ganado por encima de cualquier otra opción "¿Qué puede hacer un niño en Culiacán?", pregunta Martín Amaral, el historiador, alzando las manos con desesperación.

¿Trabajar en un Wal-Mart? ¿Estudiar? ¿O ser un narco? No hay nada que pueda hacer para levantarse. Obviamente, para un niño la mejor opción es romperle el cuello a su destino de pobreza y convertirse en narco. Yo no lo condeno, lo comprendo.

Hoy en día, el joven narco sinaloense promedio sobre-vive tres años y medio en el negocio. Luego acaba en la cárcel, o lo matan.

Entre las tumbas

En las afueras de Culiacán, los mausoleos del cementerio Jardines del Humaya asoman entre los árboles. Este es el sitio de narco-descanso más famoso del área; los mausoleos resplandecen, algunos lucen domos coloridos y ventanas de vitral. Algunos tienen puertas de vidrio para mantener fuera a los visitantes indeseables; adentro, los parientes han ido dejando globos, velas y regalos. Docenas de flores están esparcidas sobre una tumba.

En la distancia, dos enterradores se preparan para la siguiente llegada.

Algunos de los que descansan en Jardines del Humaya son bien conocidos. Hace años, la esposa del Güero Palma Salazar, Guadalupe Leija, se escapó con un traficante rival de Venezuela que se suponía estaba trabajando para el clan de los Arellano Félix. Supuestamente el venezolano le exigió a Leija que retirara unos 7 millones de dólares del dinero del Güero. Una vez que cumplió su cometido, él le cortó la cabeza. Se la mandó de regreso al Güero en Culiacán en una hielera. Luego se llevó a los dos hijos pequeños de su rival a Venezuela, donde los arrojó de un puente.

Un fresco de Leija y los dos niños adorna el techo de su mausoleo. Sus rostros serenos miran hacia abajo, al sitio donde un día El Güero descansará junto con ellos.

La decapitación de Leija fue la primera relacionada con el tráfico de drogas en México. Hoy hay docenas de víctimas decapitadas en Jardines del Humaya.

La familia Velázquez Uriarte era mucho menos conocida que la del Güero. Velázquez Uriarte y su pequeño hijo murieron en una balacera. Adentro, los que acudieron al mausoleo por el cumpleaños del niño dejaron juguetes y globos. El edificio está diseñado con el tema de Batman en mente; sus paredes externas están pintadas de negro y gris, y el símbolo del Caballero Negro adorna el techo de la edificación.

En otra tumba, un narco desconocido dejó una inscripción para su novia: "Qué difícil es saber que ya no estás con nosotros, qué difícil es no escuchar tu voz, tu risa, qué difícil es no poder tocarte, abrazarte, qué difícil es vivir sin ti".

Cientos de narcos están enterrados en Jardines del Humaya. A miles más los entierran en fosas comunes por todo Sinaloa, por todo México.

Iván Vázquez Benítez, de 36 años de edad, fue abatido a balazos por un grupo de matones que empuñaba AK-47 mientras conducía del trabajo a su casa un sábado por la mañana.

Los cuerpos de Omar Osuna, 32 años; Víctor Manuel Castillo Villela, 26, y David López Ruiz, de 24, fueron encontrados en el distrito Francisco I. Madero de la ciudad porteña sinaloense de Mazatlán. Sus cabezas habían sido cortadas y colocadas en una hielera grande.

Iván Toledo López fue secuestrado en una discoteca. Dos días después, la policía encontró una mano y un antebrazo, acompañados por una cabeza de cerdo. Más tarde ese mismo día, hallaron las piernas de un hombre joven con otra cabeza de cerdo. Creen que le pertenecían a López.

Un hombre joven que vestía el uniforme de una compañía de transportistas fue abatido a balazos cuando estaba parado afuera de un taller mecánico en el barrio Lomas del Boulevard de Culiacán a las 7:35 un martes por la tarde. Uno de los cuatro proyectiles de 9mm que entraron a su cuerpo se alojó en la cabeza.

Muchos de los muertos de la guerra del narcotráfico nunca fueron identificados o reclamados por familiares. Los forenses los conocen sólo como "NNs", *No Nombres*.

Capítulo 7

EL GENERAL

EN SU OFICINA DE LA BASE MILITAR a las afueras de Culiacán, el general Noé Sandoval Alcázar barajaba un altero de papeles. Era el verano de 2008. Tenía más de seis meses de estar librando la guerra contra el narcotráfico en Sinaloa, desde que había asumido el cargo de jefe de la Operación Sierra Madre y las operaciones conjuntas Culiacán-Navolato el 14 de diciembre del año anterior. Como jefe de la novena zona militar, estaba a cargo de las operaciones de combate al narcotráfico en las montañas de Sinaloa... y de la cacería del Chapo.

Pero en aquel momento, el Chapo no era su prioridad. Desde luego que el general Sandoval y su equipo luchaban por atrapar al señor de las drogas, pero la violencia en Sinaloa había llegado a tales extremos que, para el militar, abatir la tasa de homicidios e infundir la paz eran necesidades más inmediatas.

Nada más en junio había habido 143 asesinatos.

"Queremos meterlos en la cárcel. Se matan y se decapitan unos a otros. Hace unos días, uno [un narcotraficante] apareció decapitado, con una cabeza de cerdo en lugar de la suya".

El general leyó punto por punto la lista de sus éxitos en Sinaloa, pero con pocas muestras de orgullo. En dieciocho meses, la Operación Sierra Madre había arrojado los siguientes resultados: 97 mil 633 sembradíos de marihuana destruidos; 31 mil 296 campos de amapola destruidos; 418 pistas de aterrizaje clausuradas; más de 250 aviones incautados; 910 personas detenidas, acusadas de tráfico de drogas; mil 99 armas incautadas...

El general levantó la mirada, como si se preguntara si debía continuar. Uno de sus lugartenientes le indicó que lo hiciera.

El Ejército se había incautado de más de 12 millones de dólares en efectivo...

El general estaba muy cansado, casi al colmo de sus fuerzas. A los sesenta y dos años había combatido al narcotráfico durante cuarenta y dos, y en ese lapso había enviado tropas a depurar fuerzas policiacas corruptas, había ordenado incursiones en casas de seguridad de narcotraficantes y había supervisado la destrucción de cientos de plantaciones de marihuana y opio. Había visto cómo volvían a crecer.

El Ejército Mexicano intervino por primera vez en la guerra contra el narcotráfico en 1948, cuando el presidente Miguel Alemán lanzó una "gran campaña" para destruir sembradíos ilegales de marihuana y opio en todo el país. Sólo 400 soldados participaron en esa gran iniciativa. En la década de los sesenta se hizo otro intento, con apoyo adicional de Estados Unidos, que entregó aviones, helicópteros, jeeps y armas a México.

El único efecto real en el comercio de drogas fue que, a partir de entonces, los gomeros disimularían mejor sus plantaciones de marihuana y amapola. Durante el resto del siglo xx, el número máximo de soldados desplegados para erradicar drogas había sido de aproximadamente 10 mil, pero el comercio de narcóticos no hacía más que aumentar.

El Ejército había tenido algunos grandes triunfos; por ejemplo, la redada en el Rancho Búfalo de Chihuahua. Pero también habían resentido pérdidas importantes.

En 1996, un general llamado José Gutiérrez Rebollo asumió el cargo de zar contra las drogas del país. Como ex integrante de la Guardia Presidencial y comandante militar de acciones contundentes, el general Gutiérrez se había ganado toda una reputación antes de su nombramiento. Había ayudado a capturar al Güero Palma Salazar cuando el avión del narco hizo un aterrizaje forzoso en las montañas cercanas a Guadalajara. Con habilidad (y sigilo), el general Gutiérrez desplegó 200 soldados en torno a la casa en la que se ocultaba El Güero y lo arrestó a él y a 33 policías (que estaban en la nómina del Güero) sin disparar un solo tiro.

A los sesenta y dos años fue designado líder en la lucha de México contra las drogas. Al enterarse de la noticia, su contraparte estadounidense, el general Barry R. McCaffrey, anunció con optimismo que Gutiérrez tenía "una reputación pública de integridad absoluta. Es un líder fuerte, un hombre energético y enfocado".

Antes de que cumpliera seis meses en su puesto, el general Gutiérrez fue detenido en la ciudad de México. Fue condenado a setenta y un años de cárcel por tener vínculos con el cártel de Juárez.

La DEA y funcionarios de Washington como McCaffrey, se indignaron: habían entregado a Gutiérrez información esencial que condujo a la detención de ciertos traficantes y todo el tiempo, bajo sus narices, había estado en el bolsillo del cártel de Juárez.

Otros militares cayeron arrastrados por Gutiérrez Rebollo, pero las fuerzas armadas mexicanas se sostuvieron (como hasta ahora) como una de las instituciones del país que inspiran más confianza. Siempre se recurre a ellas en momentos de extrema necesidad (como en huracanes y otros desastres naturales), y siguen empeñadas en una guerra lenta y agotadora contra los cárteles de las drogas.

En el verano de 2008, el combate no daba señales de aminorar. Según la DEA, la cooperación entre Estados Unidos y México era mayor que nunca. Se entregaba información de inteligencia a personajes como el general Sandoval en Sinaloa, y ellos la aprovechaban para actuar.

En la pared que se extendía a la izquierda del general, un mapa de la región estaba claveteado de alfileres de varios colores, como una muñeca de vudú, pero esta muñeca no estaba muerta. Los alfileres rojos indicaban capturas importantes: sembradíos de amapola y marihuana, ranchos y pistas aéreas clandestinas. Los de color azul, verde y amarillo denotaban posibles objetivos que estaba pendiente atacar. Superaban con mucho a los rojos, y el general lo aceptaba.

"Tenemos mucho que hacer", murmuró, al tiempo que escudriñaba otra pila de documentos para recitar otra andanada de cifras.

El general Sandoval no era el primer militar de alto rango cuyo objetivo era el Chapo y el comercio de drogas en Sinaloa. En 2004, el Ejército atacó. Había recibido informes de que el Chapo y El Mayo acababan de celebrar una enorme fiesta en La Tuna y viajaban en un camión de vuelta a Tamazula, Durango. El viaje tomaría horas, por la condición de los caminos de terracería, y la Fuerza Aérea podría acorralarlos.

Ya con el hombre localizado, los helicópteros se abatieron sobre el rancho donde se creía que el Chapo y sus compadres habían hecho un alto en el camino. "¿Qué pasa?", gritó conmocionado el Chapo a sus guardaespaldas. Escaparon a pie.

Los hombres de la Fuerza Aérea bajaron de los helicópteros y rodearon a los trabajadores del rancho. Para cuando empezaron la búsqueda exhaustiva en el lugar, hacía mucho que el Chapo se había ido. Según fuentes de la policía entrevistadas por periodistas locales, la idea había sido nada más asustar al señor de las drogas, no detenerlo.

Luego, en noviembre de ese mismo año, alrededor de 200 soldados asaltaron otro rancho en las montañas al norte de La Tuna, después de haber oído su voz en un teléfono satelital que habían mantenido intervenido por meses.

Se les escapó por diez minutos. En el rancho encontraron computadoras portátiles con fotos nuevas del jefe narcotraficante: ahora llevaba bigote y pesaba unos diez kilos más que cuando estuvo en la cárcel. Encontraron otras pruebas de que había estado ahí. Furiosos de haber estado tan cerca, los soldados prendieron fuego a dos vehículos y destrozaron el rancho.

Los funcionarios culparon de la huida del Chapo a la red de informantes de la zona, pero los críticos del gobierno tomaron los fracasos como demostración de que nadie hacía ningún esfuerzo verdadero por atraparlo. Los escépticos decían que todo era pura fórmula.

"La única explicación es [que] le avisaron. Las mismas personas que se suponía que tenían que capturarlo son las que lo ayudan", dijo Fernando Guzmán Pérez-Peláez, el congresista que encabezaba un Comité de Seguridad Nacional.

La obsesión de Eddy

El antecesor del general Sandoval, el general Rolando Eugenio Hidalgo Eddy, asumió la jefatura de la novena zona militar en los últimos días del régimen del presidente Vicente

Fox, humillado por la fuga del Chapo. Por eso, cuando en enero de 2006 llegó a Culiacán, el general Hidalgo Eddy (o simplemente "Eddy", como acabaron por decirle los lugareños) juró abatir al responsable de su vergüenza.

El general Eddy también era un veterano, nacido en 1945, y de mucho atrás se le consideraba un hombre de acción y de medidas enérgicas. Algunos decían que era imprudente; un colega lo describió como "superfluo en sus decisiones, frívolo, [un hombre] que no analiza las consecuencias de sus órdenes".

A veces, esas decisiones eran las correctas. Por ejemplo, había colaborado en la dirección del equipo de inteligencia militar que incursionó en el Rancho Búfalo en Chihuahua, en cooperación con el agente de la DEA, Kiki Camarena. Sus hombres descubrieron también que miembros del Ejército Mexicano resguardaban la plantación de mil hectáreas de marihuana.

Pero como la mayoría de los generales mexicanos, Eddy también padecía su dosis de rumores negativos e infundados: se decía que cuando estuvo destacado en el norte, en el estado de Coahuila, se había reunido con Carrillo Fuentes. El general lo negó, pero la sentencia del general Gutiérrez por el mismo motivo no contribuyó precisamente a estimular la confianza de la opinión pública.

Por eso, en Sinaloa, con la fuga de Puente Grande pendiendo sobre la cabeza de su gobierno y con las sombras de las dudas que se habían arrojado sobre su lealtad en el pasado, el general Eddy tenía que atrapar al Chapo. En público, llegó a jurar que lo atraparía.

En los primeros meses bajo su mando, capturaron docenas de aviones y grandes cantidades de opio y marihuana. Los soldados de Eddy también allanaron y decomisaron propiedades de Víctor Emilio Cazares Gastélum y su hermana, Blanca Margarita Cazares Salazar, alias "La Emperatriz", una de las supuestas lavanderas de dinero del Chapo. Fue la primera acción importante del gobierno mexicano (en colaboración con el Departamento de Justicia de Estados Unidos y la DEA) contra las operaciones financieras de los cárteles mexicanos.

Por primera vez en décadas, la sierra era también un objetivo serio. Las tropas de Eddy registraron exhaustivamente pueblos montañeses y cerraron pistas de aterrizaje, escandalizando a los lugareños, que los acusaron de hostigarlos. Las tropas irrumpieron en poblados del municipio de Badiraguato. Atacaron los paraísos de narcos de Santiago de los Caballeros y La Tuna, sin mencionar varias poblaciones del vecino estado de Durango, donde el Chapo tenía más guaridas.

La base militar de Badiraguato, que había quedado abandonada cuando los soldados fueron despachados a combatir a los rebeldes zapatistas alzados en el sur del país en la segunda mitad de la década de los noventa, se abrió de nuevo, y la presencia de los soldados atrajo rápidamente la ira local. Los habitantes se quejaron de que, en lugar de enviar apoyo para programas de desarrollo de la economía, el gobierno mandaba soldados.

Más alterados estaban centenas de vecinos de Badiraguato y de las poblaciones duranguenses de Tamazula, Topia y Canelas —que formaban parte del feudo del Chapo—. Redactaron y firmaron una petición que enviaron al Presidente y a la comisión local de Derechos Humanos.

"Con la promesa de capturar al Chapo Guzmán —se leía en la carta—, Hidalgo Eddy desató por completo el terror entre las familias del estado de Sinaloa. Infringió la constitución política de México, violó los derechos humanos de los sinaloenses, ignoró descaradamente al gobierno estatal elegido de manera legítima y el poder de jueces y magistrados, y realizó allanamientos todos los días sin órdenes de un juez competente, robando joyas y vehículos con el pretexto de encontrar (...) al Chapo Guzmán".

También se acusaba a Eddy de complicidad con Los Zetas, los pistoleros a sueldo del cártel del Golfo.

Las autoridades desecharon la carta como estratagema propagandística del Chapo. Los lugareños de Badiraguato y Tamazula niegan que hayan sido presionados o pagados para firmar la carta, pero en el pasado ya se habían usado estas tácticas y se volverían a usar en el futuro.

Poco hicieron las quejas para detener al general Eddy. Después de nueve meses en el puesto, hizo lo que ningún otro militar había hecho en Sinaloa: persiguió a la familia de un narco importante. Eddy ordenó que se emprendiera un *operativo* contra el rancho de María Consuelo Loera Pérez, la madre del Chapo. Les habían informado que el Chapo la había visitado en La Tuna, pero cuando llegaron no lo encontraron. Tampoco hallaron pruebas de actividades ilícitas, pero aun así, según los lugareños, destruyeron completamente el rancho.

Poco después, los soldados del general Eddy detuvieron a Luis Alberto Cano Zepeda, primo del Chapo, cuando aterrizaba un avión ligero en una de las pistas aéreas de la sierra, que por lo general las autoridades desconocen.

El Chapo estaba furioso. Un grupo de sus hombres fue a los cuarteles de la novena zona militar de Culiacán y arrojó un cadáver: el de un informante que había avisado a los militares del paradero del Chapo. Sus asesinos dejaron una nota, en la que advertían a Eddy que se replegara. A pesar de la amenaza (y a otras en las semanas siguientes), el general no se disuadió.

En octubre, Eddy recibió información confiable de inteligencia de que el Chapo se encontraba en Sinaloa de Leyva, al norte, en las faldas de la sierra. Envió un contingente de soldados a atacar el pueblo. Tres helicópteros los respaldaban; pero cuando los soldados llegaron, el Chapo había huido. Alguien del mismo equipo de Eddy había filtrado la noticia del ataque.

Lo mismo se repitió durante el mando del general Eddy. En la sierra, en varias ocasiones pareció que sus hombres tenían acorralado al Chapo, pero en todos los casos el señor de las drogas escapó.

La determinación del Chapo —o, cuando menos, su red— fue más firme que la de Eddy, y a fin de cuentas el general perdió. Cuando se fue, los periódicos locales hablaron menos de la llegada del general Sandoval y más bien subrayaron que Eddy no había cumplido sus metas. En un encabezado se leía: "Ganó el Chapo, terminó la guerra y el general Hidalgo Eddy se fue".

Eddy viviría obsesionado por su fracaso. Más adelante, uno de sus guardias fue detenido por haber filtrado información al Chapo. El guardia conocía cada movimiento de Eddy y casi cada decisión suya.

Para el general Sandoval, la lucha apenas comenzaba. Aunque en ocasiones desestimaba la agitación que consumía a la región —"Sinaloa no está en guerra", insistía ante los periodistas—, no pensaba retroceder y hacerse el muerto.

Su estrategia, sin embargo, era un tanto diferente a la de Eddy. Para empezar, quiso mejorar la cooperación con el gobierno, que antes faltaba, y trató de sortear la burocracia. "Cada vez que encontramos o hacemos algo, viene un supervisor a supervisar al que nos enviaron para supervisarnos", dijo cuando reunía pruebas en un sembradío de marihuana incautado. "Los narcotraficantes (...) saben enseguida que encontramos algo".

Como su antecesor, el general Sandoval persiguió a los familiares del Chapo que estuvieran implicados en actividades ilegales. Pero también iría tras de sus subalternos, su estructura de apoyo, las raíces del sistema del narco. Sus hombres confiscarían cientos de vehículos que pensaban podían estar siendo usados por narcos y establecerían retenes por todo Culiacán con la esperanza de reducir al mínimo la circulación de drogas y armas. Patrullarían las calles día y noche. Desbaratarían la red del narcotráfico; en la sierra, los retenes y las incursiones sorpresivas estrecharían el nudo alrededor del cuello de los narcos.

Esta era la propuesta completa inicial del presidente Felipe Calderón contra los narcos: sacudir verdaderamente las cosas, librar la guerra que el Chapo había empezado. En esta guerra, quienquiera que fuera atrapado en un *plantillo* o sembradío de drogas, sería arrestado. Siempre que fuera posible, se obtendría información de ellos. Sería arrestado todo aquel que circulara con drogas. Sería arrestado todo aquel que pasara con papeles falsos por un retén.

La estrategia del general Sandoval tenía sus opositores. En una ocasión lanzaron una granada a las barracas de Navolato, a unos 32 kilómetros de la capital del estado. No hubo heridos, pero el general estaba furioso. Envió cientos de soldados a las calles y desplegó varios helicópteros para revisar la ciudad. También hizo una visita al alcalde de Navolato para exigirle un informe sobre el ataque con la granada. Fue el primero de los encontronazos que tuvo Sandoval con las autoridades locales. El Ejército no era muy bienvenido en estos rumbos; los soldados y su general no siempre confiaban en los habitantes.

Poco a poco

El helicóptero aterrizó en un claro a las faldas de la sierra y de él descendió el general Sandoval. Cuatro soldados ya habían desbrozado la zona y montaban guardia en el perímetro, con las armas apuntando hacia los árboles, escudriñando el terreno en busca de señales de movimiento. Esa mañana, apenas unas horas antes, un helicóptero había descubierto el sembradío de marihuana.

Se pensaba que en la zona no había narcotraficantes, pero uno nunca sabe. A veces, cuando los soldados llegaban a un sitio, gomeros y narcos huían y nunca se les volvía a ver. En otras ocasiones, cuando se detectaba un sembradío grande o un laboratorio de metanfetaminas, escapaban pero volvían unas horas después, armados hasta los dientes. No había margen para el error, especialmente cuando llegaba el general.

Sandoval se limpió el sudor de la frente mientras las plantas de marihuana ardían a sus espaldas. El humo se arremolinaba sobre los árboles y en el pequeño claro. Mientras veía a sus soldados destruir la parcela de marihuana de 3 mil 500 metros cuadrados, una canción retumbaba en un estéreo al otro lado de un lago cercano. Era un narcocorrido que ensalzaba las proezas del Chapo. El general y sus hombres conocían la casi inaudible letra.

"Es para que los demás estén alertas —dijo el general, riendo entre dientes—. Y para recordarnos que saben que estamos aquí".

Él y sus hombres reanudaron su trabajo. Quemaron el plantío de marihuana y reunieron las pruebas de la escena. Se llevarían todo lo que encontraran y lo entregarían a los investigadores federales. Los sembradores de la marihuana habían dejado regadas latas de cerveza, cigarros y bolsas de papas fritas al huir cuando los descubrieron desde un helicóptero. Una tienda improvisada, donde pasaban las noches, seguía en pie. En una esquina se apilaban camisas y suéteres.

Detrás de la tienda, el general descubrió unos zapatos y los levantó para examinar las suelas. Habían sido reparados recientemente; sería bueno que los investigadores hicieran una visita a los zapateros remendones de la cercana ciudad de Culiacán. Al examinar las latas de cerveza que un soldado había metido en una bolsa de plástico, sonrió. "¿Ven estas cervezas? No son de aquí. Aquí la gente toma la cerveza local. Debe ser fácil averiguar si alguien compró esta marca en grandes cantidades".

Quizá una de las pistas rindiera frutos. La meta no era atrapar a un grupo de trabajadores temporales de las plantaciones de marihuana, sino avanzar en el camino que conducía hasta sus jefes y, al final, al Chapo.

El general sabía que el camino sería largo y que este juego del gato y el ratón iba a ser lento y fatigoso, pero se sentía optimista. "Todos dicen que estamos perdiendo la guerra de las drogas, pero yo creo que no. Estamos ganando poco a poco".

El helicóptero se elevó gradualmente sobre las afueras de Culiacán. Abajo, amplias calles pobladas por talleres de reparación de autos y tienditas dejaron el lugar a un amasijo de casas de concreto de una sola planta y callejones. Los helicópteros nuevos que les habían dado a los hombres del general Sandoval les ayudaban en la batalla contra los narcos. Ahora los descubrimos desde arriba, dijo el general, en lugar de ir de puerta en puerta en patrullas o Humvees o, todavía peor, desplegar a los hombres en las calles para hacerlos salir de sus guaridas. Los helicópteros, parte del impulso del régimen de Calderón a la guerra contra las drogas, eran invaluables. "No podemos ganar sin ellos".

El laberinto de callejones de Culiacán en el que operan las "ratas" (como llaman los soldados a los narcos de niveles inferiores) es prácticamente impenetrable sin apoyo aéreo. Las calles polvosas y estrechas, con callejones traseros que desembocaban en innumerables casas de seguridad, eran el sitio perfecto para guarecerse para cualquier traficante o sicario que huyera de la policía. En cada esquina hay un informante. Por toda la ciudad taxistas, despachadores de gasolina y mecánicos en los talleres reciben pagos de los narcos para que no haya sorpresas. Si un sospechoso entra en la zona, los narcos lo saben. Si un extranjero aterriza en el aeropuerto de Culiacán, los narcos lo saben.

Por todo México, en las regiones infestadas de narcos, se llevan a cabo procedimientos similares. Ellos saben dónde estás.

El Ejército tiene campamentos por toda la sierra, pero la mayoría son todavía temporales; en cada ocasión, una docena de soldados levanta tiendas para dos o tres semanas. Por las mañanas, estos jóvenes soldados (que normalmente están acompañados por uno o dos oficiales de rango) escalan las abruptas pendientes en busca de sembradíos de amapola y marihuana. Los soldados casi siempre encuentran un plantío, pero el trabajo no es gratificante. De noche, el mismo grupo de soldados instala retenes en los caminos cercanos para aminorar el transporte de drogas y detener a quien porte armas.

En estas montañas de Sinaloa, casi todos los soldados son jóvenes, poco habituados a los combates reales y librados a sus propios medios. El general Sandoval siente simpatía por sus hombres. Sabe qué difícil es pelear esta guerra en la tierra de uno, con mucha voluntad pero, a menudo, sin recursos.

En una ocasión declaró orgullosamente que la producción de marihuana había descendido notablemente. Minutos más tarde admitió que no se debía a los esfuerzos de sus soldados, sino a que Sinaloa había pasado por un invierno muy seco. Gracias a Dios y al clima, dijo.

Muchos de los soldados que combaten en Sinaloa son del mismo estado y algunos incluso vienen de la sierra. Con frecuencia esto lleva a fugas de información y a traiciones de parte de los soldados. El Ejército hace esfuerzos por reasignar a los soldados periódicamente para evitar conflictos de intereses locales, pero esto ha causado dificultades: un soldado apenas está comenzando a conocer el territorio al que fue enviado, cuando lo mandan a otra parte del país.

Los soldados sufren, admite Sandoval. Los peligros de combatir a los narcos han cobrado su cuota. En algún momento todos, desde los soldados rasos hasta los oficiales, llevaban pasamontañas para ocultar su identidad, y no se permitía que nadie saliera de la base. Ni pensar siquiera en un poco de descanso el fin de semana, unas cervezas o un club de desnudistas para relajarse, o en un viaje para ir a ver a la esposa y los hijos. El riesgo de los secuestros era demasiado grande; nunca se terminaba el trabajo.

"Trabajamos los 365 días del año. Todos, desde los generales hasta las tropas, tenemos derecho a unas vacaciones", dijo el general Sandoval, quitándose los lentes y riendo de nuevo entre dientes.

Capítulo 8

LA GUERRA

Mientras el Chapo seguía encerrado en Puente Grande, los jefes de los cárteles del país se reunieron en Puerto Vallarta.

Sólo faltaron los hermanos Arellano Félix. Ellos eran el asunto principal del programa. Su sed de sangre causaba tantos estragos en Tijuana que era imposible que en el país se ignorara la situación. Los jefes de los otros cárteles concluyeron que si colaboraban, encontrarían el modo de controlar a los Arellano Félix, quizá incluso de expulsarlos de su plaza y proseguir con sus negocios.

El Mayo también tenía problemas personales con los chicos de Tijuana. Al parecer, Ramón aseguraba que El Mayo había dejado de pagar una deuda de 20 millones de dólares.

La situación del cártel de Juárez era otro problema apremiante.

En primer lugar, el general Gutiérrez Rebollo, el zar contra las drogas que tenía vínculos con Amado Carrillo Fuentes, había sido detenido. Pero no eso no fue nada en comparación con lo que pasó el 7 de marzo de 1997.

Carrillo Fuentes, el llamado Señor de los Cielos, famoso por meter cocaína en Estados Unidos a bordo de jets, siempre había tenido el cuidado de no llamar mucho la atención, pero tenía un talón de Aquiles: este narcotraficante era extremadamente vanidoso.

No es inusitado que los narcotraficantes de alto rango se sometan a operaciones de cirugía plástica. Se cree que el Chapo, El Mayo, El Azul y García Ábrego se han sometido a tratamientos para cambiar su aspecto. A veces, una modificación de los pómulos o una cirugía de nariz alteran un rostro lo suficiente para que las autoridades duden.

Pero Carrillo Fuentes sólo quería mejorar su apariencia. Quería verse algo más joven y también quería que le hicieran una liposucción. Se sometió al bisturí en un hotel de la ciudad de México. Un equipo de sus doctores practicaría la operación. Le dieron todos los sedantes necesarios.

En algún momento de la cirugía, Carrillo Fuentes despertó. "Denme un analgésico, ¡me duele!", gritó. Su médico de cabecera indicó que podría ser peligroso: ya estaba muy sedado y más analgésicos podían ser mortales. Pero los otros médicos cedieron. "¿Quién le va a decir a este jefe narco tan violento que no le van a dar un analgésico?", recuerda Michael Vigil, de la DEA.

En efecto, la medicina adicional fue demasiado y Carrillo Fuentes murió de un ataque cardiaco en la mesa de operaciones. "Básicamente, lo mató la vanidad".

Los Arellano Félix y el cártel del Golfo querían para ellos el feudo de Carrillo Fuentes, y cuando éste murió, invadieron la plaza de Ciudad Juárez. Esto preocupó al Mayo y sus contrapartes de Sinaloa, por no mencionar los operativos del cártel de Juárez. Nada de esto, ni la situación de Tijuana ni su apetencia por Ciudad Juárez, eran buenas para el negocio. El gobierno parecía estar haciendo más esfuerzos por acabar con la corrupción, y el dominio del PRI sobre México se veía más débil que nunca. El cambio estaba en el aire, y no necesariamente para bien, desde la perspectiva de los narcotraficantes.

Así, El Mayo formó con Rodolfo Carrillo Fuentes, hermano del Señor de los Cielos, una alianza que se conocería como "La Federación".

Penetraron en Tijuana. El Mayo ordenó una serie de asesinatos de alto perfil, incluyendo la muerte del jefe de la policía de Tijuana, Alfredo de la Torre.

Los hermanos Arellano Félix no estaban entusiasmados ante esta invasión. Un domingo silencioso y apacible a comienzos de febrero de 2002, Ramón, el más impetuoso del clan de Los Arellano Félix, llegó a Mazatlán con una misión: iba a matar al Mayo.

Durante cinco días, Ramón y sus hombres recorrieron en un Volkswagen sedán las calles de la húmeda población en las costas del Pacífico haciendo preguntas y aprovechando todos sus contactos para encontrar a su objetivo, sin suerte. Era el territorio del Mayo y no sería fácil encontrarlo.

El quinto día, Ramón se estacionó en la Zona Dorada, cerca de un hotel importante. Un grupo de policías se aproximaron al vehículo; uno pidió identificaciones. Muchos policías de Mazatlán estaban en la nómina del Mayo. Unos eran simplemente corruptos; otros, eran asesinos.

Ramón y sus hombres emprendieron la huida a pie, pero los policías los detuvieron. Uno de ellos, al parecer un agente federal, mostró su placa. Sacaron rápidamente las armas y se enzarzaron en un tiroteo. Uno de los hombres de Ramón huyó al hotel. Los policías lo atraparon y lo arrastraron afuera. Abatieron a otro de los hombres.

Ramón Arellano Félix recibió varios balazos. El jefe del cártel de Tijuana murió quince minutos después, de camino al hospital. Se había sometido a varios procedimientos quirúrgicos para cambiar de aspecto y viajaba con el nombre de Jorge Pérez López, pero las pruebas de ADN demostraron que era hermano de Benjamín.

En Estados Unidos se dijo que El Mayo había atraído a Arellano Félix a su territorio y había pagado a los policías para que lo mataran. Por su parte, el gobierno mexicano seguía negando la participación del Mayo. Nunca fue acusado.

El Mayo y el Chapo no se apoderaron de Tijuana, pero gracias a la muerte de Ramón, el cártel ya no volvió a ser tan poderoso. Apenas un mes después del tiroteo de Ramón, Benjamín fue capturado en Puebla, sin que se disparara un solo tiro.

La PGR declaró triunfante que el cártel de Tijuana estaba "totalmente desmembrado". A lo largo de la década, continuarían los golpes contra los rivales del Mayo y el Chapo.

Entre tanto, El Mayo llamaba la atención de la DEA.

Sobre los hombros del Chapo

Ismael El Mayo Zambada García nació en El Álamo, Sinaloa, el primero de enero de 1948. Como El Padrino y luego el Chapo, mantuvo un perfil bajo durante su ascenso entre las filas del tráfico de drogas en Sinaloa. De joven había sido agricultor y fue pistolero en Ciudad Juárez. El Mayo fue siempre un oportunista. "Aprendió pronto cómo enganchar su vagón a organizaciones más grandes y eso le abrió puertas", dijo un funcionario mexicano. Muy calculador, esperó a que llegara su turno de acceder al poder.

Cuando El Padrino le dio a él y al Chapo su venia para que dirigieran el cártel de Sinaloa, ya pasaba de los cuarenta años, era maduro y tenía pensamiento estratégico. Sabía que la corrupción era una clave para el éxito del negocio y asignó a los hermanos Beltrán Leyva la tarea específica de comprar a las personas correctas (llegó a decirse que El Mayo compró al presidente Ernesto Zedillo a finales de la década de los noventa, pero nunca se demostró).

Cuando quedó a cargo, El Mayo nunca mató por placer. Según los agentes de la DEA que lo seguían, siempre era por motivos de negocio. Era implacable, y tenía un estilo frío y calculador. A diferencia de los hermanos Arellano Félix, que se dejaban arrastrar por sus emociones, El Mayo planeaba al detalle sus asesinatos. Como el Chapo, tenía un jefe de seguridad diestro, Gustavo Inzuna Inzunza, alias "El Macho Prieto". Era a la vez calculador y temerario, y se hizo famoso por enfrentarse con las fuerzas federales, a las que mantenía a raya con bazucas.

El Mayo aprendió de los mejores, pues era el enlace con los colombianos. Mientras que muchos narcos mexicanos —incluido el Chapo— sólo querían inundar con drogas el mercado estadounidense, El Mayo entendía los fundamentos económicos de la oferta y la demanda. Sabía que si aparecía demasiado producto en las calles estadounidenses sin que se controlara la distribución, el precio caería y terminarían ganando menos. Este razonamiento lo llevó a expandir los cárteles mexicanos dentro de las fronteras estadounidenses.

Al año, el Chapo y El Mayo, pasaban alrededor de mil kilos de cocaína con un valor de venta estimado de 17 millones de dólares únicamente en la región de Nueva York. A Chicago transportaban cocaína por 30 millones de dólares. Hasta los agentes de la DEA admitían que no era más que una pequeña parte de los cargamentos.

Mientras que el Chapo aún ocultaba su efectivo por todo el país en casas y escondrijos, El Mayo había ideado un método de lavarlo. A través de compañías ficticias, como Nueva Industria de Ganaderos de Culiacán S.A. de C.V., una compañía de productos ganaderos y lácteos instalada en Culiacán, y Jamaro Constructores S.A. de C.V., una empresa de construcción que opera en Sinaloa, Sonora y Nayarit, El Mayo lavó su dinero y legitimó su estilo de vida y el del Chapo. Se dice que su ex esposa y sus hijas pasaban por propietarias de las compañías. Según la Ley Kingpin de Estados Unidos, docenas de empresas estarían ligadas a él. El Mayo también emplearía los servicios de Víctor Emilio Cazares Gastélum y su esposa, La Emperatriz, una pareja acomodada de Culiacán, para lavar lo que a los sinaloenses les gusta llamar "dinero sangriento".

Hay cientos de negocios en Culiacán que, se cree, son frentes para lavar dinero. En la avenida Juárez del centro de la ciudad, vehículos blindados llegan todos los días a entregar efectivo a casas de cambio que, a continuación, lo filtran para que vuelva a incorporarse en el sistema. Cada tanto, la Policía Federal allana las casas, se incautan millones de dólares en efectivo y las clausuran; pero simplemente brotan nuevas oficinas y negocios, y el dinero sigue fluyendo.

La independencia del Chapo

Con la caída de Ramón y Benjamín Arellano Félix, el Chapo y El Mayo tuvieron también la oportunidad de reforzar sus contactos con Colombia. Había habido problemas entre los Arellano Félix y los colombianos; por ejemplo, dejaron de pagar cuentas, algo que los colombianos no tolerarían.

También se rumoraba que los Arellano Félix interrumpían los suministros colombianos para traficar con su propia hierba (el consumo de drogas en México aumentaba por esas fechas), en lugar de distribuirla directamente en Estados Unidos, con lo que se ponían en riesgo los márgenes de utilidad y la seguridad de entrega del producto. Los colombianos habían optado por no meter las manos, pero Arellano Félix estaba tentando su suerte.

Los colombianos buscaban otras organizaciones de narcotraficantes en las que confiaran más, y acudieron al Mayo.

Desde luego, toda esta actividad colocó al Mayo en la pantalla de los radares. El presidente estadounidense George W. Bush lo llamó "líder narcotraficante de primer nivel", lo que significaba que había quedado ubicado en la mira. La DEA comenzó a desplegar más agentes e informantes en el sur de Arizona y en Sonora para cazar al Mayo y pegó carteles de "Se Busca" en las principales carreteras entre Tucson y Phoenix.

La DEA comenzó a recibir más información de la relación entre el Chapo y El Mayo. Los seguían de cerca, vigilaban a los parientes del Mayo en Estados Unidos y hacían allanamientos en las casas del narcotraficante en Hermosillo. No estaban muy seguros acerca de quién estaba al mando, así que se enfocaron más en El Mayo (las autoridades creían que estaban a un paso del Chapo y a dos del Mayo; se pensaba que el Chapo sería detenido primero).

Pero la oficina local de la DEA recibía también llamadas en las que se afirmaba que El Mayo no era el que buscaban, sino que —aseguraban los informantes— el Chapo era el jefe. A diferencia de muchos capos, El Mayo y el Chapo tenían la misma actitud, principalmente porque compartían un interés común: que el negocio fuera sólido y no socavarse uno al otro. Habían tenido disputas sobre estrategias, pero nunca habían roto. Operaban cada vez con más independencia según lo que los estadounidenses llamaban un "pacto de no agresión".

Según la DEA, los dos narcos eran "muy cercanos". A fin de cuentas, se habían ayudado mutuamente para volverse sumamente exitosos. El Chapo siempre había admirado al Mayo. El Chapo era un guerrillero de las drogas, siempre a salto de mata. Aunque se las arreglaba para burlar a las autoridades, lo tenían en la mira.

Entre tanto, El Mayo se mantenía tras bastidores. Un agente de la DEA lo compara con el presidente de un consejo de directores, que trabaja a solas en el último piso y toma las decisiones ejecutivas. El Mayo sabía qué hacer con el dinero y sabía cómo manejar a los colombianos. También sabía qué le convenía al negocio. Era, como creía la DEA, el "tipo que quiere cooperar y unir a las personas".

Pero el Chapo quería hacerse valer y no dejaba de buscar su independencia. Cuando escapó de Puente Grande y pasó a la clandestinidad, poco a poco se vio obligado a retornar al redil del cártel de Sinaloa. El Mayo había dispuesto que volviera a ocupar su lugar junto al timón, pero tenía que demostrar que todavía era valioso para la empresa.

Cuatro meses después del escape del Chapo, durante una reunión con El Mayo y Los Beltrán Leyva en Toluca, en el centro del país, quedó claro que la prisión no lo había ablandado. El tiempo que había pasado prófugo lo había acostumbrado más a la vida difícil. Pasó la mayor parte de 2001 recorriendo México y no tenía reparos en seguir con esa rutina.

Así operó desde entonces, y aunque huía (las autoridades no habían renunciado a rastrear su pista), expandió sus operaciones y trabó nuevos contactos. El negocio ante todo.

Las ambiciones del Chapo iban más allá que amasar millones: quería ser El Padrino, estar al mando de todo. Sus motivaciones eran profundas y venían de su promesa de no volver a ser pobre, de su desafío al gobierno, de su determinación de no volver a pisar la cárcel.

No podía quedarse mucho tiempo en ningún lugar.

En 2002 el Chapo fue sin dificultades de Campeche, en el sureste, a Tamaulipas, en el noreste, a Sonora en el noreste y a la ciudad de México. El Ejército y la Policía Federal no dejaban de perseguirlo, pero como siempre, llegaban con un ligero retraso.

El viernes 14 de junio de 2002 pensaron que lo habían localizado en el barrio de Las Quintas, en Culiacán. Por delaciones, unos 200 policías federales rodearon cuatro casas en las que se pensaba que se escondían el Chapo y El Mayo. Encontraron a la ex esposa y la hija del Mayo, pero a nadie más.

Menos de un mes después, el martes 2 de julio, las autoridades recibieron un informe confiable de que el Chapo estaba en Atizapán, en el estado de México, apenas a las afueras de la capital. Allanaron el lugar; de nuevo, nada del Chapo.

Chávez, de la DEA, recuerda cuán frustrante era el Chapo. Chávez recibía informes de inteligencia de las oficinas de la DEA en la ciudad de México sobre el paradero del capo. Verificaba la información en la medida de sus posibilidades y la transmitía a las autoridades policiacas mexicanas para que hicieran la incursión. Pero nunca lo atrapaban. "Podíamos tener buenos datos acerca de su paradero, pero [ellos] siempre llegaban cinco minutos demasiado tarde, nunca lo alcanzaban".

Además, el Chapo adquiría más y más contactos. Mediante la corrupción, los hermanos Beltrán Leyva se abrían paso en su nombre en el sistema mexicano, y se pensaba que él estaba recibiendo informes de las altas esferas del poder. Compraban comandantes de policía de todos los niveles, suponiendo que algunos llegarían a los mandos superiores. Mientras que la DEA y las autoridades mexicanas dependían de información que podía resultar engañosa o, peor aún, una trampa, el Chapo recibía lo mejor de los informes de inteligencia. Se llegó a decir que Los Beltrán Leyva habían comprado al asesor de viajes del presidente Fox.

Para 2003 estaba claro que el Chapo no tenía que rendirle cuentas a nadie; al parecer ni siquiera al Mayo. Él todavía quería resarcirse, y la mejor manera de hacerlo era la más antigua: ir a la guerra. Lo hizo en contra de los deseos de estabilidad del Mayo, contrariando por primera vez a su colega más cercano.

Un problema en Tamaulipas

El cártel del Golfo fue el primer objetivo del Chapo.

Juan García Ábrego, fundador del cártel del Golfo, nació el 13 de septiembre de 1944 en un rancho a las afueras de Matamoros, una calurosa ciudad en la costa noroeste de México. Matamoros está del otro lado de la frontera, frente a Brownsville, Texas. Cuatro puentes la unen con Estados Unidos (de hecho, por un breve tiempo alrededor de 1820 fue parte de Texas). La población de Matamoros se ha incrementado a aproximadamente 500 mil personas, atraídas por las fábricas y las plantas industriales. La delincuencia ha prosperado.

Como el Chapo, García Ábrego no terminó la primaria y consiguió trabajo como lechero. Más tarde robaba autos. Pero, al igual que su contraparte sinaloense, García Ábrego tenía un tío en el tráfico de drogas. Había que enseñarle todo —un informante recuerda que le enseñó los modales para comer y la manera adecuada de mostrar su Rolex—, pero aprendía deprisa. Llegaría a la cima de lo que luego fue el cártel del Golfo.

A finales de la década de los ochenta del siglo XX, cuando el viejo imperio del Padrino Félix Gallardo adoptaba una nueva forma al mando del Chapo, Los Arellano Félix y Carrillo Fuentes, García Ábrego cobró fama como el narcotraficante más poderoso de la nación. Sus conexiones políticas eran profundas; fue su policía, Calderoni, quien arrestó al Padrino, el fundador del tráfico de drogas en México.

Estados Unidos lo quería y el FBI concibió un plan para detenerlo.

Un hombre del FBI, encubierto como agente corrupto, abordó a García Ábrego con una oferta. A cambio de 100 mil dólares, transmitiría a García Ábrego información sobre las actividades de la policía. Se comunicaban por carta y teléfono, así como por medio de mensajes. Se hicieron cercanos y se llamaban "amigo" y "hermano". Una vez, García Ábrego le mandó al agente 39 mil 880 dólares en efectivo.

En 1995 las autoridades mexicanas atraparon a García Ábrego. Para su desgracia, tenía la ciudadanía estadounidense, así que fue deportado para juzgarlo. En un tribunal de Houston, el agente rindió un testimonio condenatorio. El jefe del cártel del Golfo fue condenado por veintidós cargos de lavado de dinero, posesión y tráfico de drogas. Los fiscales calcularon que su cártel había pasado de contrabando, de México a Estados Unidos, más de 15 toneladas de cocaína y más de 20 mil kilos de marihuana, y había lavado alrededor de 10.5 millones de dólares. García Ábrego, de 52 años, fue sentenciado a cadena perpetua.

La caída de García Ábrego no destruyó el cártel del Golfo, sino que lo fortaleció o, por lo menos, lo hizo más decidido.

Un lugareño llamado Osiel Cárdenas Guillén se hizo cargo del timón. Nació en 1967 en Matamoros; Cárdenas era de origen humilde, como el Chapo. Trabajó de mecánico; luego fue mesero y hasta cubrió un turno en una maquiladora, las plantas manufactureras mexicanas notables por sus terribles condiciones de trabajo y su enorme producción.

A diferencia del Chapo, Cárdenas Guillén sí terminó la secundaria. Y a diferencia de su rival de la costa occidental, de joven no pudo evitar a las autoridades. Para cuando tenía veintidós años ya había pasado dos temporadas breves en la cárcel. En una ocasión fue detenido en Brownsville, Texas, con dos kilos de cocaína. Cuando volvió a México a cumplir su condena, ya era un delincuente endurecido. Era tan brutal que se ganó el sobrenombre del "Mata-amigos" cuando baleó a un aliado clave del cártel del Golfo.

En 1997, Cárdenas Guillén fundó Los Zetas, un grupo paramilitar de treinta y un soldados mexicanos desertores de fuerzas especiales. Encabezados por el desertor de veintitrés años Arturo Guzmán Decena (ningún parentesco con el Chapo), eran despiadados y su reputación los precedía.

Habían sido preparados por el Ejército mexicano para combatir a los narcotraficantes y se rumoraba que también se habían entrenado con el ejército estadounidense (en Washington, el gobierno lo niega). Operaban mediante células y su meta era asesinar a miembros de alto nivel de los cárteles de la nación para sembrar el caos en las organizaciones de traficantes de drogas. Pero Cárdenas Guillén les ofreció mejor salario que el Ejército y se convirtieron en mercenarios. Así nacieron Los Zetas.

Su inteligencia electrónica y sus armas eran de grado militar. Encontraron un medio de conseguir lanzagranadas, misiles tierra-aire y helicópteros. Tenían entrenamiento en explosivos, espionaje y disparos de precisión.

Rápidamente, Los Zetas se dieron a la tarea de entrenar reclutas en campamentos cercanos a la frontera con Texas, adonde llevaban muchachos de 15 a 18 años e inclusive algunos ex soldados guatemaltecos conocidos como *kabiles*. Gracias a sus antecedentes militares pudieron convocar más soldados desertores.

Para 2003 la Secretaría de la Defensa de México había señalado a Los Zetas, que entonces tenían 300 miembros, como uno de los escuadrones de la muerte más poderosos del país. Usan cortes de pelo de estilo militar y tatuajes, y para entrar en combate se ennegrecen el rostro con carbón y usan ropas negras. Siguen las órdenes de Z-1: Guzmán Decena. Algunos de los zetas originales tenían nombres enternecedores, por ejemplo "El Winnie Pooh" y "La Madrecita", pero eran sanguinarios. Se complacían al torturar a sus víctimas antes de matarlas. Decapitaban, descuartizaban, quemaban y disolvían a sus víctimas con una precisión militar y una indiferencia que no se había visto en México. En una ocasión, Los Zetas originales metieron a cuatro enemigos en barriles de gasolina y los quemaron vivos.

No iban a superar al Chapo. Él formó su propio escuadrón de la muerte, conocido como Los Negros.

Los Negros afiliaron miembros de las pandillas que ya existían como la mafia mexicana, y se dispusieron a ejecutar a integrantes de las bandas de Cárdenas Guillén en todo Tamaulipas.

El Chapo y Los Beltrán Leyva pusieron a cargo del escuadrón a uno de sus primeros lugartenientes, un texano apodado "La Barbie". Su nombre es Édgar Valdez Villareal y era diferente del Chapo en algunos aspectos: le gustaba la ropa de diseñador, los autos de lujo y ahogarse en alcohol y mujeres en los centros nocturnos. Pero al igual que el

Chapo, se había demostrado que era sanguinario y estaba dispuesto a matar.

Los Beltrán Leyva lo habían entrenado como cobrador de cuentas, pero La Barbie también era experto en aprovechar su reputación, ganada de boca en boca e incluso a través de Internet, para infundir miedo en sus adversarios. La Barbie subió a la red un video de sus hombres torturando a un grupo de zetas. Al final del clip, uno de los zetas recibía un balazo en la cabeza. La idea era inspirar miedo en el enemigo y en quienes lo apoyaban.

La ciudad de Nuevo Laredo se convirtió en zona de combate. Durante dos años los pistoleros de los cárteles pelearon en esta ciudad, en Reynosa e incluso en Matamoros, donde habían nacido García Ábrego y Cárdenas Guillén. El Ejército también patrullaba las calles y cumplía su parte con algunas detenciones importantes. Z-1, Guzmán Decena, murió y su número dos fue capturado. Heriberto Lazcano Lazcano, alias "El Lazca", asumió el mando. La lucha continuó.

Al final, uno de los dos capos, el Chapo o Cárdenas Guillén, tenía que caer.

Este último tenía antecedentes en Estados Unidos. Varios años atrás, Cárdenas Guillén y más de una docena de hombres armados con AK-47 y pistolas rodearon a dos agentes federales estadounidenses (uno de la DEA y otro del FBI) en el centro de Matamoros, donde se habían reunido con un informante. Cárdenas Guillén había amenazado con matarlos y se dice que en un momento apuntó un arma a la cabeza de uno de los agentes. Los agentes se identificaron pero el capo persistió; todos sacaron sus armas y se produjo el caos.

Los agentes le recordaron a Cárdenas Guillén la grave reacción de la DEA sobre el asesinato de Kiki Camarena. Matarlos sería un error fatal.

"Pinches gringos. Este es mi pueblo, así que lárguense antes de que los mate", contestó Cárdenas.

Los agentes salieron indemnes, pero la DEA se preparó para la venganza. Emprendió de inmediato una investigación, la "Operación Pinzas Doradas". En colaboración con el gobierno mexicano, la DEA, el FBI y agentes aduanales de Estados Unidos, comenzaron a enfocarse en derribar al cártel del Golfo.

El Chapo, y quizá no era coincidencia, hacía lo mismo.

El viernes 14 de marzo de 2003 por la mañana muy temprano, docenas de soldados rodearon una casa en un rumbo modesto de Matamoros, donde se creía que vivía Cárdenas Guillén. Él y sus hombres trataron de abrirse paso a través de los balazos, pero los soldados los alcanzaron en el aeropuerto. Tres soldados resultaron heridos en el altercado, pero cuanto se acallaron los disparos, se vio que habían vencido: atraparon a la cabeza del cártel del Golfo.

Fue motivo de celebración. Los golpes del año anterior contra Los Arellano Félix habían sido grandes noticias, pero éste fue el primer narcotraficante de alto nivel atrapado en la costa del Golfo durante el régimen de Fox. La captura de Cárdenas Guillén le quitó al Presidente algo de la presión por la fuga del Chapo, y envió otra señal a sus contrapartes de Estados Unidos de que el régimen estaba dispuesto a ir tras los grandes narcos.

También se mostró que el presidente Fox no estaba protegiendo a un cártel en particular y aplastaba a sus rivales, según había denunciado el Partido Revolucionario Institucional. La discreción de la acción con que habían capturado al capo del Golfo también era motivo de orgullo: los únicos que lo supieron de antemano fueron el Presidente, el secretario de la Defensa y el procurador general.

Para la DEA, el descalabro fue excelente no sólo porque se trataba de Cárdenas Guillén, sino porque los suyos habían sido vengados. "Es un arresto importante porque envía a los traficantes el mensaje de que la violencia y la intimidación no los protegerían de las autoridades", declaró la instancia estadounidense.

Pero otros funcionarios fueron más cautelosos. Ahora tenían que investigar y reunir información de inteligencia sobre quién ocuparía el lugar de Cárdenas Guillén.

Meses después de la caída de su enemigo, el Chapo llegó a Nuevo Laredo. Según un testigo que actualmente recibe protección, no tenía miedo de estar ahí, aunque la polvadera no se había asentado. Ese día, después de un sangriento tiroteo, llegaron soldados a un barrio llamado Santos Degollado. Cinco matones vestidos con uniformes de policía y armados con rifles AK-47 gritaron su lealtad desde la azotea. "¡Somos gente del Chapo y él está aquí... en Nuevo Laredo!" Huyeron enseguida. Fue la primera demostración de que el Chapo operaba abiertamente en territorio del cártel del Golfo.

Los Zetas no iban a ceder su coto tan fácilmente. A meses de la captura de Cárdenas Guillén, de hecho habían fundido el cártel del Golfo con su organización. Por medio del teléfono celular, Cárdenas Guillén todavía daba órdenes desde la cárcel en el Estado de México. Tanto el Chapo como Los Zetas tenían la intención de expandirse por México, y resultó que ninguno tuvo los recursos para materializar un bastión en la costa del Golfo. La guerra en el noreste se intensificó.

Después de la visita del Chapo, ese verano llegaron a Nuevo Laredo cientos de pistoleros de Sinaloa y siguieron enfrentándose con Los Zetas. Cientos de cada bando cayeron en el noreste. Sólo en Nuevo Laredo murieron aproximadamente veinte policías.

Ninguno de los dos bandos quería la paz; ninguno de los dos bandos quería ley ni orden.

Quienes sí lo querían, tenían pocas posibilidades. Cuando Alejandro Domínguez Coello, un hombre humilde de cincuenta y seis años que era padre de tres hijos y había sido dueño de una imprenta asumió el puesto de jefe de la policía de Nuevo Laredo, admitió que en realidad poco podría hacer. Pero juró que por lo menos representaría al pueblo. "No tengo obligaciones con nadie. Mi compromiso es con la ciudadanía", anunció cuando aceptó el cargo.

En las siguientes seis horas ya le habían metido treinta balas, supuestamente gracias a Los Zetas. El escándalo del incidente obligó al presidente Fox a enviar al Ejército y fuerzas federales, pero no fueron bien recibidos. Desde el momento en que llegaron al aeropuerto, se desataban balaceras ocasionales entre la policía local —comprada por Los Zetas y el cártel del Golfo— y los federales. Al final, los 700 policías de la ciudad de alrededor de 35 mil habitantes fueron relevados de su puesto y sometidos a investigación.

Hoy en día impera sobre Reynosa, Matamoros y Nuevo Laredo una calma fantasmal. Los soldados siguen estacionados en la zona, pero no hay confianza entre ellos y la policía. Matamoros es la clase de ciudad en la que no es difícil imaginarse abatido por las balas, secuestrado o torturado. La policía circula en camionetas agitando sus armas y gritando como estudiantes borrachos en un fin de semana de farra. De día, los vecinos están siempre en guardia; al atardecer, las calles quedan completamente desiertas. En contraste, justo al otro lado de la frontera, Brownsville parece idílico, el epítome de la estabilidad.

A los habitantes les preocupa que en cualquier momento la violencia vuelva a hacer erupción. Los Zetas han ramificado sus actividades hacia la extorsión y toda clase de contrabando y extorsión a lo largo de la frontera. El gobierno federal asegura que se trata de una guerra contra Los Zetas en Tamaulipas, pero los residentes se permiten tener otra opinión.

"Todos están comprados", dice Antonio, quien ha pasado toda su vida en Reynosa. "Los soldados, el gobierno; todos".

Antonio tiene una tiendita en Reynosa; la mayor parte de sus ganancias provienen de la venta de alcohol. Fue extorsionado por un funcionario del gobierno local con las insignias del gobierno municipal. Iba acompañado por guardias armados, posiblemente Zetas, y le pidió a Antonio que le pagara el equivalente de 50 dólares todos los viernes por el "derecho" de vender alcohol.

Antonio se defendió. Acudió a las autoridades a reportar el incidente y mostró que todos sus papeles estaban en orden. Desde entonces, el funcionario no ha vuelto, pero Antonio está lejos de estar convencido de la reacción de las autoridades. Apenas se inmutaron por la acusación, y ni siquiera preguntaron el nombre.

"Los principales narcos son los políticos. Es una vergüenza lo que le pasa a México".

Capítulo 9

EXPROPIACIONES

Aunque se había alejado del noreste, en realidad el Chapo no había caído derrotado a manos de Los Zetas. El baño de sangre del conflicto con el cártel del Golfo no había afectado sus operaciones; a mediados de 2005, sus drogas fluían deprisa hacia Estados Unidos. En las entidades policiacas estadounidenses estaban convencidos de que lograrían darle caza: "Es un objetivo de alto perfil. Acabará por cometer un error y lo atraparemos", dijo un funcionario de ese país. Pero, desde luego, el Chapo tenía otras ideas.

Seguía prófugo de las autoridades y expandía su negocio para incluir las metanfetaminas, que son un estimulante que causa adicción y también se conocen como met, hielo, *crack* y *speed*. Las metanfetaminas se inhalan, se fuman o se comen y pueden tener efectos graves en el sistema nervioso central. En otras partes del mundo se llamaban la "droga loca" (con variaciones locales del término) por la paranoia y las alucinaciones que producía en los consumidores habituales. Un efecto secundario común es la sensación (vívida) de bichos caminando por la piel. Son muy adictivas.

Las metanfetaminas se producen fácilmente en laboratorios clandestinos. Basta tener los compuestos químicos adecuados (los precursores químicos) y un equipo para "cocinarlos".

En general se piensa que José de Jesús Amezcua Contreras inició el negocio de las metanfetaminas en México en la década de los ochenta. Con sus hermanos, instalados en Guadalajara, se conectó con delincuentes organizados de Tailandia e India para conseguir los compuestos químicos (en grandes volúmenes), con los que producían la droga en pequeños laboratorios baratos en Colima, Nayarit y Michoacán (donde se asociaron con otro grupo, los hermanos Valencia).

En la cúspide de sus actividades, se consideraba que los Amezcua estaban "entre los mayores contrabandistas del mundo" de efedrina y productores clandestinos de metanfetaminas. Tenían redes por las que abastecían la droga a los consumidores estadounidenses y también la vendían a los Arellano Félix. Según la DEA, comerciaban sus metanfetaminas en todo Estados Unidos, donde se había arraigado el azote. La DEA afirmaba que operaban en California, Texas, Georgia, Oklahoma, Iowa, Arkansas y Carolina del Norte. En ocasiones, producían la droga en suelo estadouni dense.

Sin la protección política de que disfrutan otros grandes narcotraficantes, los Amezcua fueron detenidos, pero el mercado de las anfetaminas en Estados Unidos dependía cada vez más para satisfacer el incremento de la demanda. Aun sin Valencia, la producción de metanfetaminas continuó, pero hacía falta un líder que coordinara los envíos.

El Chapo aprovechó la oportunidad y entró en el negocio de las anfetaminas.

Gracias a los contactos del Chapo y El Mayo a lo largo de las costas mexicanas del Pacífico, no fue difícil organizar los envíos de precursores de las metanfetaminas, y la distribución hacia el norte sería fácil. Ya no habría que pagarle a los colombianos: bastaba poner las metanfetaminas en sus entregas de cocaína. No tenían que pagar millones de dólares por aviones, pilotos, botes y sobornos. Con 10 mil dólares en compuestos químicos podían hacer metanfetaminas que llegaban a valer 100 mil dólares en el mercado.

Aunque el negocio de drogas de Sinaloa había sido una operación conjunta entre el Chapo y El Mayo, el negocio de las metanfetaminas era el hijito del Chapo. Cultivó sus vínculos con China, Tailandia y la India para importar los compuestos químicos y construyó sus grandes laboratorios para producir metanfetaminas en las montañas de Sinaloa y Durango, y en Jalisco, Michoacán, Nayarit y otros estados donde tenía conexiones. Con este proyecto nuevo, el Chapo se mostró más ambicioso, "no como un asesino implacable, sino como un empresario", recuerda el agente Chávez de la DEA. "Se zafó del Mayo y abrió su propio mercado".

El Chapo extendió rápidamente su organización. Por huir de un lugar a otro, había establecido contactos en todo el país y ya operaba en diecisiete estados. Usaba varios alias, como Max Aragón y Gilberto Osuna. Puso un compinche de confianza, de nombre Ignacio "Nacho" Coronel Villarreal, a cargo de la producción de anfetaminas, de modo que él siguiera siendo el jefe de los jefes. Nacho Coronel había trabajado durante años con El Mayo y el Chapo. Fue tan confiable en el negocio de las anfetaminas que se ganó el mote de Rey del Cristal.

El Chapo también pensaba en la guerra en otro frente. Desde su fuga de la cárcel, tenía planes para la plaza de Ciudad Juárez. Convocó una reunión en la ciudad septentrional de Monterrey con El Mayo y El Azul (consejero y mensajero de Los Beltrán Leyva). Ahí, estudiaron la posibilidad de matar a Rodolfo Carrillo Fuentes, que se encargaba de las operaciones desde la muerte de su hermano. Tenían una oportunidad de acabar con el dominio de Carrillo Fuentes en el lucrativo corredor del contrabando que era Ciudad Juárez.

El Chapo se tomó su tiempo. Finalmente, seguía en vigor la alianza entre los cárteles de Sinaloa y Juárez establecida por El Mayo, aun con toda la desconfianza que se tenían el Chapo y sus contrapartes de Ciudad Juárez.

El Chapo envió a Ciudad Juárez a miembros de Los Negros para que se apoderaran del territorio. El Chapo sabía que Rodolfo Carrillo Fuentes circulaba con escolta policiaca; sería difícil llegar a él en su propia ciudad. Pero el Chapo también sabía que la familia todavía visitaba Culiacán y sus alrededores, donde les quedaban parientes.

El 11 de septiembre de 2004, a las cuatro de la tarde, Rodolfo, su esposa y dos hijos pequeños salieron de un centro comercial y pasaron al estacionamiento, escoltados por el comandante de la policía Pedro Pérez López.

Era un hueso duro. En su puesto en Ciudad Juárez, había desarticulado bandas de secuestradores y ladrones de autos, y aun sobrevivió a dos intentos de asesinarlo por parte de los Arellano Félix. Rodolfo y su esposa no habían acabado de meterse al auto cuando comenzó el tiroteo desde todos lados. Pérez López respondió y mantuvo a raya a los pistoleros. Pero sólo por unos minutos. Recibió un balazo, lo mismo que el narcotraficante y su esposa. El policía sobrevivió, pero el capo y su esposa murieron. Cuando llegaron los refuerzos, los asesinos habían huido.

El Chapo había eliminado a su principal rival en Ciudad Juárez.

A la muerte de Rodolfo, pocos concedieron a Vicente Carrillo Fuentes, otro hermano, grandes posibilidades de mantener el control de la plaza de Ciudad Juárez. "Desde la muerte de su hermano, Vicente Carrillo no puede conservar el liderazgo", dijo en noviembre el procurador general Daniel de la Vaca Hernández. "Vicente Carillo debe huir [...] el miedo hará que pierda su organización a manos del Chapo".

Se quedó, pero para el resto de la década Ciudad Juárez no vivió bajo la égida de un Carrillo Fuentes, sino bajo el manto de la violencia.

Revancha

El Chapo se habrá imaginado que entrar en Ciudad Juárez y el Golfo de México tendría repercusiones graves; pero nunca se sabrá si acaso esperaba el giro que dieron los acontecimientos el 31 de diciembre de 2004.

La víspera de Año Nuevo, Arturo Guzmán Loera, hermano del Chapo, joven de ojos grandes y bigote, hablaba con su abogado en su celda del Cefereso 1, la cárcel de máxima seguridad de México, donde languidecía desde hacía tres años sin que se hubieran hecho intentos por liberarlo. Otro preso, José Ramírez Villanueva, fue a un baño cercano, donde se había escondido un arma, y mató al hermano amado del Chapo.

El golpe pudo haber sido ordenado por cualquiera de los enemigos del Chapo. La PGR estaba segura cuando menos de eso, pero de muy poco más. Con todo, el principal sospechoso era Rodolfo Carrillo Fuentes.

Otro golpe fuerte vino menos de dos meses después, en febrero de 2005. En esta ocasión, de parte de las autoridades.

Un hijo del Chapo, Iván Archivaldo Guzmán Salazar, alias El Chapito, fue arrestado en Zapopan, Jalisco. El logro fue causal: un equipo de agentes tomó un teléfono celular de la escena de un delito y llamó al primer número anotado.

El Chapito llegó al lugar. Fue acusado y sentenciado por lavar dinero en nombre de su padre.

Luego, en junio, otro golpe. Un hermano del Chapo, Miguel Ángel, y su madre habían ido a un restaurante chino de Culiacán a celebrar los quince años de una sobrina del narcotraficante. Tradicionalmente, la fiesta de los quince años de una chica mexicana, la quinceañera, es en grande, y Miguel Ángel por lo menos le regalaría a su hija una comida fuera, pese a que su hermano era un prófugo.

Gracias a datos entregados por los informantes, un grupo de alrededor de veinte soldados de fuerzas especiales rodeó el restaurante, el Tai-Pei, hacia las cuatro de la tarde. Vestidos de negro y encapuchados, entraron sin decir una palabra y causaron asombro entre quienes habían decidido comer ahí ese día.

Miguel Ángel, apodado "El Mudo", fue tomado por sorpresa y no opuso resistencia. Este hermano nunca había estado en la lista de los buscados, pero las fuerzas que lo arrestaron insistían en que era responsable de traficar drogas a Estados Unidos por avión y traer las utilidades a Sinaloa, en el nombre del Chapo. Compraba propiedades en Culiacán para usarlas como fachadas, lo mismo que vehículos e identificaciones falsificadas para los empleados del Chapo.

La madre del Chapo, María Consuelo Loera Pérez, estaba indignada. "Se lo llevaron sin orden de arresto. Él vive honestamente", le dijo a los periodistas que se presentaron. "No creo que él se dedicara a actividades ilícitas... Lo detuvieron porque es el hermano del Chapo".

También salió en defensa del Chapo: "No forzó ninguna puerta ni amenazó a nadie para salir de la cárcel. Le abrieron las puertas. Es como si abren la puerta de la jaula de un pájaro: se va. Hace mucho que no veo a Joaquín, no tengo contacto con él. Él le ayuda a la gente pobre. ¿Cómo voy a sentirme mal, si soy su madre? Una madre tiene que soportar todos los problemas que traigan sus hijos, y eso le diré a Dios para defenderlos. Dios es mi mejor abogado".

En el fondo, la DEA tenía que saber que nada de esto detendría al Chapo. Había ofrecido una recompensa de 5 millones de dólares por información que llevara a su captura y enjuiciamiento, por acusaciones de "conspirar para importar cocaína, posesión de cocaína con la intención de distribuirla, lavado de dinero y asociación criminal". Los agentes de la DEA sabían que aún tenía la intención de ampliar sus operaciones y, pese a la pérdida de familiares, el Chapo no caería fácilmente.

"Estaba en la cúspide de su carrera cuando lo metieron en la cárcel. Si conservaba la vida, era cuestión de tiempo para que volviera" dijo una autoridad policiaca estadounidense a *Los Angeles Times*. Sin duda está de vuelta. Es poderoso. Lo sabemos por la violencia, que cada vez es más".

Entre tanto, las autoridades mexicanas estaban divididas respecto de qué hacer con el Chapo. Podían rodear a su familia y hostigar a su madre, pero no lograban encontrarlo. Sobraban las acusaciones de corrupción. Un periodista mexicano llamó después al Chapo "capo del PANismo", un juego de palabras con las siglas del partido en el poder. Los esfuerzos por amurallarse de una prensa mexicana cada vez más incisiva eran insuficientes.

"No es que él sea más inteligente y nosotros más tontos. Tiene más recursos en los lugares donde trabajo [...] No lo encontraremos en una ciudad. Este sujeto está en el fondo de la sierra, protegido lealmente por lugareños que lo ven como un héroe —dijo José Luis Santiago Vasconcelos, que fue jefe de la unidad especial contra la delincuencia conocida como SIEDO. Admitía que no tenían pistas para llegar al Chapo.

Habían capturado a familiares suyos y les habían levantado cargos menores, pero el narcotraficante todavía hacía quedar en ridículo al gobierno. Se acaban de formar la SIEDO y la AFI (el equivalente del FBI), pero no habían tenido la suerte de dar con él.

Capítulo 10

LA LEY Y EL DESORDEN

El alto comandante de la Policía Federal Édgar Millán Gómez llegó tarde a su casa el 8 de mayo de 2008. Había estado trabajando con su equipo para atrapar a Marcos Arturo Beltrán Leyva, alias "El Barbas", con datos confiables de inteligencia que situaban al narco sinaloense cerca de Cuernavaca, una hora al sur de la ciudad de México.

Llegaron cerca y lo acorralaron. Pero el grupo de guardaespaldas de Beltrán Leyva (algunos ex militares) se las arreglaron para superar la capacidad de fuego de la policía y se escaparon.

Millán Gómez llegaba a una de las varias residencias que tenía en la ciudad de México por motivos de seguridad. Sus guardaespaldas lo dejaron fuera y empezó a subir los escalones. Al abrir la puerta delantera, se encontró instantáneamente bajo fuego. Eran cuatro asaltantes, pero el comandante no caería sin pelear. Se aferró a uno de sus atacantes y luchando, aunque las balas herían su cuerpo, exigía respuestas: "¿Quién los mandó? ¿Quién los envió a matarme?"

Los asesinos, una banda profesional de la ciudad de México, habían recibido el encargo de Los Beltrán Leyva. Millán Gómez murió en el hospital horas después. Le habían metido nueve balas.

La pérdida de Millán Gómez fue un enorme golpe a la moral. Era de los buenos policías, considerado un héroe por el gobierno y un estorbo para el Chapo y Los Beltrán Leyva. Era un "tipo leal", como dijo un veterano de la DEA estacionado en la ciudad de México y encargado de trabajar con sus contrapartes mexicanas e investigar sus antecedentes. Este agente de la DEA había conocido buenos y malos policías en la guerra contra las drogas. La muerte de Millán Gómez era descorazonadora: perdió un aliado confiable.

El presidente Calderón quedó consternado. Su régimen elogiaba a Millán Gómez por cumplir un papel vital en la batalla del país contra la delincuencia organizada y denunció "este cobarde asesinato de un funcionario ejemplar". La semana en que murió, otros seis policías federales fueron asesinados.

La cruzada de Genaro

Es difícil encontrar buenos policías en México. Pocos cadetes llegan con una imagen honesta de su oficio y saben que el soborno es una forma de vida o, cuando menos, un medio de sobrevivir. Los que son honestos, son atraídos a la corrupción con ofertas cuantiosas de dinero o con amenazas de muerte.

Cuando se formó la AFI, se suponía que iba a ser un faro de esperanza para las fuerzas policiacas de México: tan confiable como el Ejército, pero menos agresiva; mucho más honesta que cualquier policía local y capaz de trabajar en todos los rincones del país. Dirigida por Genaro García Luna, hombre serio y ex director de la Policía Federal y la agencia de espionaje, la AFI buscó ayuda fuera de México.

Grupos de altos miembros de la AFI fueron entrenados por la DEA y el FBI en Quantico, Virginia, mientras otros tomaban parte en ejercicios binacionales para verificar que no hubiera fallas en las normas.

Otros procuradores y jefes policiacos han ido y vuelto. García Luna ha sido participante central y uno de los más duraderos en la guerra contra las drogas y la delincuencia organizada. Estudió ingeniería (y, según un periodista, "manejaba la nueva tecnología en una época en que esa capacidad comenzaba a ser apreciada en los círculos de seguridad") y se había dado a conocer como reformista cuando México pasaba por grandes cambios en la transición del gobierno de partido único.

Cuando tenía apenas treinta y ocho años, García Luna fue nombrado jefe de la Policía Federal, al tiempo que conservó el mando de la AFI.

Como había hecho en la AFI, García Luna se comprometió enseguida a vencer la corrupción, aun si eso significaba purgar los cuerpos policiacos. No dudó en despedir a policías de alto rango y después emprendió medidas para mejorar el desempeño y la confianza de la policía introduciendo, por ejemplo, pruebas con detector de mentiras, auditorías financieras y evaluaciones psicológicas.

En la presidencia de Calderón, García Luna se comprometió a persistir en la caza del Chapo. En entrevistas, se mostraba directo y honesto. Los que han trabajado con él dicen que es "afable" y "franco". Pero tiene otro lado. Dirige su estrecho círculo interno como un feudo personal. Cualquier error puede tener consecuencias fatales. Es controlador al punto de que no tolera desacuerdos ni de sus asistentes más próximos. Quienes han trabajado con García Luna dicen que sus pocos leales están completamente paranoicos.

A decir de los observadores, en el régimen de Calderón, García Luna ha tratado de consolidar su poder, pero no le faltan competidores.

Medina Mora, procurador general de 2006 a 2009, no podía ser más diferente de García Luna. Los dos sienten entusiasmo y están dedicados implacablemente a su trabajo, pero Medina Mora es un jefe más comprensivo. No es policía, sino procurador, de modo que sus intereses están en el derecho. Es conocido por su pensamiento estratégico. Cuando comenzó su trabajo como procurador en 2006, Medina Mora se dio cuenta que "México necesitaba un esfuerzo del cien por ciento por parte del gobierno para generar la paz y tranquilidad; que habían robado los grupos del crimen organizado". Medina Mora era realista: "No hay ninguna sociedad ni grupo humano sin crimen. Nadie está intentando erradicar el crimen, pero tenemos que transformarlo para que no sea un problema de seguridad nacional y sólo se convierta en un problema criminal local." Es cauteloso con la vida de sus empleados y tiene mucha influencia.

La prensa mexicana notó las diferencias entre los dos encargados de la guerra contra las drogas y no se anduvo con miramientos. Cuando García Luna y Medina Mora expresaban una opinión distinta, los expertos saltaban. Cuando desplegaban estrategias diferentes o cuando se reunían con Calderón, la prensa especulaba sobre quién iba a vencer en la batalla por ocupar el sitio al lado del presidente.

Finalmente, Calderón decidió que García Luna estuviera a cargo de la lucha contra las drogas; era su mano derecha.

Los críticos dicen que dar a García Luna el control total fue un error fatal: es crucial que las dependencias cooperen. García Luna es reacio a compartir su información y recursos en la guerra contra las drogas porque "perdería poder en el juego", según un académico que ha cumplido funciones de asesoría para el jefe de la policía.

García Luna ha sido acusado de simular la batalla con los narcotraficantes, no de librarla. También se ha dicho que pelea la guerra con una meta: consolidar el poder del cártel del Chapo.

En declaraciones juradas, empleados del jefe de policía acusaron de vínculos entre García Luna y Los Beltrán Leyva. La PGR abrió una investigación; no se demostró nada. En otra ocasión, un miembro del círculo interno del jefe de la policía, Igor Labastida Calderón, fue investigado por supuestos vínculos con el Chapo. Tampoco se probó nada.

García Luna ha rechazado las afirmaciones de que tiene alguna especie de pacto o está relacionado de alguna manera con los narcos. Ante rumores de un pacto en Tijuana para apaciguar la violencia de la ciudad, el a veces nervioso jefe de la policía no se anduvo por las ramas: "Miren, se los digo con toda energía: no vamos a pactar con nadie —dijo. Estamos obligados a enfrentar la delincuencia. Es nuestro trabajo, nuestro deber, y no vamos a pensar en ningún pacto".

En varias ciudades de México han aparecido docenas de "narco-mantas" (letreros atribuidos a los narcotraficantes que se cuelgan en público para denunciar a las autoridades o a los enemigos) en las que se acusa a García Luna de proteger al Chapo. En una se leía: "Como ciudadanos, les pedimos [a las autoridades] que se enfoquen en las siguientes personas de las que estamos completamente seguros que protegen a los narcos".

Un testigo federal dijo ante la PGR que García Luna y otros habían recibido regalos (como yates y casas) de gente del Chapo a cambio de información. Tampoco se probó nada.

Los pocos honestos

Comoquiera que sea, muchos mexicanos creen que la AFI fue infiltrada desde antes. Érica Garza, integrante de la misma, cree que las fugas y la corrupción en la organización son galopantes.

Ella y su esposo Antonio se conocieron en el entrenamiento. Él era su entrenador. "Era tan honesto", recuerda. Pronto, comenzaron a salir y a los seis meses, se fueron a vivir juntos. Ella sabía que era una atracción para toda la vida. "Tenía una manera diferente de ver el mundo. No quería que las cosas siguieran como estaban, sino que fueran como deberían ser".

En su primer año de entrenamiento (y su primer año de noviazgo con Antonio), Érica lo vio pocas veces. Primero, la enviaron a Durango, luego estuvo en la ciudad de México y siguió recorriendo partes del país durante otros tres meses. Al final, esa sería la pauta de su matrimonio. La colocaron en inteligencia, vigilando las casas de supuestos grandes narcotraficantes. Se remetía en una camioneta con sus cámaras, interceptores de teléfonos y radios en algún lejano rincón del país, mientras que Antonio pasó a labores administrativas.

Le emocionaba su nuevo trabajo. Participó en la captura de García Ábrego del Cártel del Golfo, pero cobró su precio. Incluso en la ciudad de México, su terruño, muchas veces no le decía a Antonio su paradero, por motivos de seguridad. En ocasiones se encontraban los fines de semana. Cuando Amado Carrillo Fuentes fue declarado muerto en su fallida cirugía plástica, ella se topó con su esposo en la morgue. "Estaba ahí por casualidad", recuerda con una enorme sonrisa. Aunque hicieron un alto en su trabajo (un viaje a Quantico, Virginia, para entrenarse con la DEA y el FBI), no estuvieron juntos. Érica se fue primero y él la siguió más tarde, cuando ella regresó.

1. El Chapo al paso de los años (arriba, de izquierda a derecha): en los ochenta; en prisión, en 1993; (abajo, de izquierda a derecha): luego de su arresto, en 1993; poco después de su fuga, en 2001.

2. Uno de los tristemente célebres túneles del Chapo en la frontera. Este fue excavado de Nogales, Sonora, hasta una iglesia metodista abandonada en Nogales, Arizona. La salida, descubierta en 1995, estaba a corta distancia a pie de una oficina de la Aduana de Estados Unidos.

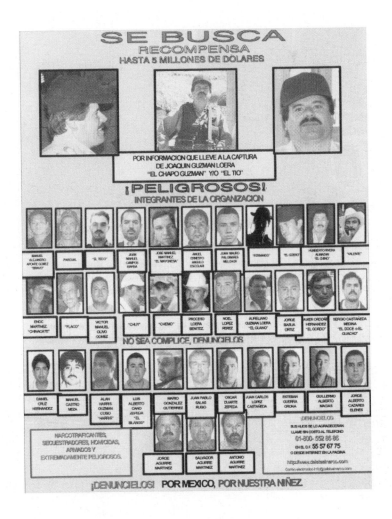

3. Un cartel de "Se busca" referente al Chapo que se distribuyó por todo México en 2005. Las autoridades mexicanas negaron haber emitido el cartel, lo que desató especulaciones sobre la posibilidad de que los rivales del Chapo lo hubieran creado para señalar al capo de las drogas.

4. Un busto de Jesús Malverde, el mítico santo patrono de los narcos, en el templo de su devoción en Culiacán, en 2008.

5. La iglesia de Badiraguato, Sinaloa. Los residentes dicen que en 2008 fue restaurada con dinero del Chapo.

6. El segundo decomiso de dinero en efectivo más grande que ha realizado el Ejército Mexicano en su historia. Estos $26.2 millones de dólares pertenecían a la gente del Chapo y fueron hallados en una casa en Sinaloa el 14 de septiembre de 2008.

7. Los capos (hilera de arriba, de izquierda a derecha): Ismael Zambada García, alias "El Mayo"; Juan José Esparragosa Moreno, alias "El Azul"; Ignacio *Nacho* Coronel Villarreal, Edgar Valdez Villarreal, alias "La Barbie"; Heriberto Lazcano, alias "El Lazca"; (hilera de en medio, de izquierda a derecha): Arturo Guzmán Loera, alias "El Pollo"; Miguel Ángel Guzmán Loera, alias "El Mudo"; Alfredo Beltrán Leyva, alias "Mochomo"; Vicente Zambada Niebla; Vicente Carrillo Leyva, alias "El Vicentillo"; (hilera de abajo, de izquierda a derecha): Amado Carrillo Fuentes, alias "El Señor de los Cielos"; Ramón Arellano Félix; Benjamín Arellano Félix; Osiel Cárdenas Guillén; Miguel Ángel Félix Gallardo, alias "El Padrino".

8. Habitantes de Morelia, Michoacán, se conduelen luego del ataque con dos granadas, el 15 de septiembre de 2008, que dejó ocho muertos y más de 100 heridos.

9. El cadáver golpeado, desnudo y castrado de un hombre no identificado pende de un puente en Tijuana, a finales de 2009.

10. El gabinete de guerra del presidente Felipe Calderón (al centro) en una reunión el 24 de noviembre de 2009. Inmediatamente a la derecha de Calderón se encuentra el jefe de la Policía Federal, Genaro García Luna.

11. Con más de 2 mil 600 homicidios en 2009, las morgues de Ciudad Juárez estaban saturadas.

12. Miles de armas decomisadas en la guerra contra las drogas se almacenan en una bodega en la ciudad de México. Para 2009 los militares se habían incautado de más de 300 mil armas.

13. El presidente Felipe Calderón y su esposa, Margarita Zavala, hacen guerdia junto al ataúd de su amigo cercano y No. 2, el secretario de Gobernación Juan Camilo Mouriño. Mouriño murió en un accidente de avión el 4 de noviembre de 2008; se le consideraba pieza clave en la guerra antidrogas.

14. Agentes de la policía permanecen de pie cerca de siete cadáveres encontrados el 25 de noviembre de 2008 en Ciudad Juárez. Junto a los cuerpos había tres mantas, supuestamente firmadas por integrantes de la organización del Chapo.

15. En una colina arriba de Santiago de los Caballeros, Sinaloa, se encuentra un cementerio exclusivo para los narcos locales. Esta tumba está reservada para Ernesto "Don Neto" Fonseca, quien se halla en prisión en México.

16. Soldado ante un campo de amapolas en la cima de las montañas mexicanas en 2009.

17. El Chapo de pie en el patio de la prisión de Almoloya de Juárez el 10 de junio de 1993, poco después de haber sido capturado en Guatemala. En 1995 sería transferido a la prisión de Puente Grande.

18. Un policía enmascarado fuma durante un descanso en el patrullaje de Ciudad Juárez, en 2009.

19. Un soldado en patrulla en Ciudad Juárez en 2009.

20. El área de la frontera entre México y Guatemala, donde el Chapo fue capturado en 1993. Aquí, miles de migrantes indocumentados y mercancías ilícitas cruzan la frontera todos los días.

21. Soldados queman amapolas de opio en las montañas de México, en 2009.

22. El cartel de "Se busca" que la DEA emitió por El Chapo en 2005.

Con el tiempo, su trabajo les permitió estar juntos. Los enviaron a San Diego a trabajar en un programa policiaco conjunto mexico-estadounidense en el que trazaron estrategias para depurar sus cuerpos policiacos. Su primer hijo nació en Estados Unidos. Fue la luna de miel que habían esperado tanto tiempo.

Cuando volvieron a México, comenzó el verdadero trabajo duro. El país acababa de experimentar la transición del régimen unipartidista y estaba a la vista el movimiento en contra de la corrupción. La guerra entre los cárteles estaba a punto de comenzar. Cuando Érica tuvo a su segundo bebé, Antonio fue puesto al frente de la auditoría de una institución federal; pero no soportó la suciedad del lugar, la presión de acomodarse al estilo viejo de trabajar, recuerda Érica. Había recibido incontables ofertas de sobornos, que había rechazado. Después de unos ocho meses, renunció. "Voy a terminar cayendo [en la corrupción]. Mejor me voy ya", le dijo a su esposa.

Terminaron trabajando en la AFI. Por primera vez trabajaban juntos, elaborando manuales de ética y capacitación para la AFI. Volver a redactar los manuales de la policía mexicana parecería un trabajo de papeleo, pero no es así. A las fuerzas policiacas de México les falta lo más imprescindible de una institución sólida. Antes del régimen de Calderón, ni siquiera había una base de datos federal de todos los policías del país. Si un oficial corrupto arrestado en Veracruz se iba a Ciudad Juárez cuando lo liberaran, no había modo de conocer sus antecedentes. Establecer reglas éticas y escribir manuales era de alta prioridad.

En la AFI, Érica y Antonio vieron por primera vez el poder de los cárteles para infiltrar instituciones. Cuando le encomendaron a Antonio que desplegara agentes en varias partes del país, se encontraba de frente (o en el teléfono) con un subordinado que no quería ir. El agente había convertido su *plaza* (como se llama a los puestos de trabajo, con el mismo nombre que los corredores para el contrabando) en un trabajo cómodo gracias a los sobornos de los traficantes locales. El agente le ofrecería dinero a Antonio; él lo rechazaría. Su antecesor había sido despedido por corrupción y no dejaría que le tocara el mismo destino.

Poco después, los jefes de Antonio le quitaron el poder de desplegar personal. El honesto policía se negó a darse por vencido. Ordenó el establecimiento de un nuevo sistema al que sus jefes inmediatos no podrían rehusarse, porque sus superiores sospecharían. Los despliegues se harían al azar, según la selección de un programa de cómputo. "Así nos desharemos de la corrupción", le dijo a su esposa.

Funcionó, y Antonio siguió su ascenso por las filas. Para entonces, él y Érica eran considerados policías de primer nivel y colaboraban estrechamente con entidades internacionales, como la DEA. Sólo algunos colegas privilegiados sabían que colaboraban con los estadounidenses; en efecto, una fuga de información a la persona equivocada podría matarlos. También cambiaban periódicamente de departamento en la AFI, teniendo el cuidado de no romper las leyes del nepotismo en un país en el que, muchas veces, la única manera de progresar era mediante conexiones familiares.

Antonio comenzó a dirigir investigaciones contra los principales narcotraficantes de la nación. "El incorruptible", como Érica lo llama, sabía que iba a enfrentar el mayor reto de su carrera. "Cuando se convirtió en director, dijo que las cosas se pondrían mucho más difíciles. 'La presión va a empeorar'".

Antonio se ganó enemigos. Unos eran de los que alzan la voz; otros, de la variedad que se pone a la espalda. Se quejaba de las dificultades por tratar de cambiar la mentalidad de sus colegas. No bebía ni fumaba y sus subordinados estaban acostumbrados a los jefes que les permitían aceptar regalos de delincuentes. No confiaban en Antonio, pensaban que era un excéntrico, y él no confiaba en ellos. Cuando detectaba un mal policía, lo enviaba a otra parte del país. En una visita a Ciudad Juárez sintió tanta desconfianza de sus colegas que no pasó la noche con ellos… podrían ponerlo en peligro.

Hubo ocasiones en que estuvo en el mayor de los peligros. Una vez fue asignado a Monterrey, donde los federales perseguían a Heriberto Lazcano Lazcano, "El Lazca", jefe de Los Zetas. Antonio y un compañero recorrían las calles y pasaron por una fiesta infantil. El mismo Lazca salió de un camión estacionado. El Zeta miró alrededor y entró. Antonio y su compañero lo siguieron y pidieron ayuda por radio al Ejército y la Policía Federal. El refuerzo llegó demasiado tarde. El Lazca los había visto y sus hombres les dispararon con AK-47. Antonio contestó con su pistola. El narco escapó.

Antonio estaba convencido de que él y su compañero habían sido abandonados para que los mataran. Después, otro compañero le dijo a Antonio que sus superiores habían negociado con los narcos para que lo amenazaran o lo mataran, porque otro policía quería su puesto.

Antonio sobrevivió esa vez y siguió ascendiendo en la policía. Una vez encabezó un allanamiento a una mansión de las Lomas de Chapultepec, un barrio ostentoso de la ciudad de México. La propiedad pertenecía a Zhenli Ye Gon, un empresario chino-mexicano que supuestamente importaba metanfetaminas para el Chapo.

Antonio y su grupo encontraron una enorme pila de dinero en la mansión: 207 millones de dólares estadounidenses, 18 millones de pesos, 200 mil euros, 113 mil dólares de Hong Kong y casi una docena de lingotes de oro.

Antonio y Noé Ramírez, que entonces era jefe de la unidad contra la delincuencia organizada de la PGR, querían estar seguros de que ningún policía se fuera con parte de lo incautado, así que ordenaron a sus hombres que vaciaran sus bolsillos y se quitaran la ropa antes de salir del lugar. Así hicieron y ninguno había robado nada. Ramírez y sus hombres comenzaron a irse, pero Antonio le impidió el paso. "No: todos", le dijo a Ramírez; "lo que hacen mis hombres lo hago yo", así que los dos se quedaron en ropa interior.

Ramírez y Antonio estaban limpios... por esa ocasión. Pero luego Ramírez fue acusado de tener vínculos con la delincuencia organizada y, en particular, de haber recibido 450 mil dólares mensuales de Los Beltrán Leyva a cambio de información (ex compañeros suyos sostienen que es inocente; a finales de 2009 no había sido sentenciado).

Cuestión de confianza

Para los Estados Unidos, siempre ha sido todo un reto saber en quién confiar en México. Los agentes de la DEA dicen que los principales tropezones son las acusaciones entre los dos países (México es el proveedor, pero Estados Unidos es el consumidor de las drogas) y la corrupción endémica de las fuerzas de seguridad, incluyendo el Ejército.

El monopolio del poder de García Luna en la guerra contra las drogas no ha favorecido la cooperación internacional. No hay equilibrio de fuerzas en la información de inteligencia que se comparte. La DEA tiene sus dudas sobre el propio García Luna; incluso el jefe de inteligencia de la DEA, Anthony Plácido, ha expresado sus preocupaciones sobre el hecho de que "constantemente se menciona que varios de los socios más cercanos del secretario Genaro

García Luna podrían estar mezclados con grupos delictivos, como Los Beltrán Leyva".

Para hacer su trabajo, la DEA tiene que invertir su dinero en alguien... y correr riesgos. En una ocasión, escogieron a Víctor Gerardo Garay, un agente de la AFI con vínculos estrechos con García Luna. Garay era superior inmediato de Antonio Garza y se había mostrado dispuesto y capaz de perseguir a los narcos. La DEA le dio información y él les ayudaría a derribar a sus enemigos mutuos, entre los que se encontraban los más grandes nombres del negocio.

La DEA le entregó números telefónicos que había rastreado y otra información útil sobre Eduardo Arellano Félix. Poco después, el narco fue prendido en Tijuana.

"Fue el tipo que lo hizo", dijo un agente de la DEA refiriéndose a Garay. "Era excelente".

Llegaron a conocerse en el plano social. Tenían parrilladas en la casa de uno y otro y viajaban juntos. Con el tiempo se habían hecho amigos. El hombre de la DEA tenía sus sospechas: había trabajado en el oficio mucho tiempo y había visto más traiciones de las que hubiera querido, pero en el fondo confiaba en Garay.

Sin embargo, el 19 de octubre de 2008, unos días después de una redada en una fiesta en una mansión de la ciudad de México, que había llevado a la detención de once colombianos, dos mexicanos, un estadounidense y un uruguayo, se prendieron los focos rojos. Al momento de ser detenidos, estos narcos celebraban una fiesta portentosa en la mansión, que tenía albercas y salas privadas de juego decoradas con el colmo del kitsch. En un salón, colgaban del techo estalactitas falsas; un caballero en armadura vigilaba en la esquina de otra. Los narcos tenían un zoológico privado con dos leones, dos tigres y dos jaguares negros, entre otros animales. Habían invitado treinta prostitutas a la fiesta.

Garay, que encabezó la redada, llevó al lugar a su colega de la DEA, para mostrarle los despojos de la guerra.

Pero no había nada, recuerda el agente de la DEA. La casa había sido limpiada de arriba abajo desde la redada de días atrás; no había signos de que nadie hubiera celebrado una fiesta en la cual hubiera irrumpido la policía. No se veía ni una lata de refresco o cerveza. "Alguien (¿acaso los policías?) se había llevado todo lo que no hubiera estado clavado".

Habían sido los policías y resultó que no fue todo lo que hicieron. Garay y sus hombres habían tenido su propia juerga en la casa la noche de la redada, después de llevarse a la cárcel a los narcos. Se habían quedado con algunas putas para entretenerse y aspiraron algo de la cocaína decomisada. Los llamados policías buenos se habían regalado una narco fiesta.

Garay fue arrestado y acusado de algo más que un resbalón. Las investigaciones de la PGR indican que tenía hondos lazos con los narcos.

El hombre de la DEA quedó conmocionado por las noticias. "En lo personal, fue un golpe terrible; una llamada a reaccionar". Elogió el hecho de que Garay hubiera sido detenido, pues antes una infracción de este género habría dado por resultado una transferencia a otro estado, pero no pudo ocultar la decepción de haber sido engañado. "Es una frustración, un agravio. Perdí el pelo, dejé de pasar tiempo con mis hijos". "Todo lo que hice se fue a la mierda, pero volvimos a la competencia".

Para las autoridades internacionales y mexicanas, la detención de Garay fue el primero de varios golpes. Poco más de una semana después de la redada, un empleado de Los Beltrán Leyva le dijo a la PGR que había aprovechado su puesto en la Interpol y la embajada de Estados Unidos para filtrar información.

En noviembre de 2008, dos ex altos funcionarios de las oficinas de la Interpol en México fueron detenidos: uno fue acusado de aceptar 10 mil dólares mensuales del Chapo y su gente a cambio de ver que funcionarios simpatizantes de los sinaloenses ocuparan puestos elevados. Al otro se le pagó una suma no especificada por suministrar información confidencial.

Al mismo tiempo, cinco hombres de la unidad especial de la PGR contra la delincuencia organizada, la SIEDO, fueron arrestados por estar en las redes de Los Beltrán Leyva.

El régimen de Calderón había lanzado la Operación Limpieza para concertar un impulso de combate a la corrupción. Los resultados eran prometedores, pero también descorazonadores. Habían sido detenidos docenas de funcionarios gubernamentales y policiacos de alto perfil, lo mismo que gente como Garay y Ramírez, que trabajaban en las operaciones contra las drogas, acusados de estar en la nómina de los cárteles.

Los expertos no escatimaron sus dardos. "Garay es absolutamente corrupto", dijo José Reveles, fundador de la muy golpeada revista mexicana *Proceso*. "Pero Garay estaba justo debajo del alto mando de seguridad de todo el gobierno, que no fue detenido. Las detenciones dieron en el cuello, no en la cabeza. Todo el cuerpo está corrompido. Estas operaciones de limpieza no son más que propaganda".

Calderón fue inflexible: se trata del primer paso, dijo. Se descubrirían más verdades desalentadoras, pero continuaría la lucha contra la corrupción. "Estoy convencido de que para detener a la delincuencia, primero tenemos que sacarla de nuestra casa".

El ejército contra la policía

El presidente Calderón, un conservador que fue electo por un margen estrecho en julio de 2006, en medio de acusaciones de fraude electoral, asumió el cargo haciendo promesas de generar empleos. Pero su agenda cambió repentinamente. Habían pasado días de su gestión cuando ocurrió el momento definitorio de su presidencia: ordenó el despliegue de miles de soldados en su estado natal, Michoacán, para que libraran la guerra con el narcotráfico.

Los cínicos siguen diciendo que Calderón emprendió la guerra para desviar la atención de los alegatos de fraude. El nuevo régimen, según el ex secretario de Relaciones Exteriores de México y destacado académico Jorge Castañeda, no "asumió el poder" sino hasta después de la investidura presidencial, cuando Calderón, "ataviado en casaca militar, declaró la guerra total contra la delincuencia organizada y el tráfico de drogas. Sacó al Ejército mexicano de las barracas y lo mandó a las calles, autopistas y poblaciones del país".

Otros críticos creen que Calderón actuó a instancias de Washington. Pero parece que Estados Unidos no tuvo tanta influencia en sus decisiones. Por su parte, la DEA ha respaldado completamente la decisión de Calderón. "Si alguien no se hubiera hecho cargo de estos necios, México bien podría haberse convertido en un Estado narco", dijo un ex agente de la DEA.

El presidente defiende sin matices su decisión de ir a la guerra. Tenía que consolidar el paso de su país hacia la democracia plena; siempre ha dicho que será una guerra "larga" y "cara".

Por primera vez en la historia de México, había una campaña militar a escala completa contra los narcos. En dos años, se desplegaron 45 mil soldados. Pero el Ejército no sólo combate a los narcos. También entró en guerra con la propia policía de la nación.

Siempre ha sido difícil patrullar lugares como Ciudad Juárez, Tijuana y Culiacán. Los cuerpos policiacos son escasos (de pocos cientos de efectivos), mientras que los Ejércitos de los traficantes de drogas superan las decenas de millares. Los narcos tienen dinero y armas; los policías están constreñidos al mero deseo de sobrevivir y mantener a su familia. No es difícil corromper ni a los mejores policías.

Los narcos también son listos. Casi todos los tiroteos ocurren en las vías públicas. Cuando la policía llega, los asesinos ya huyeron en un vehículo por una de las muchas rutas de la ciudad.

Algunos dicen que se paga muy poco a los policías. En efecto, con un salario anual de alrededor de 5 mil dólares, es fácil comprar a un policía de Ciudad Juárez o Culiacán.

Puede haber un problema más enraizado. "Aquí enfrentamos una cultura de corrupción que lastima al país, pero que es parte de su alma", dijo el vocero del gobierno de Ciudad Juárez, Jaime Alberto Torres Valadez. Antes había sido vocero de la policía y conoció la corrupción de primera mano. Cree que de 80 a 90 por ciento de los habitantes de Ciudad Juárez (cuando no el ciento por ciento de nosotros) se mezcla en alguna forma de corrupción.

A veces los policías no tienen opción. En Ciudad Juárez, los narcos han tenido la osadía de publicar carteles con el nombre de los policías que van a matar si tratan de cumplir con su deber.

"Para los que no creen", rezaba un mensaje, en el que se anotaban más de una docena de nombres de policías y sus adscripciones. Luego de la muerte de varios de los nombrados, apareció un nuevo mensaje. "Para los que todavía no creen", decía. Los muertos recientes aparecían tachados.

El ex mayor de la fuerza aérea Valentín Díaz Reyes se sentía optimista cuando asumió las operaciones de patrullaje en el sector de Delicias de Ciudad Juárez. "Cuando llegué, encontré una policía, sin fe, sin alma, muy pobremente equipada y muy corrupta", dijo después de un mes en el cargo. "El reto es limpiar la corporación, hacerla honesta y darle dignidad como una corporación policiaca que es reconocida por los ciudadanos".

No iba a ser fácil ganarse la confianza de la opinión pública. Los soldados patrullaban la ciudad enmascarados. Establecían retenes al azar y detenían frenéticamente a los autos que se acercaban a una velocidad excesiva. Los conductores aprendieron pronto las nuevas reglas de vialidad: no usar el celular a la vista de un retén, porque disparan; no hacer ruidero innecesario alrededor de los soldados. Sobre todo, no manejar demasiado cerca de un vehículo militar.

Ahora bien, algunos policías tomaron la llegada del Ejército como una afrenta a su integridad. En una ocasión se desató un tiroteo entre policías y soldados en un vecindario. Llamados a la escena de un supuesto delito, los soldados dijeron que la policía les había disparado. La policía se quejaba de que el Ejército disparó primero.

Al fondo de una estación de policía en la zona sur de Ciudad Juárez, siete oficiales hablaban de sus preocupaciones con el Ejército, reunidos alrededor de una bicimoto Kawasaki roja nueva.

Hace unos días, dijo un oficial, "los soldados detuvieron a dos compañeros y los acusaron de tener drogas, pues encontraron convenientemente una bolsa con marihuana en la cajuela de su patrulla. Los torturaron: les rompieron la nariz y les aplicaron descargas eléctricas. Se supone que vinieron a apoyarnos, pero no parece. No quieren trabajar con nosotros".

Entre tanto, el pueblo de Ciudad Juárez se sentía contento de que ya no fuera la policía la única que estuviera a cargo. "Es bueno que haya más seguridad", dijo Nadio Rivera, que vive en la colonia Plutarco Elías Calles de Ciudad Juárez, que había sido sujeto de numerosas incursiones del Ejército a los pocos días de su llegada. "Pago sobornos normalmente. Te detienen, te revisan, dicen que bebiste, te intimidan".

A comienzos de 2009, pareció haber visos de cooperación entre el Ejército y la policía. Durante un patrullaje vespertino en Tierra y Libertad, una zona oprimida del centro de Ciudad Juárez, estaba en el ánimo el trabajo de equipo. Un grupo de residentes había llamado a la estación de Delicias para denunciar a un grupo de adolescentes que bebían y escandalizaban en la plaza. Nada importante, sin duda, pero varios soldados se metieron en la parte posterior de una patrulla y los policías los llevaron a la escena. Ahí, pusieron en fila al grupo de nueve jóvenes que se embriagaban. La policía los registró en busca de drogas y armas a la vista de los soldados, que verificaban que aquellos se apegaran al procedimiento.

Con el apoyo de Estados Unidos, se han llevado a cabo más programas de capacitación de policías en todo el país. El jefe de la Policía Federal García Luna quiere atraer personal con licenciatura. Los que ya están en la policía han tenido que revelar detalles personales, como sus números de cuenta, para que se vigile si tienen vínculos con narcotraficantes; también los someten a pruebas con el detector de mentiras.

Pero aunque se traigan nuevos elementos a la policía y se descarten los malos elementos viejos, Torres Valadez admite que será difícil impedir que los billetes de los delincuentes rellenen los bolsillos de los policías. "Tratamos de cambiar la cultura para que no caigan en la corrupción. Pero aun si les pagamos 3 mil dólares diarios, las mafias les pagarán 6 mil dólares."

"Desde hace quince años tratan de reformar la policía", agrega González Ruiz, ex fiscal contra la delincuencia organizada. "No es cuestión de hacer las reglas, es que los policías no las cumplen".

Resultó que el alto funcionario de la Policía Federal Millán Gómez fue asesinado, o al menos preparado, por compañeros suyos.

Meses después del allanamiento de la mansión de Zhenli en las Lomas de Chapultepec, los cadáveres de dos oficiales que habían participado en la redada aparecieron en Guerrero, donde habían estado trabajando en operaciones contra las drogas. Al cabo, Zhenli fue detenido en Estados Unidos, pero un juez falló que las pruebas en su contra no eran suficientes. Niega todas las acusaciones y actualmente impugna su extradición a México.

Bajo presión

En Culiacán las cosas están todavía peor.

Héctor Valenzuela, policía, de 35 años de edad, tiene miedo. Hace poco más de un año perdió a un amigo que también era policía. Su compañero manejaba junto a otra patrulla cuando dos camiones en los que iban unos quince hombres los alcanzaron por ambos lados. Dispararon sus AK-47 contra su amigo, su pareja y los hombres del otro vehículo. Ninguno se salvó.

Valenzuela enciende un cigarrillo afuera de la estación de policía de Culiacán mientras explica que los pistoleros ahora bajan de la sierra y disparan al azar contra los policías. A veces, visten uniformes militares y portan armas de uso del Ejército. "Aquí, ellos son los que mandan".

En otro tiempo, la policía de Culiacán era considerada una de las mejores de México. Hoy, la delincuencia los supera en número y en armas. Agréguese a eso la falta de una paga decente y no hay opciones. Se calcula que setenta por ciento de la policía de Sinaloa está o ha estado en las redes de los narcotraficantes. En algún momento, el Ejército tomó temporalmente el control absoluto de las operaciones policiacas de la ciudad y fueron investigados todos los policías. Actualmente, docenas de policías de Culiacán están en la cárcel. Docenas murieron.

Es difícil creer que la policía de la ciudad pueda cambiar, dado el grado de corrupción y las amenazas de los gatilleros. "No se va a terminar", dijo el ex oficial Miguel Ángel Navarrete Cruz, hablando de la violencia y los problemas de vigilarla. "Sinaloa es pura corrupción. Ochenta por ciento es droga: de eso está hecho Sinaloa".

El general Sandoval dio la orden de que sus hombres no usen máscaras. Los narcos circulan en atuendo militar y con máscaras, lo que representa una grave amenaza de seguridad. Los hombres de Sandoval se han incautado de docenas de vehículos arreglados para parecer humvees militares. También han detenido narcos en posesión de uniformes militares (estadounidenses y mexicanos) que viajaban en vehículos pintados de verde para igualar el color de los jeeps de los soldados.

Estén alertas, les dijo el general Sandoval a los habitantes de Culiacán. No se puede confiar en nadie.

Una noche, muy tarde, Antonio Garza, el esposo de Érica, recibió la visita de un grupo de narcos. No vinieron a matarlo, sino a negociar un trato para que los dejaran en paz. Se negó. Trece días después, cuando iba de la oficina a su casa en la ciudad de México, otro vehículo se le emparejó. Los asaltantes querían de sacarlo del camino. Trató de dejarlos atrás. Se las ingeniaron para acorralarlo, de modo que no pudiera avanzar. Los asaltantes bajaron del auto y abrieron fuego.

Antonio murió. No hubo ninguna investigación sobre su muerte; la AFI no le rindió honores. En cambio, la DEA hizo en Washington una ceremonia para él y otros policías mexicanos caídos.

"La moraleja del cuento es [...] en México hay policías federales que cumplen con su deber, que se esfuerzan cuanto pueden. Son héroes de México que hicieron el sacrificio definitivo", dijo el director regional de la DEA David Gaddis al hablar de la muerte de su contraparte en México.

Érica, la esposa de Antonio, sigue afectada por la falta de apoyo institucional en su propio país. Todavía pertenece a la policía y va a trabajar todos los días, pese a que cree que son policías los responsables de haber organizado el golpe. "Entre ellos está la persona que mató a mi esposo", dice con lágrimas en los ojos.

Pero en el fondo de su mente hay una súplica, un tanto reacia, por tener la oportunidad de volver a empezar. "Estoy orgullosa de que Antonio haya sido una persona honesta, pero a veces digo: 'Antonio, ¿por qué no fuiste corrupto?' ".

Si lo hubiera sido, quizá aún estaría vivo.

Capítulo 11

EL FIN DE LA ALIANZA

> *Mis hijos son mi alegría también mi tristeza*
> *Édgar te voy a extrañar*
> *Fuiste de mi gran confianza, mi mano derecha*
> *Fuiste un Chapito Guzmán*
> *Iván Archivaldo estoy de veras orgulloso*
> *De que tú seas un Guzmán*
> *También de tu hermano Alfredo, saben que los quiero*
> *Dios me los ha de cuidar*
>
> *Soy bravo ya por herencia. También soy amigo*
> *Así somos los Guzmán*
> *Un saludo pa' mi gente de Badiraguato*
> *Y también de Culiacán*
> *Rancho de Jesús María, yo nunca te olvido*
> *Conmigo te he de llevar.*

"El Hijo de La Tuna", narcocorrido cantado por Roberto Tapia.

A LAS OCHO Y MEDIA de la noche del 8 de mayo de 2008, uno de los hijos del Chapo se dirigía a su vehículo en el estacionamiento del centro comercial City Club de Culiacán. Édgar Guzmán López, de veintidós años, iba acompañado de tres personas, una de las cuales era Arturo Cazares (hijo de "La Emperatriz" Blanca Margarita Cazares Salazar), y un guardaespaldas. Más de una docena de hombres llegaron en tres autos.

Édgar y sus chicos corrieron a sus dos camiones, uno de los cuales estaba blindado. Los asaltantes abrieron fuego. Fue una matanza de proporciones épicas. Los investigadores encontraron más de 500 casquillos en la escena. Los atacantes usaron incluso una bazuca. Por lo menos veinte vehículos del estacionamiento sufrieron daños graves. Édgar Guzmán López, hijo del Chapo, murió. También Arturo Cazares.

Como ocurre en México con la mayor parte de los incidentes relativos a la delincuencia organizada, hubo pocos testigos. Los que estaban por casualidad en las cercanías, no vieron nada.

Hoy, se encuentra una cruz en el lugar, a la que los lugareños presentan sus respetos. "Te amamos Édgar", se lee en una nota: "el Chapo no caerá", se lee en otra.

Al principio, fuentes estatales culparon del asesinato al cártel de Juárez, pero investigaciones independientes revelaron que los responsables más probables eran Los Beltrán Leyva, que durante tanto tiempo habían sido aliados cercanos del Chapo. Los hermanos eran indispensables para las operaciones del cartel de Sinaloa. Se habían encargado de sobornar de las más bajas a las más altas filas del gobierno federal. También ayudaron a manejar la producción de amapola y marihuana en Guerrero, que era un importante punto de llegada de la cocaína colombiana. Ayudaron al Chapo a escapar de Puente Grande y a volver al redil. Además, al igual que el Chapo, eran *buchones:* narcos de las montañas, no niños ricos privilegiados de las ciudades. Alfredo Beltrán

Leyva (conocido como "El Mochomo", que es una especie de hormiga roja) y el Chapo incluso eran parientes, pues El Mochomo se había casado con una prima de aquél.

Pero El Mochomo y el Chapo eran diferentes. El Mochomo, un hombre corpulento y barbado, era impulsivo. Si un empleado no cumplía una tarea, El Mochomo tenía un arranque de ira; de ahí le venía el alias. Por su parte, el Chapo casi nunca gritaba. Podía matar, pero no lo hacía a gritos.

A finales de 2007, El Mochomo comenzaba a poner nervioso al Chapo. Las cosas se calentaban. El general Sandoval había dejado en claro que iba tras los líderes del cártel, como su predecesor, el general Eddy, y el Chapo sabía que no podía permitirse estar bajo los reflectores o dejar que alguien supiera dónde estaba. El Mochomo se había vuelto muy visible. Daba fiestas escandalosas en Culiacán, frecuentaba los bares y, en fin, llamaba la atención hacia él. Además, mucha gente entraba y salía de su casa. Los vecinos se daban cuenta.

Entonces, el Chapo acudió a su aliado de mucho tiempo. Se cuenta que las autoridades tenían en la mira al Chapo. Necesitaban atrapar un pez gordo en Sinaloa para demostrar que perseguían también al cártel, y él entregó al Mochomo. No hay pruebas de esta traición, pero se convirtió en la historia semioficial en Sinaloa. También se especuló que el Chapo había entregado al Mochomo a cambio de la liberación de su hijo Iván Archivaldo (lo que tampoco se demostró).

El 21 de enero de 2008, con información de inteligencia proporcionada por el primer equipo del general Sandoval, un grupo de soldados rodearon un BMW X3 que recorría las calles de Culiacán y lo hicieron detenerse. En el interior estaba El Mochomo, con once relojes de lujo, una AK-47, nueve pistolas y 900 mil dólares en efectivo.

El gobierno anunció la detención del Mochomo como otro golpe importante contra la delincuencia organizada. Como los capos detenidos antes, fue transferido a la ciudad de México en una caravana de docenas de vehículos militares y soldados enmascarados, con helicópteros en el cielo y los reflectores de todos los medios de comunicación.

Para el general Sandoval, la detención del Mochomo también fue una victoria pírrica. Descubrió que Los Beltrán Leyva habían hecho avances en la novena zona militar. Cuatro hombres de Sandoval fueron detenidos y enviados a prisión militar para ser interrogados.

En cuanto a las relaciones entre el Chapo y Los Beltrán Leyva, nunca volvieron a ser iguales.

Cercanos en espíritu

No estaba previsto que Édgar muriera de esa forma.

Para el Chapo, la familia siempre había sido una prioridad. Aunque estaba obsesionado por su difícil infancia en La Tuna, el Chapo tenía fuertes vínculos con su madre. Aun estando prófugo, luego de su escape de Puente Grande, la visitaba cuando podía. Le había construido un rancho espléndido cerca del hogar donde creció; le había dado un avión para cuando tuviera que ir a la ciudad. María Consuelo Loera Pérez nunca necesitaría nada.

También estaba cerca de sus queridos hermanos. El tráfico de drogas en Sinaloa había sido un negocio familiar y la organización del Chapo no era diferente. Arturo, Miguel Ángel, Emilio y Aureliano ocupaban puestos en el cártel de Sinaloa; a cargo de la logística, el lavado de dinero y la supervisión del contrabando (según la PGR), y no tuvieron que trepar el palo encebado a base de asesinatos, como su hermano.

Aparte, el Chapo tenía esposas. Aunque sus matrimonios habían terminado, siempre lo hizo en buenos términos. En Puente Grande, aunque tenía relaciones con Zulema Hernández y otras presas, recibía las visitas conyugales de su tercera esposa, Laura Álvarez Beltrán. A poco de escapar de Puente Grande, se dice que lo ayudó a huir Griselda López Pérez, su segunda esposa y madre de Édgar. La mujer visitaba frecuentemente una casa en el barrio de Guadalupe de Culiacán, donde la PGR encontró alteros de documentos enviados al Chapo por El Mayo mientras el primero estaba prófugo, para mantenerlo al tanto de los movimientos de las autoridades.

Las esposas del Chapo, que vivían en casas y ranchos proporcionados por su marido narcotraficante, eran parte de su vida y siguen siéndolo, pues le dieron hijos. Cuando el Chapo estaba en la cárcel, el psicólogo que lo evaluó dijo que mostró un gran sentido de la responsabilidad cuando se trató de sus esposas e hijos.

Cuando su hijo Édgar murió, estudiaba administración de empresas en la Universidad Autónoma de Sinaloa. Vivía en unión libre con Frida Muñoz Román y tenían una hija de dos años, la nieta del Chapo: Frida Sofía Guzmán Muñoz.

Édgar pertenecía a la nueva generación de narcotraficantes conocidos en México como los "narco juniors". La segunda generación de narcos tenía mucho tiempo en el país; de hecho, casi tanto como el negocio, pero desde la década de 1970 los hijos de los narcotraficantes habían tomado un camino diferente. En lugar de seguir las huellas de sus antecesores, cada vez más iban a las mejores escuelas, incluso del extranjero, para aprender administración de empresas. Estaban en sus veinte y casi nunca participaban en actividades delictivas.

Personas que vienen de Culiacán recuerdan a los narco juniors de ayer. En la universidad, Francisco Arellano Félix y su hermano Eduardo se ocupaban de obtener su título. El primero habría vendido píldoras de éxtasis ocasionalmente, pero nada más, recuerda un sinaloense. Todos sabían quiénes eran, pero "se creía que no estaban en el negocio".

Iban a las mismas fiestas en las que había drogas, aunque "muy escondidas", pero los Arellano Félix eran parte de los asistentes habituales: bien conectados, sí, y destinados a entrar en el negocio de las drogas; pero no eran narcos, todavía no.

Según Luis Astorga, uno de los expertos más notables sobre el tráfico de drogas en México, los narco juniors actuales gozan una amplia consideración: "El relevo generacional en las familias de la delincuencia organizada ha permitido a una generación alcanzar niveles superiores de educación [...] saber más de los mercados financieros, comprender el medio tecnológico, entender el entorno político y saber de armas más modernas y poderosas". Según Astorga, los narco juniors "están más capacitados para evitar los errores de las generaciones pasadas".

Un narco junior, que ahora está a mediados de sus treinta y vive en la ciudad de México, describió la trayectoria normal del hijo de un narcotraficante. Alto, atractivo, de pelo negro, creció sin saber cómo se ganaban la vida sus padres y parientes. Era una familia con conexiones políticas. Los niños celebraban fiestas en sus ranchos del Estado de México y Tijuana, y volaban en aviones y helicópteros privados. Disfrutaban viajes de fin de semana a Miami y Nueva York. Iban a las mejores escuelas del rumbo.

"Mi padre era... ¿cómo se dice?, un empresario", dice el narco junior, con una sonrisa avergonzada. A los veinte años, leyendo recortes de periódico, se enteró de lo que hacía su padre. Poco después le ofrecieron algo de acción, aunque más legítima: que dirigiera uno de los negocios de la familia que era fachada de las operaciones con drogas.

Édgar, el hijo del Chapo, era del mismo tipo. Mientras que su hermano mayor, Alfredo, trabajaba activamente con su padre, Édgar estudiaba. Según su esposa, no participaba en el negocio en sí... todavía. Pero estos argumentos de inocencia durante la segunda mitad de la presidencia de Fox y la primera de Calderón no le bastaron a las autoridades.

Cuando detuvieron a Iván Archivaldo (El Chapito), hijo del Chapo, ya estaba indoctrinado sobre los negocios de la familia. Cuando fue detenido, su padre se puso en acción a través de un abogado, Jorge Bucio. "[El Chapito] es un rehén del Estado, con la meta de [obligar a] que su padre se entregue", declaró Bucio. El gobierno quería "que pagara por los delitos de su padre".

Al cabo, El Chapito fue declarado culpable de depositar 20 mil dólares en un banco y alrededor de 50 mil en otro, sin demostrar que hubiera obtenido el dinero por medios "legítimos". No era un caso importante en absoluto; conmutarían su sentencia. El Chapito también era investigado por el asesinato de César Augusto Pulido Mendoza y de una ciudadana canadiense, Kristen Paige, afuera de un bar llamado Balibar, en Zapopan, pero nunca fue juzgado y salió libre, aunque el gobierno dejó claro que no sólo iba detrás de los líderes de los cárteles, sino también tras sus herederos. Sabía que la mayor parte de las organizaciones de drogas mexicanas operan con lazos muy estrechos, que los capos se rodean de sus hermanos y educan a sus hijos para que sigan sus huellas. Primos y sobrinos también se incluyen.

Muchas veces es más difícil seguirlos a ellos que a los narcos jóvenes ordinarios empleados por los cárteles. Casi nunca llevan las cadenas de oro que usan sus padres y pocos portan armas, para no hablar de pistolas con cachas de oro y plata.

"Es más difícil identificarlos porque no se parecen a los narcotraficantes característicos", explica Jorge Chabat, otro notable experto mexicano en seguridad. "No se pueden detectar con los símbolos visibles de un vehículo grande con llantas anchas y armas automáticas, cadenas de oro, botas de piel de serpiente, hebillas gruesas y lentes oscuros".

Pero eso no evitaría que las autoridades los detectaran.

Una mañana de la primavera de 2009, Vicente Carrillo Leyva, el hijo de 32 años del difunto Amado Carrillo Fuentes (El Señor de los Cielos) salió a trotar en Bosques de las Lomas, en la ciudad de México. Las autoridades habían buscado a Carillo Leyva más de una década y ofrecían una recompensa de 2 millones dólares por información que llevara a su captura.

El joven narco había cometido un error crucial; o, por lo menos, lo cometió su esposa. Aunque vivía amparado en un alias, ella no había cambiado su nombre, así que la AFI la había rastreado hasta él, vigiló cada movimiento suyo y esperó para atraparlo desprevenido y solo, sin sus guardaespaldas. Cuando salió a trotar, atacaron y lo detuvieron.

La imagen de un Carrillo Leyva en pants sorprendió a muchos mexicanos. Durante dos años la opinión pública había sido inundada en los medios con imágenes de narcos de piel morena y aspecto duro. Al ser presentados ante la prensa, estos culpables trataban nerviosamente de articular un par de frases. Casi todos llevaban lentes oscuros. Eran desaliñados y descuidados.

Carrillo Leyva no era así. Vestido con ropa deportiva Armani y lentes a la moda, parecía más un modelo (resultó que tenía debilidad por la moda e invertía en tiendas de lujo especializadas en los diseños de Versace).

Carrillo Leyva era el epítome del nuevo narco junior: había estudiado en Europa, hablaba francés e inglés casi con soltura y viajaba con frecuencia. En la ciudad de México era discreto. "No había fiestas ni ruido. Esos vecinos eran muy discretos. El joven salía a correr por las mañanas y su esposa era muy agradable", dijo un vecino después de la detención.

También era el segundo al mando del cártel de Juárez.

Esa misma primavera, las autoridades hicieron otra mella en la estructura familiar de los cárteles, una que enfureció al Chapo más que la detención de Iván Archivaldo.

Los federales habían recibido llamadas anónimas de colonos de las ostentosas Lomas del Pedregal, en la ciudad de México. Se quejaban de hombres que circulaban armados en autos. Un martes por la mañana, las autoridades intervinieron. Respaldados por soldados, agentes federales rodearon el número 269 de la calle de Lluvia. Sin disparar un solo tiro, detuvieron a Vicente Zambada Niebla, alias "El Vicentillo", que tenía treinta y tres años.

Habían atrapado al hijo del Mayo.

El Vicentillo también fue presentado ante los medios. Llevaba jeans, una camisa de vestir bien planchada y saco, y parecía un profesionista urbano cualquiera. No se parecía en nada a las fotos suyas que tenía la DEA, en las que llevaba sombrero vaquero y bigote al estilo de Sinaloa.

Las detenciones del Vicentillo y de Carrillo Leyva fueron éxitos, pero también una llamada de alerta, dijeron los críticos de la guerra contra las drogas. "Le prestan mucha atención a formar a sus mandamases" dijo de los narcos el experto mexicano en seguridad Alberto Islas. "No los superamos en armamento ni en inteligencia. Creo que por eso vamos perdiendo esta guerra".

Tal vez, pero al mismo tiempo, estas detenciones fueron golpes importantes. Según los que aseguran que estaban con el Chapo cuando detuvieron al Vicentillo, perdió su natural ecuánime y estaba furioso. ¿Cómo fue tan tonto, tan flojo, el hijo de su socio para pasearse armado por la ciudad de México?

El Vicentillo debía de haberlo sabido. Él y Alfredo Guzmán Salazar, otro hijo del Chapo, estaban encargados de "coordinar las actividades de narcotráfico para importar toneladas de cocaína de países de Centro y Sudamérica y pasarlas por México hacia Estados Unidos por varios medios de transporte, como aviones de carga Boeing 747, submarinos y otras embarcaciones sumergibles y semisumergibles, contenedores, lanchas rápidas, botes pesqueros, autobuses, vagones de ferrocarril, tractocamiones y automóviles", según el Departamento de Justicia de Estados Unidos. El Vicentillo había llegado a los primeros escalafones de la organización del Chapo y había sustituido al Mochomo desde su separación del capo.

El Chapo y El Mayo no podían darse el lujo de perder ningún vástago; perder hijos que eran cruciales para llevar el negocio podría ser fatal.

Venganza

Édgar Guzmán López sería vengado.

Cuando murió su hijo, el Chapo al parecer se escondía en las montañas que separan a Colima y Michoacán. Según gente de Sinaloa, el narcotraficante pasó los días siguientes al asesinato bebiendo hasta la inconsciencia vaso tras vaso de whisky, que le gustaba. Otra versión dice que el Chapo, frío, calmado y entero como siempre, para no decir sobrio, adoptó inmediatamente la modalidad de ataque. Dado el notable control que había mostrado en situaciones de tensión anteriores, la segunda versión es más probable.

La organización de Sinaloa había sufrido otra transformación. En lugar de que el Chapo y El Mayo rigieran todo, habían llegado a un acuerdo de repartición del poder con Los Beltrán Leyva y otros asociados. Serían más flexibles que antes.

A medida que las autoridades aumentaban la presión sobre los cárteles, serviría funcionar de esta manera, con células pequeñas que manejaban cada etapa de la operación. Las células rendían cuentas a operativos de rango superior, que llevaban el informe a los lugartenientes. Estos, cuando fuera necesario, pedirían instrucciones del Chapo, Los Beltrán Leyva y El Mayo. La estructura de la red no era muy diferente que antes, pero se tendían capas de protección para los de arriba y, en teoría, el negocio iba a marchar con más seguridad y menos contratiempos.

Sin embargo, había aumentado la mala sangre entre Los Beltrán Leyva y el Chapo. No era sólo el mal comportamiento del Mochomo. Según la DEA, peleaban por la lealtad de una célula en Chicago, que es una parte lucrativa del mercado estadounidense. Entre tanto, el Ejército mexicano decía que el Chapo y Los Beltrán Leyva estaban enfrentados por las relaciones del primero con los Valencia de Michoacán, cada vez más presionados.

Poco antes del asesinato de Édgar, la plaza de Culiacán se calentó gravemente. El Mochomo había sido detenido (supuestamente con ayuda del Chapo) y se avizoraban problemas en los bajos fondos. Se declaró una "guerra" formal y apenas horas después se produjo un atentado contra la vida del Vicentillo. Se sucedieron docenas de asesinatos, aparentemente en venganza por el atentado.

El 8 de mayo de 2008 todo entró en erupción. Sólo en ese mes, 116 personas fueron asesinadas en Culiacán, 26 de ellas policías. En junio murieron 128; en julio 143. Culiacán se había convertido en zona de guerra. Los habitantes no salían de su casa por miedo. De noche, las calles se vaciaban a las nueve. Quienes se atrevían a salir, lo hacían si era absolutamente necesario.

El general Sandoval recibió un refuerzo de más de 2 mil soldados, y patrullaban las calles noche y día con la intención de infundir sentimientos de tranquilidad. Pero el miedo (para no hablar de los homicidios), continuó. La ola de violencia azotó ciudades como Guamúchil, Guasave y Mazatlán. Ya no se sabía quién era el jefe, ni siquiera en la sierra, el país del Chapo.

Comenzaron a aparecer pancartas en que se amenazaba a los que apoyaban al Chapo. "Es territorio de Los Beltrán Leyva", se leía en una que colgaba de una barda en Culiacán. "Chapo, vas a caer", se advertía en otra, clavada en el muro de una casa en el centro de Culiacán. En otras narco-mantas se acusaba al Mayo y el Chapo de haberse confabulado con el gobierno federal. La mayor parte de los mensajes se atribuyeron a seguidores de Los Beltrán Leyva.

Al parecer, desde la cárcel El Mochomo trató de detener el baño de sangre. Según el periódico *El Universal*, El Mochomo escribió una carta a su hermano Marcos Arturo, diciendo que El Mayo y el Chapo no habían tenido nada que ver con su detención y que le suplicaba calma. No se sabe si la carta llegó a su destinatario.

Los asesinatos continuaron.

Acaso el Chapo y El Mayo no tuvieran nada que ver con la detención del Mochomo. Pero según resultó, Los Beltrán Leyva habían jugado doble por su cuenta. Marcos Arturo y El Mochomo se habían reunido en Cuernavaca con miembros elevados de Los Zetas. Acordaron formar una organización con el fin de llenar el vacío de poder en el país. No irían necesariamente tras los principales baluartes, como Sinaloa o el Golfo de México, sino que buscarían el control de estados del sur como Guerrero (donde Los Beltrán Leyva ya tenían intereses), Oaxaca, Yucatán y Quintana Roo. También se abrirían paso en el centro del país, donde ningún grupo tenía afianzado el control.

En la reunión de Cuernavaca también decidieron disolver La Federación.

A mediados de mayo de 2008, al tiempo que la violencia se salía de control en Culiacán, la DEA confirmó extraoficialmente la separación de Los Beltrán Leyva y el Chapo. El 30 de mayo, el gobierno estadounidense reconoció formalmente a Los Beltrán Leyva como líderes de su cártel: "El presidente Bush ha señalado a [...] Marcos Arturo Beltrán Leyva y a la organización de Los Beltrán Leyva [...] objeto de sanciones según la Ley de Designación de Traficantes Extranjeros de Narcóticos (la Ley Kingpin)", anunció el embajador Tony Garza.

> Beltrán Leyva y su organización comprenden una parte importante del cártel de las drogas de Sinaloa, México, con operaciones en las dos costas de México y por su frontera sur y norte, que introducen cantidades importantes de cocaína a Estados Unidos. Sus escuadrones de ataque han causado innumerables muertes y violencia abyecta. Marcos Arturo Beltrán Leyva y miembros de su familia están acusados en Estados Unidos y México de contrabando de cocaína [...] La decisión de designar a Marcos Arturo Beltrán Leyva y su organización dará a Estados Unidos medios adicionales para desmantelar sus operaciones, privarlo a él y sus cohortes de recursos y perseguirlos en Estados Unidos.

Los Beltrán Leyva habían llegado a las ligas mayores con su propia entidad. Además, continuaron la guerra contra el Chapo. En medio de la violencia de Culiacán, se dice que el Estado trató de negociar un pacto reuniendo al Chapo y los hermanos en un rancho de Durango. Al parecer, se verificó otra cumbre, también en la misma entidad. Se dice que el jefe de todo cártel importante estuvo ahí, incluso representantes de Tijuana. Se habría acordado un pacto de paz temporal, pero poco después los temperamentos volvieron a aflorar.

Culiacán siguió siendo una zona de guerra. En 2008, Sinaloa registró 1,167 homicidios; en 2009, 932 personas más fueron asesinadas ahí.

Cuando Los Zetas llegaron, el Chapo todavía estaba escondido en la sierra, pero estaba más aislado que nunca.

Capítulo 12

EL FANTASMA

La chica castaña de diecisiete años tenía la mirada triste. Observaba con curiosidad a la multitud de espectadores. Resplandeciente en su largo vestido dorado, se parecía en todo a una reina de la belleza, pero algo la perturbaba.

Emma Coronel Aispuro nació y creció en La Angostura, un pequeño caserío en Canelas. Era sobrina de Ignacio Nacho Coronel Villareal, "El Rey del Hielo", y había crecido en el mundo del narcotráfico. Según los vecinos de Culiacán, a veces Emma iba a la ciudad a arreglarse las uñas o los mechones castaños y también iba de compras, pero principalmente —dicen los lugareños—, se quedaba en las montañas.

Las montañas de Durango son de las más abundantes en drogas del país. En esta parte del Triángulo Dorado abundan los campos de amapola, lo mismo que laboratorios de metanfetaminas. Entre Canelas y Tamazula se encuentra un campo de amapola de alrededor de cuatro hectáreas. Las autoridades han tratado de erradicarlo desde que empezó el milenio, pero con poca suerte, pues vuelve a crecer deprisa. Canelas ocupa el lugar vigésimo entre las más de 2 mil regiones de México en términos de cultivo de drogas.

La noche del 20 de noviembre de 2006, Emma inició la competencia para ser la Reina de Canelas, un honor que se confiere cada año a la joven más hermosa del municipio de unos 2 mil habitantes. La tradición de reinas de belleza es sólida en Sinaloa. En todas partes del estado, incluyendo las ciudades grandes, las jóvenes esperan con ansias el día en que puedan entrar en el concurso local vestidas de largo y competir con sus amigas. Todos asisten a disfrutar del concurso, pues normalmente se mezcla con alguna feria de los productos y la agricultura de la zona (en el caso de Canelas, se elogian las guayabas y el café).

Emma enfrentaba la dura competencia de otras cuatro jóvenes, pero recibió algo de ayuda para ganar el concurso. Aunque sus rivales eran igualmente hermosas, ya corría el rumor de que tenía a alguien muy importante de su lado.

Al parecer, el Chapo se había prendado de la joven Emma el año anterior, cuando se había escondido en La Angostura, donde se conocieron. No está claro si su relación prosperó enseguida, pero es cierto que él se sentía atraído por ella.

Para el concurso, Emma se dispuso a organizar un gran baile, que es una parte tradicional de la lucha de las reinas para conseguir votos; la gente murmuraba sobre que el Chapo y sus hombres aparecerían pronto.

El día del baile, el 6 de enero, los vecinos de Canelas despertaron en medio de una niebla de invierno. Comenzaron a preparar la fiesta de esa tarde, que sin duda se prolongaría hasta entrada la noche. Entonces oyeron el estruendo.

En la montaña, por el camino que llevaba al pueblo, aparecieron unas 200 motocicletas todo terreno. Los visitantes llevaban pasamontañas negros y estaban armados con pistolas. Se repartieron por las entradas del pueblo y bloquearon todas las calles. Poco después, aterrizó en la pista aérea del pueblo un avión que llevaba a Los Canelos de Durango, un famoso grupo norteño de un lugar cerca de Tamazula, que se creía que era uno de los favoritos del Chapo. Los vecinos recuerdan que también estaban armados con pistolas con chapa de oro.

Hacia las cuatro y media de la tarde aterrizaron otros seis aviones pequeños. Un hombre descendió de una de las naves. Llevaba jeans, sudadera, tenis negros y una gorra. Llevaba un Kalashnikov AK-47, que en el mundo del narcotráfico se conoce como "cuerno de chivo". En el cinturón llevaba una pistola. El Chapo había llegado.

Nacho Coronel siguió a su jefe por la escalerilla del avión. Llegaron otras tres naves con hombres en uniforme verde olivo. Otros dos aviones llevaron armas y cajas de whisky.

Dos helicópteros volaban en círculos, vigilantes. Los Canelos de Durango abrieron el baile. Todo salió a pedir de boca y se alargó a la noche. El Chapo, un ávido bailarín según los que lo habían visto frecuentar las fiestas de los pueblos, dominaba la pista.

A la mañana siguiente, los hombres se fueron con la misma eficiencia con la que habían llegado. Los habitantes de la región recuerdan el día como si hubiera sido ayer, aun los que no estuvieron presentes.

El 2 de julio de 2007, el día que Emma cumplió dieciocho años, en La Angostura se celebró el cuarto matrimonio del Chapo. Se rumoró que varios altos funcionarios sinaloenses estuvieron entre los invitados.

Emma Coronel Aispuro se había convertido en Emma Guzmán Coronel, o como prefieren llamarla algunos periodistas mexicanos, "la reina Emma I". Los testigos dijeron a los reporteros que la noche de su boda, la belleza de piel blanca se veía feliz. En una foto en la que se ve bailando con el Chapo, al parecer esa misma noche, lanza una sonrisa tímida a su nuevo esposo, que llevaba gorra de beisbol y todavía tenía bigote. Él también se ve sonriente.

Los padres de Emma estaban orgullosos del enlace de su hija. Después de todo, el padre es empleado del Chapo, según los que aseguran que lo conocen. Cultiva marihuana y amapola.

Las revelaciones de la boda del Chapo fueron otra bofetada en el rostro de las autoridades mexicanas. Días después del gran baile en honor de Emma, se desplegaron 150 soldados en la zona que fijaron retenes para (al menos ostensiblemente) buscar al Chapo. Se quedaron 44 días y se fueron antes de la boda. También abandonaron Canelas en masa varios días a finales de febrero, con el resultado de que la coronación de Emma transcurrió sin interferencias (y, en opinión de los lugareños, en caso de que se presentara el Chapo no querían estar cerca y tener que actuar).

Un día después de la boda, los soldados volvieron. Resultó que el Chapo había fijado la boda originalmente para el 3 de julio y luego la adelantó un día para ganarle la partida a sus enemigos. Funcionó; cuando los militares allanaron Canelas, el Chapo y su nueva esposa ya se habían ido. Algunos vecinos dijeron que partieron a Colombia; otros, que se fueron a vivir a un rancho nuevo más adentro de la sierra.

En todas partes y en ninguna

Para las autoridades, cazar al Chapo siempre ha sido un experimento frustrante. Reciben cientos de informes al año de personas que afirman que vieron al Chapo, pero él siempre lleva la delantera. Protegido por su círculo interno (y capa tras capa de gente común que siente una profunda desconfianza hacia la policía y el gobierno) el Chapo siempre se escapa.

Los periodistas también oyen hablar de su paradero. "Una vez, el mismo día, me llegaron informes de que los habían visto en Nuevo Laredo, Mochicahui, Badiraguato, Mexicali, Caborca y Agua Prieta", dijo en 2005 el extinto Jesús Blancornelas, un periodista de Tijuana, escritor y experto en narcotráfico. "Todos creen que lo están viendo".

Descifrar qué informes son precisos es una gran dificultad. El Ejército mexicano, la PGR y la Policía Federal decían que tenían gente infiltrada tratando de acercase al hombre, o por lo menos buenos informes de inteligencia, pero el Chapo también tiene su círculo de confianza. Ha hecho matar informantes por su traición y en los últimos años está cada vez menos abierto a los recién llegados.

Pese a que la red se cierra a su alrededor, el Chapo no ha dejado de ser osado.

Una fría tarde de noviembre, alrededor de 30 comensales disfrutaban una comida en Las Palmas, un restaurante en la colonia Las Quintas de Culiacán. Un grupo de hombres armados entró por la puerta.

"Caballeros, por favor. Concédanme un momento de su tiempo. Va a venir un hombre, el jefe. Les pedimos que se queden en sus lugares. Las puertas se cerrarán y no se permitirá que nadie salga. Tampoco pueden usar sus celulares. No se preocupen; si hacen todo lo que les pedimos, no pasará nada. Sigan comiendo y no pidan la cuenta. El jefe pagará. Gracias".

El Chapo entró.

"Los comensales se quedaron inmóviles, estupefactos, incómodos y asustados. El miedo y la parálisis; un ataque al corazón. Aquí, en este espacio diminuto, en medio de mesas y sillas de madera, platos rebosantes de comida, botellas de cerveza fría, fuentes de calamares y camarones", cuenta el periodista local Javier Valdez de *Río Doce*, quien publicó la noticia.

Según un testigo, el Chapo le dio la mano a todos, presentándose y ofreciendo el tradicional saludo mexicano: "A sus órdenes". A continuación se retiró a un salón posterior durante dos horas y se dio un festín de carne y camarones de la costa de Sinaloa. Los comensales siguieron comiendo; los que ya habían terminado simplemente se quedaron en su lugar, a la espera de que el zar de las drogas estuviera listo para dejarlos partir.

Al cabo, así ocurrió. Liberados, los comensales vieron que sus cuentas habían sido saldadas. El Chapo había mantenido su palabra.

Siempre es la misma historia: alrededor de una docena de hombres armados entran en un restaurante lleno de comensales; ¿podrían entregar sus celulares y quedarse en su lugar mientras el Chapo come? Etcétera, etcétera.

Las autoridades están obligadas a investigar estas historias o por lo menos a determinar su validez. La mayor parte de las veces es casi imposible probar que hubiera ocurrido nada. Meseros y empleados de los restaurantes citados niegan todo enfáticamente.

Cuando en un tabloide de Nuevo Laredo, que es uno de los principales frentes de guerra, se publicó una historia sobre la aparición del Chapo en un restaurante, el chef negó vehementemente que hubiera ocurrido. Pero el FBI confirmó los relatos de los testigos y *Los Angeles Times* publicó la historia: "El general vino a inspeccionar el campo de batalla", escribió el corresponsal Richard Boudreaux sobre la visita descarada del Chapo.

En un solo mes se creyó ver al Chapo en la ciudad de Guanajuato en el centro del país, Villahermosa en el sureste, la región fronteriza con Guatemala y en Centroamérica. La PGR investigó todos los avistamientos, que fueron "rumores sin confirmar". No se encontraron pruebas de su presencia.

En ciudades como Culiacán, Monterrey, Torreón y Mexicali, los rumores de la llegada inminente del Chapo causan una reacción entre las masas. Gente de la sierra y aun de Badiraguato, que se halla en la falda de la montaña, espera su llegada en cualquier momento. Muchos lo llaman "Viejo" o "Tío" en señal de gran respeto.

"Todos lo quieren y lo respetan", dijo un lugareño que afirma que trabajó con el Chapo en las montañas de Durango. Hay una buena razón: cuando las intensas lluvias afectaron la agricultura un año, el Chapo entregó a sus gomeros suministros por valor de decenas de miles de dólares. En Navidad llegó otro regalo: 100 vehículos todo terreno para los vecinos.

Las autoridades dicen que el Chapo es un "seductor". Da la apariencia de ser protector del pueblo, lo que inspira lealtad y confianza entre los empleados y aun entre los lugareños menos conectados con el tráfico de drogas. Por su estilo seductor, todos los integrantes de su red se identifican con él y la estructura del grupo se mantiene permanentemente. Es una coexistencia extraña: en todo momento, como dice la PGR, el Chapo puede infundir solidaridad y "terror reverencial" en su organización.

La reverencia enfurece a las autoridades. "¿Por qué apoyar a un tipo que envenena a la sociedad?", pregunta furioso el agente de la DEA en la ciudad de México. También el gobierno mexicano ha expresado repetidamente su indignación por los elogios mediáticos al Chapo, en parte porque le recuerda continuamente sus fallas en la guerra contra las drogas, antes que sus éxitos, y también por miedo de que se quede en su pedestal.

Cuando la revista *Forbes* incluyó al Chapo en el número 701 de su lista de los hombres más ricos del mundo, el régimen de Calderón se sintió ofendido. El Presidente condenó esa publicación y otras, diciendo que "además de atacar y mentir sobre la situación de México, también elogian a los criminales".

El fiscal general de ese entonces, Eduardo Medina Mora, declaró que la metodología de *Forbes* estaba equivocada y arremetió contra la revista por glorificar a un delincuente. Medina Mora dijo que incluir al Chapo en una lista de empresarios honestos no era propio del prestigio de la revista, y agregó: "No puedo dejar de mencionar que ese dinero, en el caso de mi país, se relaciona con una ola de violencia en los últimos años, con confrontaciones entre bandas rivales y la muerte de muchos inocentes que se cruzaron en la línea de fuego de los asesinos".

"Nunca aceptaré que un criminal se considere distinguido", continuó, "aun si se trata de una revista como *Forbes*. Esta persona pagará con cárcel el dolor que ha infligido a la sociedad mexicana y al pueblo de otras naciones. Tal es su destino".

Tal vez Medina Mora tenga razón en su argumentación contra *Forbes*, pero quizá por las causas equivocadas. Algunos especialistas en derecho dicen que ni siquiera las acusaciones estadounidenses contra el Chapo se sostendrían en los tribunales.

Josué Félix, hijo del Padrino Félix Gallardo, está de acuerdo; piensa que mucho de lo que se dice del Chapo es bombo, como lo que se dice de su padre. "Mire, es obvio que mi padre hizo cosas ilegales; de eso no hay duda. Pero mucho fue fabricado para hacerlo el jefe de todo. Es imposible que haya amasado esa fortuna, y si la amasó, ¿dónde está? Lo convirtieron en un personaje, un símbolo".

Pero esto le ha servido al Chapo; él conoce al público para el cual está actuando. Se ha convertido en el líder de un pueblo que casi nada ha recibido del gobierno, gente para la cual la prioridad es sobrevivir, más que preocuparse sobre de qué lado de la ley se encuentra, gente que admira al que se levantó de la pobreza más abyecta para ser un hombre libre y de éxito, que vive según sus deseos en las montañas de México. A la mayoría de la gente de Sinaloa y Durango no podría importarle menos el lugar que ocupa el Chapo en la lista de *Forbes*, si es que acaso han oído hablar de la revista.

"Alguien me comentó sobre lo de *Forbes*, pero *me vale madres*", dijo un treintañero de Tamazula. "el Chapo es como un dios: omnipotente, fuera de la ley, fuera de México. Por eso lo quiero y lo querré siempre".

Está en todas partes y en ninguna al mismo tiempo. Su nombre aparece en narco-mantas, le dedican páginas en Facebook y en los foros de Internet hay pláticas constantes sobre sus hazañas y su paradero.

La mística del Chapo prospera no sólo entre el pueblo de México, sino también en los bajos fondos. Pocos se atreven a contrariarlo, pero hay pocos motivos para ello. Si alguien hace un trabajo, se le paga con generosidad. Si alguien no consigue lo que pidió el jefe, habrá repercusiones. Negocios son negocios. En Culiacán, Tamazula y Badiraguato, quienes dicen que trabajan para el Chapo están en deuda con él.

Según la PGR, el Chapo, ha demostrado que es un maestro para "generar sentimientos naturales de dependencia y lealtad". Esto le ha permitido crear una organización que cumple sus designios, una en la que los empleados son tan leales que "sacrificarían su seguridad para salvarlo a él o a su familia".

Visita las plantaciones desde Guerrero hasta Chihuahua

para cerciorarse de que todo marcha en orden. Se ha dicho incluso que viaja con protección de los militares. Los gomeros locales se alegran siempre que lo ven.

Carlos, de Badiraguato, supervisa el transporte de marihuana y amapola de la sierra. Dice que en varias ocasiones se ha topado con el Chapo. Una vez, el jefe vino a revisar una nueva plantación de marihuana cerca de Badiraguato. El Chapo estaba preocupado porque se encontraba demasiado cerca del pueblo; los militares la descubrirían y la arrancarían. Carlos se las arregló para convencerlo de que sobornaría a los policías para que miraran a otro lado.

Carlos explicó cómo lo miró el Chapo, serio como siempre: Si cuento contigo para que siga la entrega de las cantidades necesarias de marihuana al pueblo de Pericos (de donde se encaminaría al norte, a la frontera), no habrá problemas.

El 15 de septiembre de 2009, la noche del Grito en Badiraguato, algunos lugareños tenían la esperanza de verlo. Carlos y sus muchachos habían realizado una revisión exhaustiva de sus operaciones para asegurarse de que la marihuana crecía y se entregaba al ritmo prometido. Cuando llegara el Chapo, estaría contento.

Un helicóptero voló en círculos sobre el lugar antes de que comenzaran los fuegos artificiales. A la mañana siguiente, el helicóptero volvió a aparecer. Los hombres del general Sandoval observaban, a la espera.

El Chapo nunca vino.

Capítulo 13

LA NUEVA OLA

El diputado Felipe Díaz Garibay estaba parado a sólo unos metros detrás del gobernador de Michoacán, Leonel Godoy, el 15 de septiembre de 2008, cuando escucharon una fuerte explosión debajo del balcón, en la plaza principal de la ciudad de Morelia. Como miles de otras personas en el zócalo aquella noche, creyeron que el estallido era sólo otro cohete más en la celebración del Día de la Independencia de México. Los invitados VIP del gobernador continuaron charlando como si nada.

Momentos después, el jefe de la Policía Estatal llegó corriendo. Una granada había estallado. Por lo menos una persona había muerto.

Los invitados se dirigieron rápidamente a una habitación en las oficinas de Godoy, seguidos por personal de seguridad y el jefe de la policía. Surgieron discusiones acaloradas, como los supuestos vínculos con La Familia, mientras trataban de hallarle pies y cabeza a lo que acababa de suceder, recordó Garibay durante una entrevista varios días después. ¿Era un grupo político? ¿Una banda de matones contratados para presionar al izquierdista Godoy? ¿Un fallido intento de asesinato? ¿Traficantes de drogas? ¿Había sido la organización local conocida como "La Familia"?

"Nadie se imaginó semejante ataque", dijo Garibay. "Era narco-terrorismo".

Desde hace mucho Michoacán ha sido un punto crucial en la producción de drogas, con su correspondiente cuota de violencia. Los gomeros de Badiraguato en Sinaloa introdujeron primero la amapola en la región y le enseñaron a los campesinos locales tanto a cultivarla como a extraer la savia para obtener su preciada goma. Por décadas, todo el opio que se producía en la región se enviaba después al norte, a sus contrapartes en Sinaloa, quienes la enviaban a Estados Unidos. Los hermanos Amezcua usaron el principal puerto de Michoacán, Lázaro Cárdenas, para importar los ingredientes necesarios para cubrir la demanda de metanfetaminas en Estados Unidos. También empezaron a infiltrar el sistema político de Michoacán, que estaba dominado por el izquierdista Partido de la Revolución Democrática (PRD).

El 6 de septiembre de 2006 un grupo llamado La Familia se dio a conocer cuando un grupo de hombres armados irrumpió en el popular club nocturno Sol y Sombra de Uruapan, una población ubicada a unos 96 kilómetros de Morelia. Habían disparado sus armas al aire y luego hicieron rodar cinco cabezas humanas por la pista de baile.

Como si aquel mensaje no fuera suficiente, habían dejado una nota escrita junto con las cabezas. "La Familia no mata por dinero, no mata mujeres, no mata gente inocente. Sólo mata a aquellos que merecen morir. Todos deben saber esto: justicia divina". Era una advertencia a no meterse con los mafiosos locales.

La nota estaba firmada "La Familia".

Al asumir el cargo unos cuantos meses después, el presidente Calderón envió miles de soldados. El número de asesinatos en el estado decreció inmediatamente y se hicieron grandes decomisos de drogas, lo que llevó a las autoridades a declarar que habían cumplido su misión en Michoacán.

Pero los residentes siguieron recelando. Hablaban de La Familia en voz baja, y de cuán rápido estaba creciendo. Estaba infiltrando profundamente la esfera política. Darle la espalda a los narcos se había convertido en una lucha moral que cada político michoacano debía encarar todos los días, dijo Francisco Morelos Borja, presidente del Partido Acción Nacional (PAN) en el estado. "Si no abres la puerta, no hay problema", dijo, mirando con nerviosismo hacia la puerta del pequeño restaurante en Quiroga, un pueblo situado a las afueras de Morelia. "La dificultad surge cuado abres la puerta".

Morelos admitió que era imposible eludir por completo la influencia del narcotráfico. "En el pasado se han acercado a nuestros candidatos, eso lo sé. Ellos [los candidatos] han venido conmigo y me han pedido consejo, seguridad. Y yo se los he dado... Pero luego hay algunos de los que no estoy enterado".

Otro político, Ignacio Murillo Campoverde, del PRD, se mostraba incluso más resignado. "Nunca acabaremos con el reinado de los narcos", dijo el perredista, sentado afuera de su oficina de una sola habitación en San Juan Nuevo, un pueblito a unos 8 kilómetros de Uruapan, donde habían hecho rodar las cabezas. Su oficina estaba adornada con fotos de *mapaches,* los hombres que representan a los narcos y vienen a ofrecer a los políticos y las autoridades dinero para que se hagan de la vista gorda. Campoverde colgó las fotos para que si los hombres llegaban al pueblo, los miembros de su partido pudieran evitarlos. Parecía determinado. "Es un problema si los niños —el futuro— ven las drogas como el futuro".

El otro problema era que La Familia alegaba lo mismo. De acuerdo con las primeras entrevistas con un vocero de La Familia a quien llamaban "El Más Loco" y un integrante de alto rango conocido sólo como "El Tío", había buscado darse a conocer como defensora de la justicia social. Había hablado acerca de la amenaza de las metanfetaminas para la sociedad michoacana, y de la importancia de sanear a la juventud del estado. Culparon al cártel de Sinaloa del Chapo por las crecientes tasas de adicción en Michoacán.

La familia incluso esgrimió la religiosidad. Sus líderes predicaron la biblia del propio grupo, pidiendo a Dios "fortaleza… para hacerme más fuerte", y "sabiduría". Los últimos pasajes empleaban frases similares a aquellos de los tiempos revolucionarios mexicanos: "Es mejor ser dueño de un peso, que esclavo de dos; es mejor morir peleando con la cabeza en alto, que de rodillas y humillado; es mejor ser un león muerto que un perro vivo".

Era una propaganda bien orquestada. Mientras el liderazgo de La Familia denunciaba las drogas y predicaba su estilo de vida sana, estaban produciendo y traficando metanfetaminas a diestra y siniestra.

Esta era una táctica que los narcos usaban desde hacía mucho en México. El Chapo y El Mayo se habían promovido a sí mismos como benefactores sociales en Sinaloa. En Michoacán los hermanos Amezcua y luego la familia Valencia habían hecho lo mismo. Grupos nuevos, como La Familia, buscaban presentarse como organizaciones honradas.

José Luis Espinosa Pina, un diputado federal de Morelia, coincidió en que la gente del estado ha sufrido un duro golpe a causa de la violencia y el surgimiento de La Familia. "Hay una psicosis colectiva en Michoacán".

La víspera del Día de la Independencia en 2008 todo llegó al punto más alto. Resultó que habían sido dos las granadas que se habían arrojado poco después de las 11 pm, cuando Godoy había hecho sonar la campana de la independencia y gritado "¡viva México!", de acuerdo con la tradición. El pánico se había extendido por la plaza. Los asistentes al festejo se arremolinaron, aturdidos y perplejos, y vieron mujeres y niños sangrando, gravemente heridos. Huyeron de la escena aterrorizados. Los paramédicos llegaron al lugar mientras la policía y los soldados acordonaban el área. Ocho personas murieron y más de cien resultaron heridas.

Días después las piedras de la plaza seguían cubiertas de sangre; la cinta de la policía todavía señalaba la escena de la masacre. Flores y coronas, así como tarjetas escritas para las víctimas, sirvieron para recordarle al público que había sido gente común y corriente la que había muerto aquella noche, no matones relacionados con las drogas.

Las autoridades señalaron hacia la Familia, que tenía su propia idea de quién lo había hecho. Mantas propagandísticas aparecieron colgando de puentes en el área, señalando a su vez a Los Zetas. "Cobarde es la palabra para describir a aquellos que atacan la paz y la tranquilidad del país", decía una narco-manta colocada en Morelia apenas unos días después del ataque con granadas. "México y Michoacán no están solos. Gracias por sus cobardes acciones, Zetas. Sinceramente, La Familia Michoacana".

"Pueblo de México, no dejes que te engañen. La Familia Michoacana está contigo y no está de acuerdo con actos de genocidio. Sinceramente, F.M.", indicaba otra manta.

Las autoridades cambiaron de punto de vista. Se concentraron cerca de los responsables, sin importar su aparente postura social. Al fin y al cabo, el incidente en Morelia había sido, en palabras del diputado Espinosa Pina, "el peor —el primero— ataque terrorista en la historia de México". En cuestión de días se efectuaron docenas de arrestos. Miembros de La Familia fueron obligados a salir de sus casas de seguridad en pequeños poblados por todo Michoacán (a menudo por medio de denuncias anónimas), a lo que siguió una enérgica campaña federal contra el grupo. Finalmente varios centenares de miembros serían arrestados, así como alcaldes y servidores públicos con supuestos vínculos con La Familia.

Las miradas se volvieron también hacia Los Zetas, la nueva generación de narcos. Ellos habían estado haciéndole la guerra tanto a La Familia como a la gente del Chapo en Michoacán, de acuerdo con la DEA, y estaban determinados a expandirse a todo el país.

Finalmente, atendiendo a los comentarios de críticos de la guerra contra las drogas, las autoridades reconocieron que habían desempeñado un papel en el vacío de poder que había permitido que surgieran grupos como La Familia y Los Zetas. "Cuando intervenimos, invertimos todo en eliminar las cabezas de la estructura criminal, persiguiendo a los jefes", explicó García Luna, el jefe de la Policía Federal. "La idea era que al eliminar la cabeza, el cuerpo dejaría de funcionar. [En vez de eso] los asesinos tomaron el control".

Los Zetas, que originalmente constituían el ala paramilitar integrada por ex soldados de élite pagados por el cártel del Golfo, operaban cada vez más por su cuenta, y con brutalidad creciente. Muchos de los originalmente 31 veteranos de las fuerzas de élite del Ejército habían sido capturados o asesinados, pero la organización crecía. Estaba dividida en varias subsecciones: grupos de niños en bicicleta conocidos como "Las Ventanas" silbaban para advertir de la presencia de cualquier policía o extraño sospechoso. A las prostitutas que obtenían información útil de sus clientes (en ocasiones, policías) se les conocía como "Las Leopardos".

Cerca de la cúpula estaban "los Halcones", que supervisaban las zonas de distribución, y "Los Mañosos", encargados de conseguir el armamento. Luego estaba "La Dirección", un grupo de expertos en comunicaciones que rastreaban llamadas telefónicas, seguían e identificaban vehículos sospechosos y ordenaban secuestros y ejecuciones. En la mera cima estaban El Lazca y su equipo de colaboradores cercanos.

Conforme Los Zetas ampliaban lo que tradicionalmente había sido su territorio —el noreste del país, principalmente a lo largo de la frontera con Texas—, las decapitaciones se volvieron más comunes, llegando hasta el sur, al estado de Chiapas, que comparte frontera con Guatemala. Su método para apropiarse de un nuevo territorio —ya fuera para traficar droga, piratería de CD y DVD, extorsión u otras formas de crimen organizado— era la brutalidad. "Cuando un Zeta llega al pueblo, no intenta hacer un trato", dijo el propietario de un pequeño negocio en la sureña ciudad fronteriza de Ciudad Hidalgo. "Le corta la cabeza a alguien y dice: 'Este [territorio] es mío ahora'. No es negociable".

En efecto, apoderarse de manera hostil (y brutal) era el único modus operandi que conocían estos tipos. En palabras de un funcionario de la DEA: "Ellos crean terror, miedo, se ganan una reputación y la gente quiere trabajar con ellos". Tal atmósfera engendró legiones de aspirantes, y matones recorrían todo el país asegurando que eran Zetas.

"Con el puro nombre [basta]. Te haces un corte de pelo estilo militar y dices que eres un Zeta, y le infundes miedo a la gente".

El frente sureño

Mientras la guerra a fondo consumía la frontera mexicana del norte, en el sur los ciudadanos también estaban atemorizados. Los Zetas estaban por todas partes, infiltrados en negocios locales tanto en Chiapas como en parte de Guatemala.

Cuando una narco-manta apareció en un puente peatonal en Tapachula, en diciembre de 2008, los residentes especularon acerca de quién la había puesto. Habían estado apareciendo narco-mantas por todo México desde hacía algún tiempo, pero esta era la primera en Chiapas. La mayoría de los residentes saltó rápidamente a la conclusión de que habían sido Los Zetas.

En el cruce fronterizo de Ciudad Hidalgo, un agente de migración mexicano estaba presto a señalar. "Hay Zetas por dondequiera", dijo, y solicitó que sólo se refiriera su nombre de pila, Mario. Él confirmó reportes de que Los Zetas ya estaban operando en Guatemala también. "Acá es un lío".

Mario sacó una serie de fotos que había tomado dos días antes en su puesto. Un hombre estaba desplomado tras el volante de su coche, repleto de balas. Con el rostro lleno de angustia y manchado de sangre, su esposa se aferraba a su brazo. La sangre había salpicado también su blusa, pero estaba indemne. La siguiente foto mostraba el parabrisas del coche, destrozado por la ráfaga de balas. En otra se veía claramente el lado mexicano del cruce fronterizo.

Guatemala también se estaba llevando su cuota de ataques. Con un gobierno federal débil e incluso más corrupción que en México, la nación centroamericana se había vuelto terreno fértil para los narcos que buscaban dónde refugiarse de los militares.

En marzo de 2008 una balacera cerca de la frontera de Guatemala con El Salvador ocupó los titulares de los periódicos, en parte por lo sangriento —once personas habían muerto—, pero también a causa de los rumores que siguieron.

Los medios locales comenzaron a reportar que el Chapo había estado entre las víctimas. A causa de un incendio luego del tiroteo, dos de los cuerpos habían quedado tan carbonizados que era imposible identificarlos, y los investigadores comenzaron a hacer pruebas de sangre. Entre las víctimas había un mexicano, eso era seguro.

¿Era el Chapo? México estaba en ascuas.

Luego llegaron las noticias: "La información que tenemos es que él no estaba entre los muertos, y ninguno de los cuerpos quemados es el suyo", declaró un portavoz del presidente de Guatemala, Álvaro Colom. El propio presidente estaba incluso más seguro: "Estuve con el equipo investigador en la mañana y creemos que Guzmán está en Honduras".

Los métodos de asesinato que usaban grupos nacientes como Los Zetas probablemente les causaban escalofríos a los narcos de la vieja escuela. Algunos expertos en seguridad dijeron, casi con nostalgia, que el Chapo había sido "un asesino caballeroso", o por lo menos un hombre de negocios respetuoso. A diferencia de Los Zetas o La Familia, que le cortarían la cabeza a un hombre y lo dejarían sin pantalones, el Chapo ha demostrado decencia y respeto. Cuando ha querido matar a alguien que lo ha traicionado, habla con él, luego lo lleva afuera y le dispara en la cabeza. Sus hombres mataban de la misma manera.

Era claro que el juego había cambiado; el Chapo tendría que cambiar también.

El avionazo

El avión se estrelló en la ciudad de México poco después de las 7 pm del 4 de noviembre de 2008. En cuestión de minutos todo el mundo sabía que el secretario de Gobernación del país, Juan Camilo Mouriño, de 37 años de edad, había estado a bordo. El consenso en las calles de la capital del país era unánime: había sido el Chapo.

Sólo el Chapo tenía el poder de hacer derribar a alguien desde el cielo. El Chapo había matado a Mouriño porque el secretario de Gobernación se estaba acercando demasiado, poniendo las cosas demasiado candentes. "¿Recuerdan a Escobar?", dijo un periodista local aquella noche, levantando la ceja con gesto de sospecha.

El 27 de noviembre de 1989 el zar colombiano de la cocaína, Pablo Escobar, había ordenado que se hiciera estallar un avión comercial de Avianca, en un intento por matar al congresista César Gaviria, un aguerrido político joven que se había atrevido a oponerse al jefe del cártel de Medellín. Para muchos mexicanos, "el avionazo", como rápidamente se denominó el accidente de avión de Mouriño, no era diferente.

Elogiado por el Presidente como "uno de esos mexicanos a quienes les importa su país", Mouriño había estado a cargo de buena parte de los planes anti-drogas de la nación. Como secretario de Gobernación, él era efectivamente el número dos de México, un vicepresidente en forma. Desde que asumió el cargo a principios de 2008, había prometido repetidamente combatir a los cárteles con toda la fuerza del Estado. Mouriño había hecho vehementes declaraciones acerca de la guerra contra las drogas, revelando más emoción de la que se acostumbraba en un integrante del gabinete de tan alto rango. "¡Ya basta"!, gritaría en público luego de escuchar que más policías o gente inocente habían muerto en la guerra de las drogas.

El especialista en temas del crimen organizado José Luis Santiago Vasconcelos también falleció en el choque. En el momento en que murió, Vasconcelos estaba a cargo del programa de extradición. Había recibido amenazas de la gente del Chapo, que estaban conspirando para asesinarlo. Poco antes del choque Vasconcelos había comenzado a tomar precauciones: dormía en diversos apartamentos en la ciudad de México y viajaba con seguridad extra.

Los investigadores revelaron que no había evidencia de que el avión hubiera estallado o de que hubiera habido cualquier clase de sabotaje. Pero eso no impidió que un público escéptico siguiera creyendo que una vez más el Chapo había burlado a sus perseguidores, y sólo les recordó cuán poderoso era. Incluso el presidente Felipe Calderón pareció mostrar cierto escepticismo. Luego del choque le dijo a los reporteros que la muerte de Mouriño le daba "una poderosa motivación para combatir sin descanso... por los ideales que compartimos".

En el funeral oficial que se realizó para quienes habían muerto en el avión, Calderón convirtió su elegía en la apasionada afirmación acerca de la justicia en la guerra contra las drogas. "Hoy, más que nunca, es el momento de mirar hacia el futuro, el momento de perseverar en la lucha para superar la adversidad y transformar este país en la nación más justa, próspera y segura que nuestros campesinos soñaron y que millones de mexicanos buscan cada día", declaró.

Mouriño y Vasconcelos estaban muertos. Más de 500 policías federales habían muerto en 2008. En febrero, un atentado con bomba cerca de las oficinas centrales en la ciudad de México había sido atribuido al cártel de Sinaloa; se mencionó al Chapo como autor del complot. (Afortunadamente, sólo el que llevaba la bomba había muerto en el fallido atentado). Los ataques del 15 de septiembre en Morelia habían probado que también los inocentes podían ser los blancos. En la mente de muchos mexicanos, el avionazo era evidencia de que nadie estaba fuera de su alcance. Todo el mundo podía ser —y muy probablemente sería— un blanco.

Eso incluía a los militares. Temprano, en la mañana del 21 de diciembre de 2008, la policía encontró 12 cabezas empaquetadas en una bolsa de plástico a las afueras de Chilpancingo, la capital de Guerrero. Encontraron los cuerpos al otro lado de la ciudad. Ocho de ellos fueron identificados como soldados. "Por cada uno de los míos que mates, mataré a diez de los tuyos", decía la nota que acompañaba las cabezas.

Era el ataque más descarado de un cártel a los militares en la historia de México.

El infierno que es Juárez

"Los vamos a matar como matamos a los federales anoche".

El ex comandante de la Fuerza Aérea Valentín Díaz Reyes, le estaba dando a sus hombres indicaciones sobre las redadas contra pandillas planeadas para aquella noche en Ciudad Juárez, cuando las voces interrumpieron en el radio de la policía. Corrió afuera mientras enviaba atropelladamente a sus hombres a sus posiciones al frente de la estación de policía de Delicias, en el centro. Parapetados detrás de las paredes de concreto acribilladas, fijaron las miras en la avenida 16 de Septiembre. Luego, unos sesenta soldados se diseminaron por las calles; la policía los siguió. Francotiradores apuntaron hacia abajo desde el techo de un edificio cercano.

Cuando dos vehículos aparecieron al fondo de la calle detrás de la estación, avanzando despacio, los soldados le gritaron a los conductores que retrocedieran inmediatamente. Avanzando para asegurar la esquina de una calle a una manzana de distancia, un soldado se agachó detrás de un auto cuando vio otro vehículo que se aproximaba. En cuclillas, con su arma lista, fue avanzando poco a poco. Sus ojos estaban bien abiertos, alertas.

Ocho minutos más tarde, después de que se aseguró que todo estaba despejado, el ex comandante reagrupó a sus soldados y a la policía frente a la estación. Llamó a sus superiores por su teléfono celular: "Fue... justo cuando íbamos a hacer la redada. Estoy tratando de entender... estamos cerrando las calles, pero la mayoría de mi gente está en la frontera; no los tengo a todos aquí. Tenemos que hacer una búsqueda dinámica... Dígame dónde debemos reunirnos y nos reuniremos. Hubo amenazas por radio, y un vehículo pasó enfrente de la estación con armas".

"Esta fue una clara demostración de fuerza", explicó Díaz Reyes.

Era marzo de 2009 y el Ejército había asumido el control total de las operaciones de seguridad y vigilancia en Ciudad Juárez, la ciudad mexicana más duramente golpeada por la guerra contra las drogas. Desde que el Chapo había hecho el intento de quedarse con la plaza de Ciudad Juárez, una espantosa oleada de baños de sangre había engullido a la ciudad. Cerca de 3 mil personas han muerto en Ciudad Juárez entre 2003 y 2008. La presencia de más de 5 mil soldados y policías federales en la ciudad fronteriza no ha logrado sofocar la violencia; más de mil 600 personas tuvieron una muerte violenta en Ciudad Juárez en 2008; más de 2 mil 600 morirían en 2009.

Los soldados se enfrentaban a un enemigo poderoso e implacable. El susto a los hombres de Díaz Reyes —los reportes de testigos de hombres armados en un vehículo resultaron estar equivocados, pero las amenazas por radio fueron reales— se había vuelto común para el Ejército y la Policía Federal en Ciudad Juárez. La guerra que por dos años han librado en las calles pandillas y narcos rivales, ahora implica completamente al Ejército y los Federales. Anteriormente sólo habían llegado a los poblados con problemas y rápidamente habían restaurado el orden; ahora, en ciudades como Ciudad Juárez, Culiacán y Tijuana, los soldados estaban en el frente.

En Ciudad Juárez el cambio era demasiado evidente. Afuera de varias estaciones de policía en la ciudad donde ahora estaba operando el Ejército, se habían colocado barricadas improvisadas para defenderse de ataques con granadas y lanzagranadas. Soldados con artillería pesada mantienen vigiladas las calles, mientras francotiradores se hallan apostados en el perímetro. Ahora todas las patrullas —sean de rutina o no— las realizan soldados. El hecho de que la guerra, y su papel en ella, había cambiado de rumbo no se le escapaba a ninguno de los militares, muchos de los cuales sólo eran niños.

Después de la amenaza a la estación de policía de Delicias en Ciudad Juárez, el soldado Pablo Antonio Maximus, de 19 años de edad, se veía conmocionado. Estrechando su arma contra su pecho, se reía nerviosamente con otro soldado que estaba parado junto a él bajo el alumbrado público antes de pedir un cigarrillo. "Esta es una noche normal de sábado en Juárez", explica, encendiéndolo. "Yo no fumo. Pero me fumo uno de vez en cuando, para la adrenalina".

Las amenazas no fueron sólo una "demostración de fuerza", como dijo Díaz Reyes: ellos mostraron hasta qué punto se ha puesto en peligro la seguridad del Ejército. Las redadas contra las pandillas que realizaban los soldados eran información clasificada hasta el último minuto —Díaz reyes había estado poniendo al tanto a sus hombres los habituales 10 o 15 minutos antes de la acción— pero los traficantes de drogas conocían los patrones. Por eso transmitieron la amenaza por radio en aquel preciso momento.

Otra amenaza llegó por el radio al día siguiente a la hora del almuerzo. Díaz Reyes esperaba más en el futuro. "Saben qué estamos haciendo".

Residentes de regiones productoras de drogas, como Sinaloa, lanzaron vigorosas protestas contra la presencia del Ejército. Luego del asesinato de cuatro personas aparentemente inocentes en Santiago de los Caballeros, cientos de residentes de Badiraguato bajaron caminando de las montañas y fueron a Culiacán para manifestarse contra los militares, y a favor del Chapo. Él es sólo un empresario local, nuestro patrón, injustamente perseguido, dijeron los residentes en aquella ocasión.

Protestas similares se llevaron a cabo por toda la región fronteriza del norte, desde Ciudad Juárez hasta Monterrey, y bajando hasta el polo industrial de Monterrey. El gobierno aseguró que a los manifestantes se les había pagado para que marcharan en favor de las redes criminales locales, mientras que la realidad era que los manifestantes simplemente ya estaban hartos de vivir bajo la opresiva presencia del Ejército.

Aun así, la mayoría de los mexicanos debía admitir que vivir con los militares, con todo y sus inconvenientes, era mejor que vivir con el constante hedor de la muerte sobre sus comunidades. Ciudad Juárez y otras ciudades hartas de sangre han llegado a parecerse al salvaje oeste —o, en opinión de algunos reporteros, a Bagdad—, y la gente ya ha tenido bastante.

Cuerpos arrojados a plena vista de los niños que se dirigen caminando a la escuela; cadáveres hallados sin cabeza, con los pantalones abajo para completar la humillación (con los genitales o las nalgas expuestos, con los pies atados). Algunas veces se han dejado extremidades regadas cerca del sitio; en ocasiones han sido hallados al otro lado del poblado. A veces los cuerpos se han colgado en pasos a desnivel, a la vista de los conductores que se dirigen a trabajar en la mañana. Se han dejado notas junto con los cadáveres, como advertencia a los rivales o para reivindicar los asesinatos.

Era imposible ignorar la sangre y el tormento. Las autoridades esperaban que la gente expresara su descontento, más que sucumbir a la paz inducida por el miedo del narco-régimen. La misma indignación pública por la violencia había ayudado a derrocar a Escobar en Colombia; quizá funcionaría en México. El procurador general hizo un llamado a la ciudadanía a hacer su parte, levantarse contra el crimen organizado cuando pudiera, y denunciar a cualquiera que estuviera implicado. "La esperanza es que la gente se levante y diga '¡basta!'", declaró un funcionario de Estados Unidos contra las drogas.

Desde su fundación en el siglo xvII, Ciudad Juárez ha tenido reputación de paraíso de contrabandistas y reducto de la sordidez. Hogar también de las fuerzas revolucionarias de Pancho Villa a principios del siglo xx, la ciudad ha tenido su propio romance con la ilegalidad. Durante la época de la Prohibición en Estados Unidos empezó a ser vista como uno de esos poblados mexicanos a los que los estadounidenses podían llegar de visita y hacer todo lo que estaba prohibido en *el otro lado.*

Pero incluso cuando a Ciudad Juárez llegaron buenas noticias, a éstas le siguieron malas noticias. Poco después del boom de las maquiladoras o plantas manufactureras, en las décadas de los ochenta y noventa, mujeres que trabajaban en ellas comenzaron a desaparecer. Sus cuerpos fueron hallados en tumbas clandestinas; muchas de las mujeres habían sido violadas. Las promesas de investigar resultaron vanas. Se cree que hasta 400 mujeres han sido asesinadas durante ese lapso; las fosas comunes en las afueras de la ciudad son el único recordatorio de que esas mujeres alguna vez existieron.

Alrededor de Ciudad Juárez, recordatorios de los asesinatos atormentan la conciencia. Los escaparates de las tiendas que venden trajes de novia y vestidos en el centro de la ciudad están adornados con volantes de las desaparecidas.

"Ayúdanos a encontrarlas", se lee en el aviso de hasta arriba: Lidia Abigail Herrera Delgado, 13 años. Vista por última vez el 3 de abril de 2007. Adriana Sarmiento Enrique, 15 años. Vista por última vez el 18 de enero de 2008. Carmen Adriana Peña Valenzuela, 15 años. Vista por última vez el 4 de abril de 2008... Algunas se remontan a 1994. Algunas son tan recientes como el día de ayer.

La noche de un sábado de 2009, un convoy de cuatro vehículos policiales llenos de soldados rodeó a dieciséis personas en el distrito Rancho Anapra, punto neurálgico del crimen y hogar de miles de integrantes de la pandilla más temida de la ciudad, Los Aztecas, en la nómina del cártel de Juárez. Para colmo de la confusión, el caos y la tendencia al derramamiento de sangre, algunos de Las Aztecas ahora trabajan para el Chapo.

Ciudad Juárez puede ser un lugar execrable, y Rancho Anapra es uno de sus entresijos más oscuros. Ubicado en la falda de un cerro, la mayoría de sus casas son de una sola planta, algunas de ellas edificadas con materiales de desperdicio que se pueden hallar con facilidad en los tiraderos cercanos. No hay agua potable, y aquí y allá se ha habilitado el suministro ilegal de electricidad.

La vida es brutal y virtualmente carece de sentido en Rancho Anapra. La mayoría de los residentes que tienen empleo trabajan en las maquiladoras, pero el desempleo es muy alto. Docenas de mujeres y niñas fueron asesinadas en Rancho Anapra en la década de los noventa, y hoy en día, el homicidio sigue al homicidio. A veces los muertos permanecen tirados durante días. Nadie quiere llamar a las autoridades porque eso podría poner su propia vida en peligro.

La mayoría de los hombres jóvenes de Rancho Anapra son miembros de pandillas. Comienzan desde temprano —los niños fungen como vigías en las esquinas— y pocos llegan a sobrepasar los veintinueve. La mayoría de las pandillas son pequeñas, asuntos de barrio; trafican drogas de manera local. Y luego están Los Aztecas. En años recientes los hombres jóvenes de esta pandilla, que con frecuencia lucen tatuajes de símbolos aztecas como pirámides o serpientes, establecieron vínculos con el crimen organizado en el área. Son una ramificación de la pandilla de la prisión de El Paso, Barrio Azteca, que desde hace mucho está en el radar de Estados Unidos. Barrio Azteca controla la distribución de cocaína, heroína y marihuana en El Paso. Su conexión con Los Aztecas en Ciudad Juárez ha facilitado el paso de cocaína, marihuana y heroína procedentes de más al sur en Chihuahua.

Los miembros de los Aztecas trabajan directamente con Pablo Ledesma, alias "El JL", un importante lugarteniente de Vicente Carrillo. Ya no nada más contrabandean drogas: son asesinos a sueldo. También vigilan la producción de metanfetaminas en el área. (Durante una redada en un laboratorio donde 21 miembros de la pandilla fueron arrestados, los soldados encontraron diez AK-47, más de 13 mil dosis de crack, dos kilos de cocaína y más de 800 cartuchos de munición). De los internos en la prisión estatal, ubicada a las afueras de Ciudad Juárez, 75 por ciento están afiliados a Los Aztecas.

El crimen organizado en Ciudad Juárez no sólo recluta hombres jóvenes con potencial. Recluta a aquellos que cayeron víctimas de las drogas o la desesperación y no tienen alternativa. Desde hace mucho las pandillas relacionadas con las drogas en todo México han buscado posibles reclutas en los centros de rehabilitación.

Descubrieron que era fácil reclutar a los adictos, tanto a causa de su desesperación como de su adicción. Se les puede pagar con drogas, y se rebajarán a los niveles más bajos de la humanidad por una dosis o una mísera cantidad de dinero.

También la DEA y las autoridades mexicanas descubrieron que los adictos pueden ser de utilidad. A fin de cuentas, ellos han dado un paso en la dirección adecuada al admitir que tienen un problema. Si pueden dejar el hábito y volver a las calles, la Procuraduría de Justicia tendrá algunos buenos informantes. A los adictos recuperados se les puede pagar sumas exiguas por lo que podría ser información muy valiosa.

En septiembre de 2009 un grupo de hombres armados irrumpió en un centro de rehabilitación de drogas en Ciudad Juárez. Pusieron a 17 adictos en recuperación contra una pared y abrieron fuego. Fue el más reciente —y peor— de varios ataques sangrientos a centros de rehabilitación en la ciudad aquel año. La versión que circulaba en las calles era que miembros de la pandilla que trabajaban para el Chapo eran responsables de los asesinatos.

¿*El* status quo *de Sinaloa?*

Allá en Sinaloa, la opinión más extendida era que el Ejército simplemente se había asentado ahí. Con el surgimiento de La Familia y la expansión de Los Zetas, sin mencionar la hemorragia fuera de control en Ciudad Juárez, el Chapo parecía haber salido de la lista de prioridades. Los soldados todavía efectuaban redadas en la sierra, incautándose de pistas de aterrizaje, vehículos, laboratorios de metanfetaminas y plantaciones de marihuana, pero por mucho el status quo había regresado, mientras las fuerzas castrenses enfrentaban problemas por todas partes.

El Chapo seguía en su tierra natal, oculto; los residentes estaban convencidos de ello. Él seguía sin ser aprehendido, y la Policía Federal parecía estar perdiendo interés en atrapar al jefe de jefes. El procurador general Eduardo Medina Mora había llegado al extremo de desestimar al Chapo como si se tratara de "una gastada estrella de futbol", de manera muy similar a la forma en que el presidente George W. Bush se había referido a Osama Bin Laden cuando éste continuaba escurriéndose de la red una y otra vez en Afganistán.

Una fuente de la PGR incluso comparó al Chapo con Bin Laden, pero mencionó ciertas salvedades. Mira, le recuerda el ex consejero a Medina Mora: "está escondido, probablemente en las montañas de Durango. Es bueno para correr, tiene dinero. El rumor es que el gobierno no lo ha capturado porque el gobierno tiene un pacto con él. [Estados Unidos] tiene la milicia más avanzada del mundo, pero no puede atrapar a Bin Laden. ¿[Estados Unidos] tiene un pacto?".

En abril de 2009, sin embargo, se necesitó de un religioso que manifestara abiertamente su disgusto por el hecho de que el Chapo siguiera libre. "Vive en las montañas de Durango", tronó el arzobispo Héctor Martínez González, y especificó que el Chapo ahora consideraba su hogar el pueblo montañés de Guanaceví. "Todo el mundo lo sabe, excepto las autoridades".

De hecho las autoridades lo sabían, y algunas todavía estaban tratando de cazarlo. Miembros del Consejo de Seguridad Nacional de México se reunían varias veces a la semana para hallar maneras de hacer caer al Chapo. Discutieron estas estrategias —un gran asalto frontal del rancho del Chapo era una opción— bajo condiciones de absoluto secreto y estrecha seguridad.

La presencia militar se había reforzado en las montañas de Sinaloa y Durango también; incluso había rumores de que las autoridades estaban utilizando agentes femeninos de inteligencia para seducir a los principales narcos y sacarles información. (Un funcionario de alto nivel lo negó: "No sé de ninguno de mis agentes que se haya enamorado de un *capo guapo*").

Días después de los comentarios del arzobispo, dos agentes de inteligencia militar fueron hallados muertos a un lado de un camino vecinal. Habían estado trabajando encubiertos en la sierra, haciéndose pasar por campesinos que se dirigían a las plantaciones de marihuana. Sus asesinos dejaron una nota a un lado de los cuerpos.

Su mensaje no dejaba lugar a interpretaciones erróneas: "Nunca atraparán al Chapo".

Capítulo 14

ESTADOS UNIDOS POR EL MIEDO

> El creciente ataque de los cárteles de las drogas y sus matones al gobierno mexicano en varios de los años pasados le recuerda a uno que un México inestable puede representar un problema de seguridad nacional de proporciones inmensas para Estados Unidos... En términos de los peores escenarios posibles para las Fuerzas Armadas y de hecho el mundo, dos grandes e importantes Estados requieren consideración a causa de un rápido y repentino colapso: Pakistán y México... cualquier descenso de México hacia el caos demandará una respuesta estadounidense con base en las graves implicaciones sólo para la seguridad nacional.
>
> Comando Conjunto de las Fuerzas Armadas
> de Estados Unidos, 25 de noviembre de 2008.

CASI INMEDIATAMENTE DESPUÉS de la elección del presidente Barack Obama el 4 de noviembre de 2008, integrantes del aparato gubernamental de Washington que tenían a México en la mira, por no mencionar a la cúpula militar y la DEA, comenzaron a impulsar a México como la prioridad del gobierno entrante.

La Casa Blanca de Bush había tenido la intención de hacer del combate a las drogas y las relaciones México-Estados Unidos una prioridad, pero los ataques terroristas del 11 de septiembre de 2001 habían colocado la atención en otro sitio. Después de 2001 se habían hecho esfuerzos para conectar a traficantes de drogas con Al-Qaeda y otros grupos terroristas, pero nunca se probó que hubiera un vínculo con respecto a los cárteles mexicanos. Así que, por buena parte del gobierno de Bush, México fue, de hecho, ignorado. La ofensiva del presidente colombiano Álvaro Uribe Vélez contra sus cárteles fue la prioridad en la región. Irak, Afganistán y Pakistán eran el foco en otros lugares.

Pero con la creciente ola de violencia, particularmente en las ciudades fronterizas, Washington no podía seguir haciendo a un lado el problema que tenía ante su puerta. El gobierno de Bush impulsó la Iniciativa Mérida, un paquete de ayuda de mil 400 millones de dólares que dotaría a México y a sus vecinos de Centro y Sudamérica de aviones, helicópteros, información, equipo de seguridad y un muy necesario entrenamiento policiaco y militar.

Luego vinieron las advertencias funestas. El Departamento de Justicia de Washington declaró que las pandillas mexicanas eran "la mayor amenaza del crimen organizado para Estados Unidos". El general retirado del ejército de Estados Unidos, Barry R. McCaffrey, un ex funcionario antidrogas, dijo que el gobierno mexicano "no está confrontando la peligrosa criminalidad: está peleando por su supervivencia contra el narcoterrorismo". El jefe saliente de la CIA, Michael Hayden, advirtió que México —junto con Irán— probablemente representaría el mayor reto para la nueva administración.

Los traficantes de drogas mexicanos habían operado desde hacía mucho en suelo estadounidense. Habían actuado como mensajeros, distribuidores, comerciantes, productores e incluso ejecutores. Desde que los colombianos habían reestructurado el sistema de envío de su cocaína, los mexicanos habían incrementado su presencia en Estados Unidos.

A veces los aprehendían. En diciembre de 2000, por ejemplo, Estados Unidos anunció el arresto de 155 personas vinculadas con los cárteles de las drogas de México en diez ciudades estadounidenses, lo cual había sido la culminación de todo un año de investigación que también había resultado en la incautación de 5 mil 490 kilogramos de cocaína, 4 mil 320 kilos de marihuana y 11 millones de dólares. Fue un gran golpe, y todo mexicano.

Aun así, los mexicanos nunca habían sido tan importantes en todo Estados Unidos. La distribución de drogas en el sureste, por ejemplo, la controlaban varios grupos, principalmente dominicanos, cubanos y colombianos. Para 2008 los mexicanos habían tomado el control absoluto de las operaciones de las células locales.

También estaban manejando las cosas a su modo: más de 700 reportes de secuestros en los que se pedía rescate en Phoenix entre 2006 y 2008 desataron un montón de encabezados en los periódicos estadounidenses acerca de la infiltración de los cárteles mexicanos. Todos ellos tenían la misma esencia: "Los cárteles mexicanos hacen de Phoenix la capital estadounidense del secuestro".

En la DEA hubo quienes intentaron poner las preocupaciones en un contexto. "Ciertos incidentes aislados en Estados Unidos, como el tormento que sufrió un consumidor de drogas dominicano a manos de un traficante mexicano en Atlanta, son aterradores, pero no representan una brusca desviación de la violencia que siempre ha estado asociada con el tráfico de drogas", dijo el agente especial de El Paso Joseph M. Arabit en marzo de 2009. "Reportes noticiosos recientes sobre secuestros relacionados con las drogas en Phoenix también escasamente, si no es que nunca, califican como incidentes que marcan un 'desbordamiento' tal como se define interinstitucionalmente", pero, agregó, "de ningún modo estamos tratando de minimizar nuestra preocupación".

En efecto, los cárteles mexicanos estaban extendiendo sus tentáculos a pequeños poblados y claramente se estaban moviendo hacia lo que un hombre de la DEA en la ciudad de México denominó "lugares no tradicionales". Lugares como el condado de Shelby, en Alabama.

A Chris Curry, el alguacil del condado de Shelby, lo llamaron al escenario de un homicidio múltiple en un complejo de departamentos ubicado junto a una carretera interestatal el 20 de agosto de 2008. Cinco hombres hispanos habían sido golpeados, torturados con descargas eléctricas y degollados. "Para mí fue muy claro que no estaba pescando en un estanque del condado de Shelby", recordó.

Al llegar a la comunidad hispana en el área y a los federales, Curry descubrió que justo bajo sus narices su tranquilo y pequeño condado de Alabama se había vuelto un importante paso de cocaína, metanfetaminas y marihuana que se traían desde México. Él ya había visto señales de actividad relacionada con las drogas; los condados cercanos habían tenido su cuota de dificultades sobre el tráfico de drogas, y Curry había notado un incremento en los robos armados y los hurtos, con una "evidente conexión con las drogas", en su condado de casi 200 mil habitantes.

Investigaciones subsecuentes y la cooperación de Curry con los federales condujo a nuevas revelaciones. En Atlanta se arrestó a 43 personas por conexiones con los cárteles mexicanos. Atlanta fue identificada como un "centro regional" del cártel del Golfo. Mientras tanto, el alguacil Curry estaba descubriendo por medio de sus nuevas conexiones con los encargados de aplicar la ley que en realidad Shelby podía ser un punto importante del cártel de Juárez. Una búsqueda en una casa en el condado hizo que surgieran catorce armas, la mayoría de ellas rifles de asalto. "El elemento criminal está definitivamente organizado. Está en su lugar… es sofisticado. Es serio y está aquí, en nuestro patio trasero".

Como muchas de sus contrapartes en cargadas de aplicar la ley al otro lado de la frontera, Curry estaba mirando más al sur, hacia ciudades como Ciudad Juárez y preocupándose por lo que podría suceder si se desbordaba tal violencia. "Es aterradora", dijo acerca de la tasa de homicidios en Ciudad Juárez. "Lo que no queremos ver es que estén trayendo ese nivel de comportamiento, ese nivel de violencia a nuestra área".

En Columbus, Nuevo México, estaban observando de cerca la disputa de Ciudad Juárez. Columbus, un tranquilo poblado en el desierto de 1,800 personas, ha atestiguado antes de primera mano la invasión mexicana: en 1916 el revolucionario mexicano Pancho Villa encabezó una incursión en Columbus durante la cual 18 estadounidenses murieron. Militares de Estados Unidos fueron enviados a capturar a Villa. (Fallaron).

Ahora los residentes temen otra y más preocupante invasión. Al otro lado de la frontera, en el polvoriento Puerto Palomas, Chihuahua, docenas de personas han sido abatidas en batallas que se originan en los movimientos de las pandillas de las drogas fuera de Ciudad Juárez. Los secuestros se han vuelto habituales. En 2008, luego de recibir una amenaza, el cuerpo policiaco en pleno (diez hombres) renunció; el entonces jefe de la policía corrió al otro lado de la frontera en busca de asilo. Los residentes de Palomas estaban empezando a escabullirse también al otro lado de la frontera en busca de una vida más segura en Estados Unidos.

Columbus y el condado que lo rodea, Luna, estaban muy conscientes del problema. Con una gran carretera interestatal que une El Paso con Tucson, Arizona, el condado de Luna ha sido desde hace mucho una ruta por donde transitan los cargamentos de drogas. Ellos comprenden a sus vecinos de Puerto Palomas. "El problema de México es el problema del alguacil Cobos —dijo Raymond Cobos, alguacil del condado de Luna—. No hay duda de ello". Aun así, era difícil que los cárteles operaran abiertamente; "tienen que actuar muy, muy clandestinamente".

La opinión generalizada desde hace mucho ha sido que la corrupción a lo largo de la frontera es un problema mexicano, no estadounidense. Es México el que tiene los policías corruptos e indisciplinados, mientras que en los poblados fronterizos de Estados Unidos únicamente los ciudadanos más destacados pueden portar la insignia.

El caso de Rey Guerra, un alguacil del condado Starr, en Texas, prueba lo contrario. En 2009 Guerra fue acusado y sentenciado por trabajar con sus contrapartes del lado mexicano de la frontera en Miguel Alemán, Tamaulipas. Reconoció haber filtrado información y entorpecido investigaciones a cambio de miles de dólares y otros regalos.

Los residentes del condado de Starr estaban impactados: su alguacil había vivido en una espléndida casa decorada de manera muy similar a una narco-mansión mexicana, pero por alguna razón realmente no se les ocurrió que podía ser tan corrupto; sin embargo, a los encargados de aplicar la ley en el área sí. Ralph G. Diaz, un agente especial destacado en San Antonio, Texas, dijo que la implicación de Guerra era bastante normal. "Es casi cultural. A lo largo de toda su vida, esta gente ha visto realizar esa clase de actividad en sus comunidades básicamente sin impedimento. Llegan a aceptarlo".

Los traficantes de drogas "sienten que pueden comprar a los encargados de hacer cumplir la ley", agregó Tim Johnson, el procurador de Estados Unidos para el sur de Texas, al confirmar lo que muchos han sospechado pero rara vez pueden probar. "Y a veces pueden".

Más vergüenzas habrían de pasar durante el primer año del mandato de Obama. En septiembre de 2009, por ejemplo, Richard Padilla Cramer, un ex agente del Servicio de Inmigración y Control de Aduanas de Estados Unidos (ICE, por sus siglas en inglés) fue arrestado presumiblemente por haber filtrado información de bases de datos judiciales confidenciales a los cárteles mexicanos de las drogas. En algún momento destacado en Guadalajara, Padilla Cramer supuestamente también ayudó a un cártel no identificado a introducir casi 300 kilos de cocaína a Estados Unidos para enviarlos a España.

Cuando se dieron a conocer las supuestas infracciones de Padilla Cramer, varios ex colegas suyos salieron en su defensa. "De la gente con la que trabajé durante mi carrera, él es uno de los cuatro o cinco a los que yo les confiaría mi vida", le dijo Terry Kirkpatrick, ex supervisor del ICE, a *Los Angeles Times*. "A menos que alguien diga 'Aquí está una videocinta' —declaró Kirkpatrick—. Si resulta ser verdad, nunca volveré a confiar en nadie".

Finalmente Padilla Cramer llegó a un trato: se le acusaría de obstrucción de la justicia, no de tráfico de drogas. Más casos de supuesta corrupción saldrían a la luz en el primer año del gobierno de Obama, y resultaba imposible que Washington hiciera caso omiso de la influencia de los cárteles al norte de la frontera. De acuerdo con el Centro de Inteligencia Nacional contra la Drogas del Departamento de Justicia, para principios de 2009 el tráfico en 230 ciudades de Estados Unidos —de 45 estados— estaba bajo el control de los cárteles mexicanos y sus afiliados. Los cárteles mexicanos, advirtió el senador Dirk Durbin, son "el nuevo rostro del crimen".

El gobierno de Calderón se puso a la defensiva. Yo pasé la primera parte de 2009 refutando las declaraciones de que México era un Estado fallido. "Decir que México es un Estado fallido es absolutamente falso", dijo el Presidente mexicano. "No he perdido ninguna parte —ni una sola parte—, del territorio mexicano".

Algunas fuentes gubernamentales de Estados Unidos salieron en defensa de México, diciendo que Calderón estaba de hecho destruyendo lo que había sido un Estado fallido bajo el Partido Revolucionario Institucional, un sistema en el cual el crimen organizado medró. Pero quizá el papel del Estado en el tráfico de drogas durante la era del PRI haya sido crucial para mantener la paz. El Estado había sido "el árbitro", dijo un experto en temas gubernamentales mexicanos, y una vez que se desmoronó los traficantes tuvieron que resolver sus problemas ellos mismos. Desafortunadamente se inclinaban más a resolverlos a balazos que hablando.

El presidente Obama estaba tomando todo eso en cuenta. En abril de 2009, durante una visita a Guadalajara, el nuevo presidente dejó clara su postura. "No se puede pelear esta guerra con una sola mano. No se puede tener a México haciendo un esfuerzo y a Estados Unidos no haciendo un esfuerzo... Vamos a estar enfrentando no sólo con la prohibición de drogas en dirección al norte, sino también trabajando en ayudar a frenar el flujo de efectivo y armas hacia el sur".

Durante su campaña electoral, Obama había prometido tratar de restablecer una prohibición federal de armas de asalto en Estados Unidos, pero en Guadalajara de hecho admitió que había renunciado a tal pretensión. Sin embargo, incrementaría las leyes contra el traslado de tales armas al otro lado de la frontera. Reconoció abiertamente que el flujo de armas ilegales hacia México era un problema de Estados Unidos; México respiró aliviado.

El mercado estadounidense de drogas siempre ha sido el más insaciable del mundo. De acuerdo con cálculos de Naciones Unidas, 12.3 por ciento de los ciudadanos de Estados Unidos de entre 15 y 64 años de edad usaron marihuana o cannabis el año pasado. En Inglaterra y Gales, en comparación, esa cifra fue de 7.4 por ciento; en Alemania fue más baja, 4.7 por ciento, igual que en Holanda, donde se situó en 5.4 por ciento. Con respecto a la cocaína, la heroína y las metanfetaminas, los ciudadanos estadounidenses una vez más alcanzaron el nivel más alto o estuvieron muy cerca.

La DEA calcula que en Estados Unidos se gastan 65 mil millones de dólares en drogas ilegales al año, y RAND Corporation estima que dicha cifra se distribuye de la siguiente manera: 36 mil millones de dólares en cocaína, 11 mil millones en heroína, 10 mil millones en marihuana, 5 mil 800 millones en metanfetaminas y 2 mil 600 millones de dólares en el resto de las drogas ilegales en conjunto.

Estados Unidos calcula que los cárteles mexicanos de la droga ganan entre 18 mil millones y 40 mil millones de dólares al año por la venta de drogas en Estados Unidos, que luego se llevan de contrabando de regreso a su país para lavarlo.

Armas del norte

En años recientes México ha empezado a ver el papel de Estados Unidos en su guerra contra las drogas de manera más insidiosa, debido al flujo de armas ilegales hacia el país.

Hasta 90 por ciento de las armas que usan los cárteles de México proviene de Estados Unidos. Esta cantidad es discutible, puesto que nadie ha seguido con precisión el rastro de las armas, pero no hay duda de que buena parte del arsenal de los cárteles se adquiere al norte de la frontera.

Es un arsenal gigantesco. Desde que Calderón lanzó su ofensiva contra las drogas, el Ejército se ha incautado de 40,838 armas de integrantes de los cárteles. (La PGR y la Policía Federal no han publicado sus propios datos). Entre esas armas había rifles de asalto AK-47 y AK-15, escopetas, revólveres, granadas, lanzagranadas y municiones capaces de penetrar chalecos antibalas, de las conocidas como *mata-policías*.

En una sola incursión en una casa en Reynosa, Tamaulipas, el Ejército descubrió 540 rifles, 165 granadas, 500 mil cartuchos y 14 cartuchos de dinamita. Las autoridades hicieron notar con sequedad que los cárteles estaban expandiendo sus arsenales.

"Los cárteles están usando armamento básico de infantería para enfrentar a las fuerzas gubernamentales", dijo un enviado de Estados Unidos en México a principios de 2009. "Encontrar criminales con esta clase de armamento es la misma gata, pero revolcada. Tienen todo el equipamiento de una escuadra de infantería o de combate a la guerrilla".

Sabiendo perfectamente que los cárteles superaban en armamento a sus contrapartes mexicanas, las autoridades de Estados Unidos lanzaron el Proyecto Traficante de Armas en un intento de frenar el flujo de armas rumbo al sur. La Oficina para el Control del Alcohol, Tabaco, Armas de Fuego y Explosivos (ATF, por sus siglas en inglés) desplegó cerca de 100 agentes especiales y 25 investigadores al suroeste de la frontera de Estados Unidos y puso en marcha su capacidad de rastrear armas de fuego, buscando el origen de las armas usadas en crímenes cometidos en México. Los resultados fueron impresionantes: en 2008, por ejemplo, a 656 armas utilizadas en crímenes mexicanos se les siguió el rastro hasta McAllen, Texas, al otro lado de la frontera con Reynosa.

Sabiendo que la mayoría de las armas criminales mexicanas rastreadas hasta Estados Unidos habían sido adquiridas en Texas, la ATF concentró sus operaciones en ese estado sureño. También hubo más cooperación internacional: en 2008 México pidió a Estados Unidos que rastreara cerca de 12 mil armas, en comparación con las escasas 3 mil del año anterior.

Otros advirtieron acerca de la complicidad estadounidense en una forma distinta: sus pandillas. El cártel de Sinaloa operaba mediante células ubicadas en ciudades como Chicago y Nueva York. Éstas eran estadounidenses, miembros de las pandillas locales, que traficaban drogas. Un día podrían explotar. El procurador general Medina Mora se refirió a los miembros de pandillas —aproximadamente un millón— que trafican drogas en Estados Unidos como a "un monstruo que duerme en el sótano de Estados Unidos".

Si las instancias gubernamentales de Estados Unidos estaban pensando seriamente en perseguir a estos pandilleros —como México ha hecho dentro de los límites de sus fronteras—, convertirían a Estados Unidos en un "auténtico infierno", predijo el ex asesor de Medina Mora. "Ellos [las pandillas] contestarán el fuego con armas estadounidenses que puedan comprar como quien compra *hotcakes*".

Ya se había presentado evidencia potencial del "monstruo durmiente". El Chapo y los hermanos Beltrán Leyva habían ido a la guerra en parte a causa de las disputas acerca de una célula supuestamente encabezada por Pedro y Margarito Flores, dos hermanos asentados en Chicago. De acuerdo con las acusaciones de Estados Unidos, ellos ayudaron a dirigir una red que iba de Los Angeles a otras ciudades a través del medio oeste; supuestamente habían transportado dos toneladas de cocaína al mes en tráileres-tractores hasta bodegas en Chicago, desde donde serían distribuidas. Luego, se enviaba el efectivo de regreso al cártel de Sinaloa. Supuestamente el padre de los hermanos Flores traficaba con drogas en Sinaloa; más adelante se mudaron a Chicago, donde se asimilaron en barrios predominantemente mexicanos, como Pilsen.

Pero ser mexicano en Chicago no basta para comerciar con drogas tranquilamente; la ciudad es el hogar de varias pandillas, todas las cuales compiten por el territorio rival. Todos los grandes cárteles operan en Chicago, de acuerdo con la justicia estadounidense. Esto hace de la ciudad un potencial punto candente.

De acuerdo con el Departamento de Justicia de Estados Unidos, los hermanos Flores ya habían causado algunos problemas a causa de sus operaciones en Chicago. Habían estado trabajando tanto con el Chapo como con los hermanos Beltrán Leyva, más que con la organización de Sinaloa completa. Una de las principales razones por las que el Chapo y los hermanos Beltrán Leyva entraron en guerra fue, según se aseguró, la lealtad de los hermanos Flores.

El jefe de Inteligencia de la DEA, Anthony Plácido, le dijo al *Washington Post* que debido a la presión de la justicia, los cárteles mexicanos ahora estaban usando apoderados inexpertos, como los hermanos Flores, lo que implicaba el riesgo de que se desatara la violencia. Desde hace mucho ha habido apoderados de Estados Unidos que trabajan para los cárteles mexicanos, pero "solían ser dioses y controlaban un área por años. Ahora con frecuencia duran sólo unos meses antes de que los arresten o los asesinen. Lo que eso crea son oportunidades para un [joven] de 28 años al que... no le preocupa morir".

Bajo el régimen de Obama la DEA también comenzó a trabajar para expandir sus operaciones dentro de México. Desde hace mucho la mayor parte de la presencia internacional de la DEA ha estado en México, con oficinas en la capital, Tijuana, Hermosillo, Ciudad Juárez, Guadalajara, Mazatlán, Mérida, Monterrey, Matamoros y Nuevo Laredo. Esta autorizó el despliegue de mil 203 agentes especiales —23 por ciento de su plantilla mundial de agentes de ese rango— hacia el suroeste de la frontera de Estados Unidos.

El Chapo observaba. En marzo de 2009, él y sus asociados se reunieron por tres días en Sonoíta, Sonora. Ahí le habló a su cohorte del incremento de medidas domésticas enérgicas en Estados Unidos. El Chapo no iba sucumbir sin pelear y ordenó a sus contrabandistas hacia Estados Unidos que usaran "sus armas para defender sus cargamentos a cualquier precio".

Capítulo 15

SINALOA INC.

Las autoridades de Estados Unidos creyeron, y desearon, que el Chapo estuviera actuando por desesperación.

El mes anterior a la reunión en Sonoíta, el señor de las drogas había sufrido un duro revés. La Operación Xcellerator, una investigación multinacional encabezada por la DEA, había llevado al arresto de 750 supuestos miembros del cártel de Sinaloa en Estados Unidos. Fue un "golpe aplastante" para el Chapo, declaró la jefa de la DEA, Michele M. Leonhart. "Descansen con la seguridad de que, si bien esta es la operación más grande de la DEA contra el cártel de Sinaloa y sus redes hasta la echa, no será la última".

En efecto, la Operación Xcellerator había sido un éxito digno de mención. Había comenzado en el condado Imperial, en California. Empezó con un decomiso de droga; la DEA se las había arreglado para rastrear 70 células pertenecientes al cártel de Sinaloa en pueblos y ciudades de 26 estados de Estados Unidos, desde la costa Este hasta la costa Oeste. Algunos de los agentes eran distribuidores en áreas metropolitanas como Nueva York y Los Angeles. Otros estaban trabajando en sitios poco conocidos, como Brockton, Massachusetts, o Stow, Ohio.

Stow es un pequeño poblado del medio oeste de aproximadamente 35 mil habitantes, pero en años recientes el Chapo y su gente lo han transformado. De acuerdo con la DEA, habían estado transportando desde California por aire docenas de kilos de cocaína a través del minúsculo aeropuerto de Stow. De ahí se distribuía a las grandes ciudades de Ohio, como Cleveland y Columbus. También se vendía en los campus de las escuelas del área. Los residentes de Stow no tenían idea de lo que estaba ocurriendo justo bajo su nariz.

Aunque la DEA estaba orgullosa de la Operación Xcellerator —después de todo, había privado al Chapo de cerca de mil millones en ganancias— la iniciativa había puesto al descubierto la fea verdad acerca de la búsqueda del Chapo. "La diseminación del cártel de Sinaloa es una amenaza directa a la seguridad y la tranquilidad de ciudadanos respetuosos de la ley en todas partes", dijo Leonhart, de la DEA. La Operación Xcellerator también descubrió en Canadá un "súper laboratorio de metanfetaminas", que pertenecía al cártel de Sinaloa y era capaz de producir 12 mil pastillas de éxtasis en una hora.

Así que no estaba claro si el Chapo actuaba por desesperación. De hecho, se estaba descubriendo evidencia que mostraba que este cártel se había expandido de manera global al desarrollar una red de líneas de suministros, agentes y administración más propia de una corporación multinacional.

Desde hacía mucho tiempo las autoridades mexicanas habían advertido que el control del tráfico de drogas mexicano no satisfaría el apetito del Chapo. Su misión, de acuerdo con la PGR, "es obtener un estatus tan omnipotente que le permita formar alianzas internacionales".

Para 2009 estaba consiguiendo esa meta. La organización del Chapo ahora estaba operando en casi toda las naciones de Centroamérica, desde Guatemala hasta Panamá. En los países claves para la producción de cocaína, Perú y Bolivia, una serie de arrestos de sinaloenses era prueba de que la gente del Chapo se estaba moviendo en lo que había sido territorio colombiano. La gente del Chapo también era más violenta de lo que jamás fueron los colombianos; las ejecuciones relacionadas con las drogas se estaban desbocando. Incluso en la propia Colombia, el Chapo y sus contrapartes mexicanas eran suficientemente poderosos como para establecer un campo. Ahora ellos fungían como jefes muy adentro del territorio colombiano.

En julio de 2009 fueron decomisadas más de 70 propiedades en todo Colombia; todas ellas vinculadas con el Chapo. Valuadas en 50 millones de dólares, las propiedades comprendían ranchos, residencias urbanas, hoteles y oficinas tanto en zonas remotas del país como en las ciudades más grandes, como Cali. Siete miembros del cártel de Sinaloa fueron arrestados durante la redada. "Tenemos evidencia de algunos mexicanos asentados en Medellín, asentados en Cali, asentados en Pereira, en Barranquilla", dijo el director de la policía colombiana, general Óscar Naranjo.

El cártel de Sinaloa no se detenía en Colombia. Una prohibición mexicana a la importación de efedrina y pseudoefedrina —precursores necesarios para la fabricación de metanfetaminas— había tornado más difícil producir la droga que estaba teniendo gran demanda en Estados Unidos. El incremento de la presencia de la Guardia Costera de Estados Unidos en el Pacífico, el Golfo de México y el Caribe, que había obstaculizado a los colombianos, se estaba volviendo una molestia para los mexicanos, así que el cártel de Sinaloa había comenzado a usar Argentina como un punto de tránsito primario.

Los argentinos no estaban ansiosos de admitir la presencia del crimen organizado mexicano dentro de sus fronteras. Pero no era fácil. En una ocasión, dos hombres mexicanos que recientemente habían entrado al país fueron arrestados con 750 kilos de cocaína. Un juez que investigaba su caso creía que trabajaban para el cártel de Sinaloa. Con sus contrapartes colombianas, estaban planeando contrabandear la cocaína hacia España, donde podría alcanzar un valor de 27 millones de dólares a precios de la calle.

"No hay cártel de Sinaloa [en Argentina], únicamente dos caballeros con pasaportes mexicanos", insistió el ministro de Justicia y Seguridad argentino, Aníbal Fernández. "Se ha dicho que la Policía Federal reportó que esos hombres podrían pertenecer al cártel de Sinaloa: eso es una mentira, no hay cártel en esto... Quienquiera que esté hablando acerca del cártel de Sinaloa sabe muy poco acerca del cártel de éste".

Las importaciones de efedrina en Argentina también se habían incrementado de 5.5 toneladas en 2006 a 28.5 toneladas al siguiente año, de acuerdo con la DEA. Cincuenta por ciento de las 1.2 toneladas de efedrina que Argentina decomisó en 2008 habían estado destinadas a México, ocultas en contenedores de azúcar. En una ocasión, la Policía Federal de Argentina descubrió cuatro toneladas de efedrina escondidas en tambos de aceite y cajas. La efedrina —el cargamento más grande que se hubiera decomisado jamás en Argentina— había sido importada de India y China, y estaba destinada a México y Estados Unidos.

Otra redada efectuada en las afueras de Buenos Aires había conjuntado 23 mexicanos vinculados con Sinaloa y un laboratorio de metanfetaminas. Los cárteles estaban pensando en la producción en Argentina como una futura opción para lograr una distribución más rápida y fácil hacia Europa.

Y donde había traficantes de drogas mexicanos, también había violencia. En una ocasión, tres argentinos fueron hallados en una zanja a las afueras de Buenos Aires, sus cadáveres cosidos a balazos, con las manos atadas. El asesinato tenía todas las marcas de una ejecución del hampa mexicana. Según un agente retirado de la DEA que trabajaba en Argentina, los jóvenes habían tratado de estafar a sus contrapartes mexicanas.

Para finales de 2009 estaba claro que las desestimaciones argentinas de actividades del cártel estaban equivocadas: ahora no había duda de que los sinaloenses habían llegado al Cono Sur.

El cártel de Sinaloa tiene grandes nexos con naciones asiáticas como China, India, Tailandia y Vietnam, donde obtiene los químicos necesarios para producir metanfetaminas. (Supuestamente, una vez el Chapo importó heroína directamente de Tailandia a fin de distribuir el producto en Estados Unidos, lo que había sugerido que, por si solo, México no podría satisfacer la demanda de Estados Unidos). Estas conexiones eran por lo general a través de empresas y a altos niveles; rara vez los agentes mexicanos ponían personalmente un pie en Asia para distribuir drogas o lavar dinero.

En Europa y África, sin embargo, los sinaloenses ciertamente estaban en el terreno. El cártel estaba usando sus centros de operación claves europeos —Portugal, España, Alemania, Italia, Polonia, Eslovaquia y la República Checa— para establecer lo que un experto llama "una base patrimonial" para sus activos. El razonamiento era simple: el cártel de Sinaloa quería estabilizar sus activos y salvaguardar sus billones para el futuro.

Por medio de unidades especiales de inteligencia financiera, los franceses y los españoles se las arreglaron para incautarse de algunos activos, pero no lograron conseguirlos todos.

Por toda Europa los agentes mexicanos estaban distribuyendo cocaína y heroína. Estaban reclutando miembros de pandillas de Centroamérica para representarlos en Europa, de acuerdo con la Junta Internacional de Fiscalización de Estupefacientes de Naciones Unidas. Un reporte publicado en el periódico *El Universal,* que aseguraba que el Chapo estaba enviando a sus pistoleros a recibir entrenamiento en Irán, fue desechado por Estados Unidos. Pero en algunas instancias los mexicanos en definitiva se estaban comunicando directamente con el crimen organizado en otros continentes.

África era particularmente atractivo para el cártel de Sinaloa por sus Estados debilitados y sus movimientos rebeldes. Algunos expertos advirtieron que los cárteles mexicanos ahora tenían presencia en 47 naciones africanas. Fue fácil para los traficantes de drogas mexicanos obtener pasaportes locales y viajar por toda África con armas y drogas; todo lo que necesitaban era un contacto con el gobierno local y un poco de dinero en efectivo. Los narcos sudamericanos también estaban creando compañías falsas —pesquerías en Senegal, por ejemplo—, a través de las cuales pudieran lavar dinero. De acuerdo con expertos en el terreno, que estudian la actividad del cártel, incluso algunos gobiernos del oeste de África eran sospechosos; el ingreso de dinero extranjero en sus arcas se consideraba altamente sospechoso.

Mientras tanto, el jefe de Operaciones de la DEA, Michael Braun, argumentaba ante el Congreso de Estados Unidos que un incremento en la demanda de cocaína en Europa —cerca de 500 toneladas de cocaína de Latinoamérica y México estaban destinadas a Europa en 2009, según sus cálculos— estaba volviendo al oeste de África, en particular, más y más atractivo para los cárteles mexicanos.

Y aún había más. Con el euro fortaleciéndose ante al dólar, advirtió Braun, Europa "ha surgido como el perfecto y más reciente patio de juegos para estos despiadados cárteles… Hoy veo a Europa tambaleándose en el borde de una catástrofe de tráfico de drogas y abusos similar a aquella que nuestra nación enfrentó hace cerca de 30 años. Si necesitan una imagen acerca de lo que predigo que Europa deberá enfrentar en los años por venir, sólo recuerden Miami a fines de los setenta, seguido del 'crack' de la epidemia de cocaína que estalló en Estados Unidos en los ochenta".

E cuanto a la posibilidad de que los cárteles mexicanos ahora estén trabajando con células terroristas en zonas del mundo desestabilizadas, Braun dijo: "Todavía me quita el sueño algo que me persigue como ninguna otra cosa".

Hacer olas

Los cárteles no sólo se estaban expandiendo: se volvían más y más creativos en sus métodos de contrabando.

El avión de la Marina de México había divisado su objetivo ante las costas del sureño estado de Oaxaca. Parecía ser un bote, que se dirigía velozmente al norte. Pero no aparecía en el radar como un barco normal. Unos 225 kilómetros al sur del destino turístico de Huatulco, un submarino semisumergible de casi diez metros de largo surcaba la superficie.

Por tres horas el avión de la Marina y la Guardia Costera lo persiguieron. Finalmente se las arreglaron para obligarlo a detenerse. Llevaba 5.8 toneladas de cocaína, envuelta en 257 paquetes.

Aun así, el decomiso en sí no era tan impresionante. En el puerto mexicano de Manzanillo, las autoridades, con base en información de la DEA, previamente habían incautado 23.5 toneladas de cocaína del Chapo. Pero el método de contrabando que emplearon en la costa de Oaxaca fue novedoso. El submarino verde había sido construido, o por lo menos modificado, con autorización, probablemente en la selva de Colombia.

Desde la década de los noventa la policía colombiana ha estado encontrando tales naves en sus puertos y alejándose de sus costas; Estados Unidos avistó uno a unos 160 kilómetros de la franja costera de Costa Rica en noviembre de 2006. Lo apodaron Bigfoot (Pie Grande). Llevaba tres toneladas de cocaína. Estos primeros semisumergibles improvisados tenían entre 12 y 24 metros de largo y se construían con fibra de vidrio, acero o madera. Sólo 45 centímetros de la nave eran visibles sobre el agua. Funcionaban con una sola máquina diesel o dos, que tenían una capacidad de 5 mil 678 litros. Construirlos costó alrededor de 2 millones de dólares.

Debido a que la mayor parte del casco está sumergida, divisar estos submarinos era extremadamente difícil. Una vez cerca de ellos, era fácil inundarlos, y las drogas se las llevaba el océano. A menudo la tripulación abandonaba la nave, dejando a la Guardia Costera en una posición en la que debía rescatarlos y llevarlos a tierra a salvo.

El incidente frente a las costas de Oaxaca era el primero en el que mexicanos pasaban por ahí en su propio submarino improvisado. Lo habían rastreado desde la costa oeste de Colombia gracias a informes de inteligencia de Estados Unidos.

El almirante de Estados Unidos Jim Stavridis advirtió que la cocaína no era la principal preocupación, sino el terrorismo. "Lo que me preocupa [acerca de los submarinos] es que si puedes mover tanta cocaína, ¿que otra cosa puedes poner en ese semisumergible? ¿Puedes poner en él un arma de destrucción masiva?", dijo el encargado del Comando Sur de Estados Unidos. Luego de tomar nota, el senador

Joseph Biden presentó la Ley de Prohibición del Tráfico de Drogas para que se considerara "un delito grave en el caso de aquellos que, a sabiendas o intencionalmente, operaran o se embarcaran en uno [semisumergible autoimpulsado por propelas] que esté o haya navegado en aguas internacionales con la intención de evadir ser detectado".

Con todas las miradas puestas ahora en sus submarinos, los narcos de México estaban adoptando también otras técnicas.

Por mucho tiempo los narcos habían trasladado drogas al otro lado de la frontera ocultas en el interior de productos enlatados y muñecas. Por ejemplo, dos mexicanos sospechosos de ayudar a contrabandear 100 kilos de cocaína a Nueva York desde México dentro de cinco estatuas de la Virgen María de 90 centímetros de alto fueron arrestados en una ocasión en Brooklyn. Los narcos también contrabandeaban cargamentos más pequeños ocultos en juguetes, muebles, zapatos, souvenires y velas.

Como si usar imágenes devocionales no fuera suficientemente descabellado, ahora los narcos están usando... tiburones. En una redada en un puerto del sureste de México en la que se usaron perros para rastreo, la policía encontró más de veinte tiburones muertos rellenos con una tonelada de cocaína.

Mujeres y niños primero

Ahora los cárteles también están usando con más frecuencia mujeres y niños para llevar sus cargamentos.

Una mexicana de 40 años de edad fue detenida en el aeropuerto Heathrow de Londres luego de que los aduaneros hallaron 15 kilos de cocaína amarrados a las piernas de sus dos hijos, de 13 y 11 años de edad. Habían viajado en un vuelo de British Airways desde la ciudad de México.

Una mujer que viajaba al otro lado de la frontera en Nuevo Laredo fue detenida por los guardias. Les dijo que un hombre que dijo llevar demasiado equipaje la había abordado y ofreció pagarle 80 dólares si accedía a cruzar la frontera llevando una estatua de Jesús por él. Los agentes fronterizos de Estados Unidos revisaron la efigie, que estaba hecha completamente de cocaína. Se valuó en aproximadamente 30 mil dólares.

En Rio Grande Valley, en el sur de Texas, agentes fronterizos encontraron 10 mil dólares dentro del pañal de un niño. Se pensó que era dinero de las drogas.

Las mujeres siempre han ocupado un sitio especial en la narco-cultura, pero por lo general como esposas, novias y madres de los narcos, nada más. En Culiacán, princesas de largas uñas y mucho maquillaje acompañan a sus novios narcos a los clubes nocturnos. Cuando son un poco más mayores, circulan por ahí en sus camionetas tipo SUV sin placas de tránsito, llevan a sus hijos de compras al centro comercial y cenan en los mejores restaurantes de la ciudad. Los domingos disfrutan de largos almuerzos en el Hotel Lucerna, el establecimiento de cinco estrellas, el preferido de los empresarios políticos en viaje de negocios, y en otros restaurantes alrededor de la ciudad.

Todo el mundo sabe quiénes son, y nadie se atreve a criticarlas. Son más o menos dueñas de Culiacán. Si cometen una infracción de tránsito, nadie las multa. Si cometen un delito menor, nadie se atreve a reportarlo. Si quieren el mejor asiento en el restaurante o el salón de belleza, lo obtienen.

Rara vez se involucran a profundidad en el negocio, pero culturalmente son parte de él.

A fines de diciembre de 2008, en particular una reina de la belleza de Sinaloa llamó la atención del mundo cuando fue arrestada junto con un grupo de siete supuestos miembros del cártel de Juárez en un puesto de revisión militar a las afueras de Guadalajara. Laura Elena Zúñiga Huizar, de 23 años de edad, iba conduciendo un auto con rifles de asalto, pistolas, cartuchos, más de una docena de teléfonos celulares y 53 mil 300 dólares; el cargamento estándar de un narco.

Los medios no se cansaban de la noticia. Zúñiga, que había sido maestra de preescolar, había ganado el concurso de Miss Sinaloa apenas seis meses antes. Los programas informativos de televisión intercalaban imágenes de ella aceptando el ramo de flores que se entrega a la ganadora, con las más nuevas, cuando las autoridades la presentaron ante la prensa, con la cabeza baja y aspecto desaliñado.

Aunque se trataba de una historia sensacionalista, tenía un trasfondo triste que atormentaba a madres y padres de todo México. Luego resultó que Zúñiga no estaba involucrada en el narcotráfico, pero estaba saliendo con Ángel Orlando García, un miembro de alto rango del cártel de Juárez. Padres de todos México se planteaban las mismas preguntas: ¿qué impulsa a una mujer joven con un futuro prometedor a relacionarse con semejantes tipos? No hay duda de que en todos lados a las mujeres jóvenes les gustan los chicos malos, pero ¿que había de atractivo en hombres que se dedican a traficar drogas y a matar?

Algunos dicen que son las riquezas; otros dicen que es la libertad. Los narcos viven fuera de un sistema de leyes que, en la mente de la mayoría de los mexicanos, no vela por ellos. Esa clase de vida puede ser atractiva, particularmente para una mujer joven con belleza e inteligencia pero no necesariamente un futuro claro.

Y en algunos casos ni siquiera se considera que los enigmáticos narcos de hasta arriba estén haciendo algo especialmente ilegal. Son ciudadanos normales que asisten a reuniones políticas y apoyan a los candidatos de su elección, ayudan a construir escuelas e iglesias, patrocinan eventos locales e impulsan las economías locales. Como otros de su edad, también salen, van a clubes nocturnos y se casan.

Ahí es donde radican los riesgos. Los traficantes de drogas representan otro problema más: al fin y al cabo, si eres mujer es difícil rechazar —ya no digamos romper con él— a un narco que te hace proposiciones. "Si una mujer rechaza una proposición [de un traficante de drogas], su castigo puede ser la muerte", dice Magdalena García Hernández, quien encabeza un grupo activista de mujeres conocido como Milenio Feminista.

No está claro por qué Zúñiga Huizar, que nació y creció en Culiacán, eligió asociarse con los hombres con quienes fue arrestada. No está claro si tuvo opción. Fue puesta en libertad sin que se le formularan cargos, y desde entonces ha permanecido muy alejada de las miradas públicas en Culiacán.

En el centro correccional estatal en Ciudad Juárez, un grupo de mujeres fueron encarceladas por traficar para la organización del Chapo; alegaron que no sabían lo que llevaban (marihuana) y fueron sentenciadas a varios años. Carmen Elizalde fue arrestada por traficar casi 100 kilos de cocaína de Panamá a México, y se le envió a la prisión de Culiacán. Ella adujo que su esposo la había engañado, fingiendo que sólo iban de vacaciones.

Para algunas mujeres jóvenes, el encanto permanece. Sentadas en el soleado patio de Santa Martha Acatitla, el reclusorio de mujeres en los límites de la ciudad de México, un grupo de prisioneras se reúnen y hablan de sus crímenes.

Una de ellas está ahí por robo de auto, otra por tomar a mano armada un autobús de la ciudad.

Una interna de largas piernas baja contoneándose las escaleras hasta el patio. Llevando lentes para sol estilo Jackie O y tacones, camina con la arrogancia de una supermodelo y se dirige al teléfono de monedas que hay en una esquina sombreada.

"Mira", dice una de las internas, deslumbrada y boquiabierta: "La Reina".

Sandra Ávila Beltrán, alias "La reina del Pacífico", fue puesta bajo custodia a finales de 2007. Ahora pasa los días aquí en Santa Martha Acatitla. Todavía está esperando sentencia. Cuando fue arrestada en la ciudad de México —se había cambiado el nombre y llevaba una vida modesta, pero fue localizada porque no había renunciado a su gusto por los mejores restaurantes de la ciudad—, La Reina se volvió una celebridad al instante. Le hizo pucheros a los policías y dijo que sólo era una ama de casa que vendía ropa y casas para ganarse un dinerito extra.

La castaña de 46 años de edad, originaria de Baja California, también había sido acusada en Estados Unidos de conspirar para importar cocaína. Supuestamente había ascendido en el mundo del narco gracias a sus conexiones familiares (como sobrina del "Padrino" Félix Gallardo). Con el tiempo y gracias a su novio narco colombiano, Juan Diego Espinosa, "El Tigre", se volvió una intermediaria vital entre mexicanos y colombianos.

Mediante la seducción, ella se había abierto el camino hasta los más altos niveles del cártel de Sinaloa; en la lista de los que habían sido sus amantes incluía al Mayo y a Ignacio "Nacho" Coronel. (También había estado casada con un comandante corrupto de la Policía Federal, Rodolfo López Amavizca, con quien tuvo un hijo. Su esposo fue asesinado).

"Es insólito, en el sentido de que en décadas no habíamos visto que una mujer alcanzara tan alta posición dentro de los cárteles del crimen organizado", le dijo un funcionario mexicano a un reportero cuando la arrestaron. "El ascenso de Sandra tiene que ver con dos circunstancias: sus lazos con una familia que ha estado involucrada con el tráfico de drogas por más de tres generaciones, y la belleza física que la hace destacar como mujer". Pero Michael Vigil, de la DEA, fue más reprobatorio en su declaración. "Sandra era muy despiadada. Ella usaba las tácticas intimidatorias típicas de las organizaciones mexicanas".

Por semanas luego de su arresto, mientras los periódicos desmenuzaban hasta el más mínimo detalle de su historia, las estaciones de radio mexicanas transmitían repetidamente un narco-corrido en el que se le exalta como "pieza grande del negocio, una dama muy pesada". Una vez en prisión, sin embargo, el brillo pareció apagarse. Ella presentó una queja ante grupos de Derechos Humanos, diciendo que había cucarachas en su celda; además, la comida no era de su agrado.

"Ella es increíble", dijo una de las internas en el patio de Santa Martha Acatitla cuando vio que La Reina hacía su entrada. Otra dijo que era "una heroína" que se había abierto paso en un sistema machista. Ante esto, otra interna frunció el ceño; "ella es sólo una más aquí en la prisión".

Capítulo 16

EL JUEGO FINAL

EL ARZOBISPO DIJO que el Chapo estaba en las montañas de Durango; las autoridades no correrían riesgos. Ya una vez lo habían visto en la zona, en 2006, manejando una camioneta deportiva tipo SUV. Las cámaras citadinas de vigilancia lo habían captado; la policía y el Ejército no llegaron a tiempo. En adelante, el patrullaje de la zona sería rutina.

El procurador general Eduardo Medina Mora se veía cansado mientras sorteaba una pregunta tras otra acerca del capo. No había dejado de repetir a los medios de comunicación que detener al Chapo no sería el acto definitivo: la guerra contra las drogas era larga y complicada. Tal vez Medina Mora haya sido un héroe ante los ojos de sus colegas estadounidenses, que admiraban su integridad y determinación, pero para un equipo de prensa que se iba volviendo más y más virulento, había ocasiones en que parecía estar casi por rendirse. En algún momento llegó a decir que el objetivo de la guerra contra las drogas "no podía ser destruir el narcotráfico ni la delincuencia relacionada con las drogas".

También García Luna parecía perder el ímpetu. "Dada la tentación… siempre habrá personas que le entren al juego [del tráfico de drogas] por avión o helicóptero, por tierra o mar, porque es un mercado real. No hay otro producto así en el mundo".

Pero en mayo de 2009 los dos habían renovado su resolución. "Las organizaciones delictivas evolucionaron… las funciones y circunstancias del papel [del Chapo] fueron asumidas por otros miembros de la organización", dijo Medina Mora. "Sigue siendo una figura emblemática… [pero] es menos visible, menos importante en las operaciones cotidianas de la actividad delictiva del grupo. La captura del señor Joaquín Guzmán Loera sigue siendo una prioridad para el gobierno".

Había habido otras incursiones que fallaron por poco. En Sinaloa, miembros del Ejército admitieron la posibilidad de que gente del Chapo recibiera advertencias de incursiones provenientes de su campamento. Había sospechas sobre más soldados del general Sandoval y los investigaban por supuestas filtraciones de información al Chapo y los suyos. Nueve soldados del estado de Guerrero fueron detenidos por la misma causa.

Guerrero siempre había sido territorio del Chapo, pero desde hacía mucho lo manejaban los hermanos Beltrán Leyva en su nombre. El Chapo tenía una casa en Las Brisas (una colonia acomodada en la ciudad turística del Pacífico) y los hermanos habían reclutado comandantes de policía, bandas locales de secuestradores y otras organizaciones delictivas para que trabajaran para ellos. Con un puerto importante e innumerables costas vírgenes, Guerrero era ideal para la llegada de cocaína; con trechos montañosos que rivalizaban con la sierra de Sinaloa, el estado era perfecto para la producción de amapola y marihuana.

Cuando los hermanos Beltrán Leyva se separaron del Chapo, estalló la guerra en Guerrero. En todo el estado se sucedían las balaceras entre bandas rivales. Empezaron a aparecer cadáveres a una velocidad semejante a la de Ciudad Juárez o Culiacán. Algunos cuerpos llevaban mensajes firmados por "El Jefe de jefes".

Al parecer, Marcos Arturo Beltrán Leyva, alias "El Barbas", era el único jefe del lugar.

Los hermanos Beltrán Leyva habían extendido la red de corrupción a todo el país; básicamente, eran los propietarios de Guerrero. Tenían grandes influencias en Culiacán y habían pactado alianzas con rivales en Ciudad Juárez. Algunas autoridades (para no mencionar al mexicano promedio) se preguntaban si destronarían al Chapo.

El Chapo había recibido golpes graves. La Policía Federal capturó a uno de sus principales lugartenientes en Jalisco, un hombre que había estado a cargo de las operaciones en el estado y que era uno de los aliados en quien más confiaba el Chapo.

En Culiacán detuvieron a Roberto Beltrán Burgos, alias "El Doctor", un confidente cercano del Chapo que había estado haciendo el trabajo del Vicentillo desde el arresto de éste; era su mano derecha y también su portavoz, encargado de comunicar las órdenes del jefe a los subordinados de todo el país.

El Ejército y la Policía Federal recibieron un informe anónimo de que un grupo de hombres armados circulaban por la ciudad de Durango. Alrededor de 200 agentes y soldados rodearon la zona donde los habían visto y los arrinconaron. Se produjo una balacera. Entre los muertos estaba Israel Sánchez Corral, alias "El Paisa". Había estado a cargo de la plaza de Culiacán para el Chapo, vigilando equipos de traficantes, distribuidores y asesinos. También era el encargado de verificar que nadie entrara en el feudo del Chapo, particularmente Los Zetas.

Antonio Mendoza Cruz, alias "El Primo Tony", uno de los confidentes más cercanos del Chapo, fue arrestado en

Zapopan, Jalisco. Se dice que estaba a cargo de las compras de pseudoefedrina y cocaína para el Chapo en los estados de Quintana Roo, Jalisco y Sinaloa. El Primo Tony trabajaba directamente con los colombianos. Desde los primeros días fue miembro del círculo interno del capo y se dice que ayudó a coordinar la huida del Chapo de Puente Grande.

Al abrir agujeros en la red del Chapo, en la estructura jerárquica del cártel, pretendían trastornar gravemente sus operaciones. Cada vez que detenían o mataban a uno de sus hombres de alto rango, el Chapo tenía que reemplazarlo inmediatamente. El razonamiento era que si seguían atrapando al siguiente de la fila, el Chapo no podría adaptarse a tiempo. También se quedaría sin gente de confianza.

Un grupo de agentes del Chapo planeaba un atentado contra el presidente Calderón. No se revelaron detalles de la conspiración, pero el Presidente reconoció que no era la primera vez que el gobierno recibía informes de inteligencia de esos planes. Y tampoco sería la última, dijo Calderón. "Básicamente, los delincuentes quieren que las autoridades se detengan... porque los estamos obligando a retirarse... En esta lucha, no nos van a intimidar ni nos van a detener".

Asimismo, el Ejército estaba encontrando laboratorios de metanfetaminas en las montañas de Durango y Sinaloa; algunos, de los más grandes que hubieran visto (un laboratorio a las afueras de Culiacán tenía la capacidad de producir cada mes alrededor de 20 toneladas de metanfetaminas, que en las calles de Estados Unidos valdrían 700 millones de dólares). A comienzos de 2009, el procurador general Medina Mora declaró que La Familia era el mayor productor de metanfetaminas del país; el laboratorio de Culiacán parecía contradecirlo.

Al aproximarse los Federales y el Ejército, los habitantes de Sinaloa supieron que algo andaba mal por sus lares.

"Van a detenerlo", dijo un vecino de Culiacán a comienzos de agosto. "Sólo es cuestión de tiempo", pronosticó un joven que dijo que desplazaba drogas por encargo de gente del Chapo. No conocía al jefe y nunca lo había visto, pero le tenía miedo.

El general Sandoval y sus hombres mantenían la presión en todo Sinaloa. Un día recibieron un informe de que el Chapo iba a visitar la tumba de su hijo Édgar, erigida en Jesús María, el pueblo a las afueras de Culiacán donde había nacido el muchacho.

Desde la muerte de Édgar el año anterior, los vecinos de Jesús María habían estado en paz, en parte por respeto al difunto, en parte porque ningún personaje importante se arriesgaría a visitar el lugar. Pero el 8 de agosto el general Sandoval desplegó a sus hombres en la zona alrededor de la tumba, que todavía estaba en construcción. Hicieron guardia veinticuatro horas, determinados a impedir que el Chapo escapara esta vez. Nunca apareció.

Sin amilanarse —y confiando en su información—, Sandoval envió dos helicópteros a peinar la zona y desplegó a sus hombres por el pueblito. Registraron casa por casa, pero no encontraron a nadie.

Desde los helicópteros, los hombres de Sandoval detectaron dos vehículos sospechosos. Los autos daban vueltas alrededor del pueblo, una y otra vez. Cuando se alejaron de Jesús María, los helicópteros bloquearon el camino y los soldados rodearon los vehículos. Sacaron a tres jóvenes y los interrogaron. ¿Estaba el Chapo en el pueblo? ¿Había venido? ¿Qué era lo que sabían? Según informes de los medios locales, los soldados golpearon a los sospechosos, acusándolos de ser pistoleros del Chapo.

Frustrados y sin respuestas, los soldados se fueron del lugar. Dejaron a los tres jóvenes, golpeados y sangrantes.

Cuando llegaron periodistas locales, los soldados volvieron y se llevaron a los sospechosos a un destino no revelado.

El 7 de agosto de 2009 los soldados dieron un golpe: se toparon con algo en el pueblo montañés de Las Trancas, Durango, cerca de donde el Chapo se había casado con Emma Coronel, y a unos 160 kilómetros de Badiraguato y Culiacán. En un terreno de 240 hectáreas, encontraron veintidós laboratorios de metanfetaminas. Según un testigo, ahí había más drogas sintéticas de lo que "uno pudiera imaginar". En el complejo hallaron un cuartel dormitorio para unas 100 personas, con tres cocinas y dos baños. Toda la finca había sido desalojada.

Pero había algo más: varias habitaciones estaban dotadas de baños completos, Internet de alta velocidad, televisión satelital, pantallas de plasma, camas king size, minibares y aire acondicionado. Evidentemente, no todos los habitantes del complejo eran trabajadores de bajo nivel.

Desde un mirador que dominaba el complejo, donde hacían guardia hombres armados, uno podía ver hasta unos 24 kilómetros en todas direcciones. Los soldados descubrieron una reserva enorme de efectivo: decenas de miles de dólares estadounidenses. Quienquiera que hubiera estado viviendo ahí, era de alto rango. Y eran varios. Se acababan de ir apresuradamente y dejaron el dinero.

Las especulaciones no se hicieron esperar: ¿había estado ahí el Chapo? ¿Se escondía, vigilando la valiosa propiedad? Eso pensaban los vecinos de las colinas aledañas, lo mismo que algunos soldados estacionados en la zona. Al parecer, el Chapo había vivido en el complejo, junto con El Mayo y Nacho Coronel.

"Vamos a atraparlo". El agente de la DEA dio un gran sorbo a su cerveza. Estaba convencido de que, algún día, el Chapo sería atrapado en las montañas de Sinaloa o Durango, su terruño. Nunca dejaría su amada tierra, y eso era una ventaja que habían tenido los mexicanos en anteriores operaciones contra el tráfico de drogas en países como Colombia. Con la excepción de Pablo Escobar, los capos sudamericanos de la vieja escuela nunca habían sido reacios a huir al Amazonas o a las regiones montañosas controladas por rebeldes fuera de sus fronteras, si eso significaba sobrevivir.

Cada vez que estaban a punto de atrapar al Chapo en Sinaloa o del otro lado del límite estatal con Durango, el agente de la DEA se sentía seguro de que estaban cerca. Era cuestión de tiempo para que lo atraparan, decía con una sonrisa, y tomaba otro sorbo de cerveza.

Al tiempo que los esfuerzos del Ejército lo complacían grandemente, el agente de la DEA se sentía completamente optimista sobre el hecho de que el Chapo ya no estaba rodeado por sus mejores amigos y, en cambio, se había ganado un montón de enemigos. Desde la separación de los hermanos Beltrán Leyva, el Chapo estaba cada vez más aislado. Los hermanos habían sido cruciales para sus operaciones, y no sólo porque los conocía de toda la vida. Cuando los hermanos Beltrán Leyva se escindieron, dijo el agente de la DEA, el Chapo perdió su red de seguridad.

Sin duda todavía estaba a salvo en sus montañas y en ciudades cercanas, como Culiacán, pero en ningún otro lado, y tampoco su operación estaba segura. Su gente se volteaba en su contra todo el tiempo. El agente citó como ejemplo el reciente reclutamiento de un informante en California. Se trataba de un empleado de nivel medio del Chapo que había tenido el encargo de trasladar el dinero de las ventas de drogas en Chicago a Los Ángeles y de ahí al capo de Sinaloa. La DEA lo atrapó cuando pasaba de una sola vez 4 millones de dólares para el Chapo. "Ahora trabaja para nosotros", dijo el policía de la fuerza anti-drogas.

También había señales de que el Chapo perdía el control de Sonora. Sin el control de ese corredor de contrabando, los sinaloenses podían producir cuanta marihuana, heroína y metanfetaminas quisieran e importar la cocaína que les viniera en gana, pero no podrían llevarla al mercado estadounidense.

Mientras el agente de la DEA continuaba explicando que se pensaba que el Chapo usaba numerosos teléfonos celulares durante sólo un día e incluso durante algunas horas (por miedo de que fueran rastreados), apenas podía contener su regocijo. El Chapo ya no podía confiar en nadie. Sus aliados más fieles se habían vuelto en su contra o habían sido detenidos. El Ejército mexicano hacía un excelente trabajo para acorralarlo en la sierra.

"Está en las montañas de Durango. Tiene que ser horrible vivir así, escondido en madrigueras [o] siempre en fuga".

El Chapo también había perdido parientes, sus aliados más confiables:

- *Arturo Guzmán Loera,* hermano. Muerto el 31 de diciembre de 2004.
- *Édgar Guzmán López,* hijo. Asesinado el 8 de mayo de 2008.
- *Miguel Ángel Guzmán Loera, alias "El Mudo",* hermano. Sentenciado a 13 años por lavado de dinero y portar armas de uso exclusivo del Ejército.
- *Esteban Quintero Mariscal,* primo. Sentenciado a 15 años de cárcel por participación en el crimen organizado y portar armas de uso exclusivo del Ejército.
- *Isaí Martínez Zepeda,* primo. Detenido en Culiacán por portación de armas de uso exclusivo del Ejército.
- *Alfonso Gutiérrez Loera,* primo. Detenido en una casa de Culiacán con armas, granadas y miles de municiones útiles.

Y todavía habría más. El 18 de diciembre de 2008 apareció una mujer muerta en la cajuela de un auto a las afueras de la ciudad de México. Estaba tapada con una manta verde sostenida con un cinturón. A su lado se encontró el cuerpo descuartizado de un hombre, supuestamente su amante.

Habían sido asesinados con una única bala en la cabeza. En varias partes del cuerpo de la mujer (las nalgas, los pechos, la espalda y el estómago), los asesinos marcaron la letra "Z", la señal distintiva de Los Zetas.

Zulema Hernández, la presa de la que se había enamorado el Chapo cuando estuvo en Puente Grande, había muerto.

El Chapo todavía tenía su "anillo protector", las capas sobre capas de informantes y protectores que se extendía hasta cierto radio de donde se encontraba en cualquier momento. Por eso siempre escapaba en el último momento. Pero en la última incursión en Durango había perdido un laboratorio de metanfetaminas que valía millones de dólares. Había perdido familiares y amantes. Y todavía tenía mucho que perder.

Es sólo cuestión de tiempo, prometió el agente de la DEA. Sólo cuestión de tiempo.

¿La guerra fallida?

A lo largo de 2009 se incrementaron los llamados a terminar la guerra. A comienzos del año, una tercia de ex presidentes latinoamericanos —incluyendo a Zedillo, de México— había denunciado que la estrategia de Estados Unidos contra las drogas era una "guerra fallida". El ex secretario de Relaciones Exteriores Jorge Castañeda condenó al régimen de Calderón por lanzar una guerra con la intención de ganarse el apoyo de la opinión pública.

Es una situación paradójica —alegó—. En Los Angeles hay miles de lugares públicos y legales para comprar marihuana —por motivos médicos—, pero en realidad se consigue donde sea. Hay más dispensarios de marihuana que escuelas públicas; 150 kilómetros al sur, a partir de Tijuana, cientos de personas mueren cada mes, policías, soldados, asesinos y civiles, en la guerra contra el narco. Es una norma doble del gobierno y creo que es difícil que Estados Unidos la sostenga".

"No hay que culpar a Estados Unidos de la guerra de México contra las drogas", prosiguió Castañeda. "No hay que culpar a México de la guerra contra las drogas. Es al presidente Felipe Calderón al que hay que culpar por la guerra, una guerra emprendida por decisión, que no debió haber declarado, que no se puede ganar y que está haciendo un daño enorme a México".

Algunos expertos mexicanos postulan que quizá lo mejor sea volver al estado anterior, en el que el gobierno se hacía de la vista gorda ante ciertas operaciones importantes de tráfico de drogas. El Partido Revolucionario Institucional parecía precozmente el favorito para las elecciones presidenciales de 2012, lo que algunos dijeron que facilitaría el acuerdo.

Incluso parecería que el presidente Calderón estaba desplazando al segundo plano la guerra contra las drogas. Generar empleos y erradicar la pobreza serían sus nuevas metas principales; la guerra contra las drogas se mencionaba en un distante tercer lugar.

Entre tanto, los vecinos de Culiacán trataban lentamente de reconstruir su ciudad, sus comunidades. En una ocasión, un grupo pequeño de habitantes de Culiacán se reunió en un local interior para analizar formas de restituir el sano orgullo en su ciudad. Planearon fiestas, campañas de donación de libros e hicieron una lista de ciudadanos respetables a los que podían invitar a los festejos. Pero su reunión se parecía a las que celebra la resistencia en tiempos bélicos. Al final, se despidieron descorazonados, deseándose buena suerte.

En Culiacán todo el mundo tiene cada vez más miedo de los jóvenes narcos, porque no parece que respeten nada. Por poner un ejemplo, la novia de un joven narco se tropezó con los tacones a la salida de un club nocturno. Un hombre que estaba cerca osó reírse del traspié. El narco lo mató a balazos.

El obispo de Culiacán, Benjamín Jiménez Hernández, convocó a la sociedad a levantarse y combatir la ola de violencia. En un ambiente sofocante, exhortó a la acción a la iglesia atestada, y su grey aguantó el sermón. "Tenemos que combatir por nuestra fe, tenemos que combatir por nuestro futuro… Este calor en el que vivimos ahora, debemos conquistarlo con nuestra fe".

Pero noviembre de 2009 fue el mes más sangriento en Sinaloa en dieciséis años; y lo peor estaba por venir, incluso dentro de las cárceles mismas.

Las cárceles de México eran cada vez más problemáticas. A finales de 2009, más de 226 mil personas habían sido detenidas en la guerra contra las drogas. Muchas habían salido libres, pero de todos modos los penales estaban atestados, con más de 80 mil traficantes sospechosos y convictos.

Muchos eran gente del Chapo: más de 15 mil miembros del cártel de Sinaloa habían sido detenidos, casi todos tropas que nunca habían visto al jefe pero que le hacían el trabajo sucio. Había traficantes, pandilleros, operadores de células, asesinos a sueldo y hasta lugartenientes de alto rango:

- *Roberto Beltrán Burgos, alias "El Doctor"*, lugarteniente. Detenido por su supuesta participación en el crimen organizado.
- *Israel Sánchez Corral, alias "El Paisa"*, lugarteniente. Detenido por su supuesta participación en el crimen organizado.
- *José Ramón Laija Serrano*, lugarteniente que dirigió el negocio mientras el Chapo estuvo en Puente Grande. Sentenciado a 27 años y medio por secuestro.
- *Diego Laija Serrano, alias "El Vivo"*, lugarteniente. Sentenciado a 41 años de cárcel por delitos contra la salud y posesión de armas de uso exclusivo del Ejército.
- *Carlos Norberto Félix Terán*, lugarteniente a cargo de la producción de droga en Tamazula y de advertir al Chapo de movimientos de militares en la zona. Detenido por su supuesta participación en el crimen organizado.

Pero las detenciones no sólo eran un duro golpe para el Chapo: estaban llevando a las penitenciarías de México al límite de su capacidad. Estallaron motines en centros de Matamoros, Ciudad Juárez, Culiacán y Tijuana, entre otros, al enfrentarse los sinaloenses con sus rivales de Ciudad Juárez y Los Zetas.

La cárcel de Matamoros tenía presos del cártel de Sinaloa y de Los Zetas. El guardia Jaime Cano Gallardo atestiguó impotente una riña en la que presos de bandas rivales se atacaron en uno de los patios de la cárcel. Los guardias no pudieron someterlos y pidieron refuerzos. Cuando llegaron el Ejército y la Policía Federal, dos internos habían muerto y más de treinta estaban heridos. Ahora el guardia porta un arma semiautomática para defenderse.

En la cárcel estatal de Durango, miembros de bandas rivales pasaron de contrabando de pistolas y otras armas para atacarse. Veinte murieron y veintiséis quedaron heridos. En la fuga más descarada desde que el Chapo se escabulló de Puente Grande, cincuenta y tres supuestos narcotraficantes fueron escoltados fuera de la penitenciaría de Cieneguillas, Zacatecas, por un grupo de hombres disfrazados de agentes federales.

El gobierno mexicano no ignoró el problema y se comprometió a construir una docena de cárceles de máxima seguridad. Tello Peón, el hombre que había sido tan humillado por la fuga del Chapo en 2001, estaba de vuelta en la plaza pública, esta vez como consejero de seguridad nacional. Exigió una reforma "radical" del sistema penitenciario.

Las cárceles de Ciudad Juárez y Culiacán eran particularmente malas. Por la guerra entre el Chapo y el cártel de Juárez, la ciudad se había convertido en un revoltijo de delincuentes de todo el país. En las calles se baleaban y juraban lealtad a su bando. Encarcelados, querían hacer lo mismo.

La penitenciaría de Ciudad Juárez es grande: edificios de concreto se extienden por el desierto hacia las montañas lejanas. Muchos pasillos están resguardados únicamente por enrejado y alambre de púas. Estalló una riña entre miembros de Los Aztecas y un grupo rival. Tomaron cuatro guardias de rehenes. Cuando llegó el Ejército a apagar la violencia, habían muerto veinte presos y docenas quedaron heridos. Las autoridades de la cárcel levantaron un muro enorme que separa las alas de celdas de las bandas y solicitaron soldados para que patrullaran las instalaciones permanentemente. Pero en los hechos, Los Aztecas conservaron el control. Los propios reos impiden a los guardias el paso a las celdas de Los Aztecas.

En otro patio del centro penitenciario de Ciudad Juárez, una banda interpretaba un narcocorrido en un día de visita. El narcocorrido, interpretado en lo que debía ser el corazón del territorio enemigo, era una oda al Chapo. Mientras la banda tocaba, un guardia señaló a miembros de los Aztecas, que miraban fijamente desde un alambrado. "¡Cuidado! No hace falta prácticamente nada para encenderlos".

En todos los años que han pasado desde la fuga del Chapo, los presos se siguen escapando. En una fiesta organizada para los prisioneros y sus familiares, un supuesto asociado del Chapo pasó por las puertas del centro, pasó ante los guardias armados con pistolas y AK-47, llegó al perímetro externo y salió al estacionamiento, libre.

"Esto se debe a fallas humanas", dijo Pedro Cárdenas Palazuelos, encargado de la cárcel de Culiacán, inmediatamente después de la huida. "Tenemos cámaras, puertas electrónicas. Si nadie abre la puerta, nadie sale. Es corrupción".

Cárdenas Palazuelos duró poco en su puesto de Culiacán. Dos meses después de que había asumido el cargo, lo reemplazó el teniente coronel Carlos Suárez Martínez. "Aumentaremos la seguridad, la disciplina y el control", insistió el ex militar. Menos de dos semanas más tarde, otro preso escapó. Éste también se fugó bajo las narices de las autoridades. Éste también, se dijo, trabajaba para el Chapo.

El último narco

"El Padrino" Félix Gallardo está en una prisión de máxima seguridad en el Estado de México. Su salud se debilita. Escribe desde su celda, y expone la defensa que, asegura, nunca se le permitió. "Cuando nosotros, los viejos capos, nosotros que fuimos detenidos, éramos pocos... Nosotros no matamos o robamos ni empobrecimos a los mexicanos como hicieron muchos políticos". El Padrino aseguró que él no quiere ser liberado, pero agregó que culparlo a él por la ola de violencia actual no sólo es injusto sino ridículo. "Uno puede combatir la violencia con empleos... escuelas, campos deportivos, comunicaciones, servicios médicos, seguridad y lucha contra la pobreza... debemos recordar que el territorio mexicano [en la sierra] está olvidado, ahí no hay buenas escuelas, caminos... sólo represión".

La construcción del mausoleo de Don Neto, una vasta estructura grecorromana construida dominando el pequeño pueblo sinaloense de Santiago de los Caballeros, está terminada. Docenas de otras narco-tumbas están diseminadas en el terreno del cementerio, en la ladera de una colina que mira hacia los picos de la sierra. El mausoleo de Don Neto se alza majestuosamente sobre los otros. Es un lugar de descanso para un rey.

Preso en las mismas instalaciones que El Padrino, Don Neto sabe que sus días están contados.

Rafael Caro Quintero, el otro cómplice en el asunto de Kiki Camarena, también está cumpliendo una sentencia de 40 años de cárcel en México; su hermano, Miguel, purga una sentencia de 17 años en Estados Unidos. El Güero Palma Salazar también está en prisión.

Los hermanos Arellano Félix, todos, han caído. Ramón está muerto; Benjamín se encuentra en una prisión de máxima seguridad en México. El 14 de agosto de 2006, Francisco Javier fue arrestado por la Guardia Costera de Estados Unidos en aguas internacionales justo frente a la costa de México; más tarde se declaró culpable en una corte de San Diego y fue sentenciado a cadena perpetua.

El 25 de octubre de 2008, luego de un prolongado tiroteo con las fuerzas especiales mexicanas en Tijuana, que entraron en acción con base en información de la DEA, el hermano Eduardo fue capturado. "El arresto de Eduardo Arellano Félix cierra el libro de esta que alguna vez fue una poderosa y brutalmente violenta banda criminal de hermanos", declaró la administradora en funciones de la DEA, Michele M. Leonhart. Los rumores dicen que el Chapo ayudó a las autoridades a derrocarlos.

Luego de la caída de los hermanos Arellano Félix, Tijuana volvió a caer en conflicto en manos de la hermana de Los Arellano Félix y su hijo, Luis Fernando Sánchez Arellano, alias "El Ingeniero". El Chapo se metió; murieron policías y la violencia se incrementó.

En Tijuana el Chapo se alió con un jefe narco local llamado "El Teo" García Simental, ex integrante de la organización de los Arellano Félix. Antiguamente a cargo de los asuntos de extorsión y secuestro, El Teo era particularmente brutal, incluso para los estándares de Tijuana. Uno de sus subordinados, Santiago Meza, confesó haber disuelto más de 300 cuerpos en sosa cáustica por encargo del Teo. Su sobrenombre era El Pozolero (el pozole es un caldo preparado a base de maíz y carne).

Juan García ábrego está en prisión. Osiel Cárdenas Guillén espera juicio en Houston; un cómplice ya se declaró culpable de intento de asalto y homicidio de dos agentes federales en 1999. Ahora el hermano de Cárdenas Guillén, Ezekiel Antonio, otro hombre del cártel del Golfo de nombre Eduardo Costilla-Sánchez, y El Lazca de Los Zetas, dirigen un grupo violento pero muy suelto y desorganizado que el Departamento de Justicia de Estados Unidos llama el "triunvirato". La DEA cree que podría haberse escindido debido al asesinato de un Zeta de alto nivel a manos de miembros del cártel del Golfo. Lo cierto es que la alianza Golfo/Zeta difícilmente es el gigante que una vez fue.

Amado y Rodolfo Carrillo Fuentes están muertos; el hijo de Amado, Vicente Carrillo Leyva, está en prisión.

La Familia ha acordado una alianza con el Chapo; ahora trabajan para él.

El hermano y el hijo del Mayo están encarcelados. A finales de 2009 el sobrino del Mayo, Jesús Zambada Reyes, se suicidó en la ciudad de México. Había estado cooperando desde su arresto ofreciendo buena información acerca de las operaciones y el paradero del Mayo. Poco después, otro testigo protegido relacionado con El Mayo fue baleado en un Starbucks de la ciudad de México; él también estaba ofreciendo información valiosa.

El Mayo era el único de su círculo familiar cercano que seguía libre. "La dinastía Zambada está extinta", proclamó el periódico *Reforma*.

El 11 de diciembre de 2009 las agencias federales recibieron una valiosa migaja de información: Marcos Arturo Beltrán Leyva, alias "El Barbas", iba a asistir a una fiesta en Ahuatepec, en el estado central de Morelos. Un equipo de marinos mexicanos tomó el sitio por asalto, pero llegaron demasiado tarde para atrapar al Barbas. Arrestaron a docenas de personas, incluyendo al cantante Ramón Ayala y a su grupos, los Bravos del Norte.

La DEA siguió proporcionándoles información, y los marinos no se apartaron de su rastro. Seis días después, en la tarde del 17 de diciembre, 200 marinos hicieron una redada en un barrio residencial en Cuernavaca, Morelos. Acordonaron partes de la ciudad y rápidamente se dirigieron a un bloque de lujosos departamentos de alto nivel. Los helicópteros sobrevolaban la zona; con discreción, los marinos llevaron a los residentes del edificio escaleras abajo, al gimnasio. Se dirigieron a un departamento en particular. Se organizó un tiroteo. Las balas zumbaban; se lanzaron granadas. Adentro, cinco narcos habían recibido disparos y estaban muertos; uno saltó hacia su muerte.

Adentro del departamento, en el suelo, yacía El Barbas. El rival más grande del Chapo estaba muerto.

A pocas horas de su muerte, ya se habían escrito ocho narco-corridos y se habían subido a Internet. En Nogales, Sonora —territorio del Chapo—, la gente de la localidad disparó sus armas al aire para celebrar. "Una bala perdida hirió a una niña pequeña, pero se trataba de celebrar", dijo un testigo. "Es una *posada* [fiesta navideña]".

El Barbas había sufrido de manera póstuma la narco-humillación final. Le habían bajado parcialmente los pantalones para exhibir su ropa interior; su panza y su pecho estaban cubiertos de signos de pesos y dólares. Todos los que habían estado implicados en el asalto negaron haber manipulado el cadáver; se trajo a un equipo de especialistas forenses para que investigaran.

Inmediatamente después de la incursión en que resultó muerto El Barbas, cuatro parientes de uno de los marineros que habían tomado parte en ella fueron asesinados. El Barbas fue enterrado en Jardines del Humaya, en Culiacán, bajo estrecha vigilancia militar. Días más tarde, una cabeza cercenada fue arrojada ante su tumba.

Menos de dos semanas después de eso, otro de los hermanos Beltrán Leyva, Carlos, fue arrestado. Se creyó que una vez más el Chapo estaba proporcionando información como una forma de autoprotección.

El Chapo iba ganando. Siempre había mostrado una sorprendente habilidad para reponerse después de cualquier derrota. Nunca daba media vuelta: regresaba con una venganza.

Conforme Los Zetas —para entonces aliados de lo que quedaba de la organización de Los Beltrán Leyva— se movían hacia Durango, Chihuahua y Sinaloa, más derramamientos de sangre se sucedían. Se hallaron tres cabezas en una hielera en Parral, donde el revolucionario Pancho Villa había encontrado su destino. Eran Zetas; gente del Chapo asumió la responsabilidad. Pero la oleada continuó. Los Zetas avanzaron hacia Culiacán, Mazatlán, Guasave y Tamazula.

Para finales de 2009, tanto Culiacán como Ciudad Juárez se habían vuelto tierra de nadie. Narco-mantas con amenazas a la gente del Chapo se diseminaron por ambas ciudades, mientras se rumoraba que el Chapo no podía siquiera circular por su propio territorio en parte de Sinaloa. Pero todavía parecía que él tenía la ventaja. Había sido su resistencia lo que lo había mantenido fuerte a lo largo de su carrera, pero también su habilidad para forjar alianzas y no hacer olas cuando así le convenía. Siempre en el momento justo, en el lugar preciso, daría el golpe certero.

Se aseguraba que el Chapo había hecho un trato con los militares y el gobierno federal en Ciudad Juárez: él se apoderaría de la ciudad fronteriza una vez que las autoridades se hubieran deshecho de La Línea y los restos del cártel de Juárez. Esto fue tajantemente desmentido. Y siguió el derramamiento de sangre entre el Chapo y las pandillas de los Carrillo Fuentes, en lo que un periódico llamó "la guerra interminable".

Pero el Chapo estaba haciendo su mejor esfuerzo por ponerle fin. "Estamos atestiguando el exterminio del cártel de Juárez", dijo Alfredo Quijano, editor del periódico *Norte de Ciudad Juárez*. El cártel de Juárez ha sido reducido a "su última línea de defensa" porque los hombres del Chapo están "matando gente a discreción, pegándoles como presa fácil".

El Chapo también se estaba volviendo aún más violento.

A principios de 2009, en Caborca, Sonora, un grupo de asesinos suyos y del Mayo habían secuestrado a un grupo de rivales. Miembro por miembro, los cortaron en pedazos. Los restos parecían maniquíes desarmados.

Más adelante, ese mismo año, Carlos Ricardo Romo Briceño, de 33 años y oriundo de Culiacán, fue baleado en la ciudad sinaloense de Los Mochis. Un grupo de más de una docena de hombres armados que viajaba en tres vehículos lo acorraló; dispararon más de 200 cartuchos de sus AK-47 y AR-15, hasta que su cuerpo quedó destrozado.

Los cuerpos sin cabeza de dos hombres fueron arrojados desde una avioneta sobre Sonora. Impactados campesinos los descubrieron poco después de que la aeronave aterrizó en las cercanías.

Un hombre de 36 años de edad fue encontrado muerto en Sinaloa. Habían cortado su cuerpo en siete pedazos. Su rostro había sido cuidadosamente amputado. Más tarde fue descubierto, cosido a un balón de futbol. Habían dejado una nota junto con el balón: "Feliz año nuevo, porque este será el último".

La oleada de asesinatos se atribuyó a la gente del Chapo. Estaba claro que no se estaba dejando.

Al observar las acciones desde Washington, un ex agente de la DEA creyó ver que los días del Chapo estaban contados. Lo otros participantes de importancia en el tráfico de drogas mexicano habían caído; el Chapo también caería. El capo estaba empezando a creer que era invencible, intocable, dijo un hombre de la DEA. Lejos de empoderar al Chapo, esto lo haría más vulnerable, propenso a cometer errores estúpidos. "Estará esposado o sobre la plancha en 90 días. Sólo es cuestión de tiempo".

Mientras, en Culiacán, el general Sandoval tampoco daba señales de que a renunciar. "En el pasado, intereses externos vinieron a arrebatarnos nuestro territorio; hoy, el crimen quiere despojarnos de nuestro valor, de nuestra juventud. Los narcos están permanentemente secuestrados y alienados, justo como las víctimas de esta feroz criminalidad. Para ellos, para los criminales, sólo hay dos caminos: la muerte o la cárcel".

Uno de los subordinados inmediatos de Sandoval, el general Federico Eduardo Solórzano Barragán, se sentía frustrado, y era más cándido. Sus hombres habían revisado todo Culiacán en busca de drogas y armas; estaba convencido de que el Chapo no se estaba ocultando en la capital. "Hemos ido casa por casa. Si estuviera aquí, lo sabríamos". Ni siquiera pensó que el Chapo continuaba en Sinaloa. "Si todo el mundo te estuviera buscando, ¿te quedarías donde están buscando o te irías a otro lado? Es lógico: te irías". El narco podría haberse sometido de nuevo a cirugía plástica. "O tal vez es sólo un campesino".

Sin embargo, el Chapo sí estaba en el área todavía, y dirigía la operación. Había lanzado una advertencia: nadie podía andar por la sierra en grupos de más de cinco o seis. Los helicópteros podían divisarlos con demasiada facilidad y los arrestarían al verlos. Incluso al amparo de la oscuridad de la noche, su gente no debía llamar la atención. Los helicópteros tenían equipo para detectar el calor, les advirtió.

El Chapo estaba al tanto del nuevo equipo de los militares. También se había dicho que cada vez estaba más paranoico y que, dependiendo del día, se escondía en las montañas de Durango o Sinaloa. Cambiaba de lugar con más frecuencia que nunca, conduciendo de un lado a otro con sólo un guardaespaldas para evitar que lo detectaran o que sospecharan.

A veces él mismo tomaba el volante; nadie sospecharía jamás que un hombre que parecía un campesino en una camioneta pick up pudiera ser un capo de las drogas.

Según un cable oficial emitido por funcionarios de la embajada de EE.UU., el Chapo tenía 10 o 15 lugares donde esconderse en las sierras de Sinaloa y Durango.

Para principios de 2010, el Chapo no se había visto en público por más de dos años. Había rumores —desmentidos por la DEA— de que tenía cáncer de próstata. "No puede pasar mucho tiempo en un solo lugar. Quizá pueda pasar la mañana en un lugar, pero para la tarde tiene que moverse, porque se podría haber corrido la voz", dijo un soldado mexicano en Culiacán. "Esa es su vida: tratar de evitar que lo asesinen".

El Chapo no confiaba en nadie. La única persona a la que escuchaba ahora era al Mayo.

Quedaban tres verdaderos capos en Sinaloa: el Chapo, El Mayo y El Azul, el siempre discreto consejero que había permanecido en las sombras. Se hacían apuestas sobre cuál de estos tres capos caería primero, y cuál sería el último narco.

En Badiraguato, los residentes insistían en que el Chapo, el verdadero jefe de jefes, nunca sería detenido.

Las acusaciones de que el gobierno de Calderón estaba protegiendo al Chapo seguían. En una corte en Chicago, después de ser extraditado, Vicente Zambada Niebla, acusó a agentes de la DEA y el FBI de proteger sus operaciones en México. Por su parte, el secretario de Seguridad Pública, García Luna, contestó a la posibilidad de un pacto con el cartel de Sinaloa: "Nunca lo haría", dijo, "si hubiera un pacto renunciaría". Mientras, el exprocurador Medina Mora insistía en que atraparía al Chapo: "Estoy seguro de que vamos a atraparlo". Sin embargo, en la ciudad de México, el agente de la DEA reconoció que atrapar al Chapo podría resultar imposible:

"Dudo que alguna vez caiga".

Capítulo 17

LA CAPTURA

Ya me iba a ir pa'l monte,
pero no había visto a mis niñas.

Joaquin "el Chapo" Guzmán Loera,
febrero 22, 2014

LA LLAMADA SALIÓ DE UN TÚNEL debajo de las calles de Culiacán. El Chapo necesitaba ayuda; las autoridades pululaban por la superficie. Unos días antes, había estado muy cerca de ser capturado en una redada diseñada para detener al Mayo Zambada. El Chapo escapó por un túnel que salía de una casa en la colonia La Libertad. Los túneles conducían a otros siete escondites en el área. Pero no podía permanecer bajo tierra por mucho más tiempo. Tarde o temprano, las autoridades lo harían salir. Tenía que seguir en movimiento.

Lo que el Chapo no sabía era que su teléfono estaba intervenido. A principios de febrero, los marinos confiscaron un teléfono que pertenecía a unos de los asistentes de comunicación del Chapo en Puebla. Pronto descubrieron que se habían hecho llamadas a los confidentes más cercanos del Chapo en Sinaloa.

Los marinos continuaron siguiendo esta pista. A diferencia de lo ocurrido en el pasado, el Chapo no se escaparía esta vez. Las autoridades habían estado cerca de lograrlo en años recientes; tras la captura de Vicente Zambada Niebla y su extradición a Chicago, empezaron a caer las fichas de dominó del cártel de Sinaloa.

Con la eliminación en 2008 de Alfredo Beltrán Leyva, también conocido como Mochomo, y su hermano Arturo, también conocido como el Barbas, las autoridades pudieron aproximarse más a los líderes de Sinaloa. El 29 de julio de 2010, Ignacio Coronel Villarreal murió en un tiroteo con el ejército mexicano, un importante golpe al liderazgo del cártel. La captura de varios otros tenientes y guardaespaldas permitió que las autoridades tuvieran acceso a más información sobre el cártel.

Por otro lado, surgió más información del juicio de Zambada Niebla en Chicago. A través de unos contactos del cártel de Sinaloa en Chicago, Pedro y Margarito Flores, las autoridades lograron grabar conversaciones entre Zambada Niebla, el Mayo y el Chapo con sus contrapartes estadounidenses, donde discutían acerca de la presión que estaba ejerciendo la fuerza de la ley sobre el cártel de Sinaloa y los posibles métodos de represalias, incluyendo, según un testimonio presentado más tarde en la corte, ataques a instalaciones gubernamentales en los Estados Unidos. "Que sea un edificio del gobierno, no importa cuál. Una embajada o un consulado, un medio de comunicación o una estación de televisión", dijo presuntamente el Chapo.

Al menos en una ocasión, los hermanos Flores se reunieron con los líderes del cártel en un complejo en las montañas de Sinaloa. Zambada Niebla, según los testimonios de estas conversaciones, incluso le pidió a los hermanos Flores que se valieran de sus contactos con militares estadounidenses para conseguir armas: "Armas grandes y poderosas, chingaderas estadounidenses. No queremos armas del Medio Oriente o asiáticas, queremos grandes armas estadounidenses, o RPG (granada propulsada por cohete)... No necesitamos una, necesitamos muchas, 20, 30, muchas."

Y así continuó cerrándose el círculo alrededor del Chapo. Se capturaron más tenientes pero la incapacidad de arrestar al Chapo continuaba generando tensión entre los funcionarios estadounidenses, que operan en México solamente como consejeros, y sus contrapartes mexicanas. La DEA empezó a trabajar con grupos especialmente autorizados de unos 200 soldados de fuerzas especiales y policías para rastrear los movimientos clave y a los sospechosos. Los marinos se encargaron de las tareas prioritarias en lugar del ejército y, al menos en una ocasión, en el noreste de México, se utilizaron *drones* para reunir información y ayudar en la captura del líder Zeta Miguel Ángel Treviño Morales, también conocido como el z-40.

No había duda de que el Chapo empezaba a sentir presión. A finales de 2011, su cuarta esposa, Emma Coronel, dio a luz a gemelas en Los Ángeles. Las autoridades aparentemente la rastrearon hasta la frontera pero no la arrestaron porque no tenían evidencia de que ella estuviera involucrada en el tráfico de drogas.

Pero, a pesar de la creciente presión, el cártel de Sinaloa parecía continuar su expansión global. Apenas unos meses después de que Emma Coronel diera a luz, se capturó a un primo del Chapo en Madrid, señal de que el cártel de Sinaloa buscaba expandir su presencia en Europa y no de que el primo del Chapo estuviera intentando evadir a la justicia.

A fines de 2011, fue arrestado el suegro del Chapo en Sonora. En febrero de 2012, un funcionario mexicano declaró que las autoridades habían estado muy cerca de capturar al Chapo en Cabo San Lucas, pero lo perdieron.

Con la familia del Chapo ahora en la mira, los funcionarios del Departamento del Tesoro de los Estados Unidos empezaron a movilizarse investigando a algunos de sus parientes, confiscando sus bienes y prohibiendo a las compañías estadounidenses hacer negocios con ellos. Con base en la inteligencia proporcionada por otras agencias estadounidenses como la DEA, la Oficina de Control de Bienes Extranjeros (OFAC por sus siglas en inglés) del Departamento del Tesoro de los Estados Unidos descubrió que algunos de los parientes del Chapo estaban haciendo movimientos de dinero por él. Las designaciones no sólo ponían públicamente en vergüenza a los familiares del Chapo y alertarían a otros negocios de que el dinero de los inversionistas podría provenir de una fuente ilegal, sino que también sacarían al clan Guzmán Loera del sistema financiero de los Estados Unidos. Según un funcionario del Tesoro, que habló con la condición de que se respetara su anonimato, al trabajar con las autoridades mexicanas, el Departamento del Tesoro se enteró de que las "compañías no querían hacer negocios con empresas (que han sido designadas por la OFAC) y que las designaciones por lo general funcionaban bien para "socavar los esfuerzos (del cártel) para lavar sus ganancias."

La soga siguió apretándose alrededor del cuello del Chapo. Pero habría más errores: en junio de 2012, las autoridades mexicanas anunciaron el arresto del hijo del Chapo, aunque después se dieron cuenta de que era un caso de identidad equivocada.

En noviembre de 2013, el hijo del Mayo, Serafín Zambada, de 23 años de edad, fue arrestado al entrar a Arizona. En diciembre, el teniente principal del Mayo, Gonzalo Inzunza Inzunza, también conocido como el Macho Prieto, moriría después de una balacera de cuatro horas durante la cual las aeronaves de combate mexicanas dejaron su mansión de Puerto Peñasco llena de balas. Ese mismo mes, otro de los sicarios del Mayo fue arrestado en Ámsterdam.

Las autoridades estadounidenses estaban interviniendo teléfonos en Arizona y proporcionándole información a sus contrapartes mexicanas, según el ex jefe de operaciones internacionales de la DEA que estuvo involucrado en las sesiones informativas sobre la captura del Chapo y pidió permanecer en el anonimato porque ahora trabaja en el sector privado.

El teléfono confiscado en Puebla, sin embargo, resultaría ser un vínculo clave en la cadena. En La Vista Country Club descubrieron, además de las armas, que el teléfono contenía números importantes. Eran del círculo interno del Chapo; el teléfono pertenecía a Daniel Fernández de la Vega.

De la Vega era buscado por las autoridades acusado de varios cargos. También era sospechoso del secuestro del incondicional del PAN y aliado de Calderón, Diego Fernández de Cevallos.

Mientras las autoridades mexicanas rastreaban las llamadas que se hicieron desde el teléfono de De la Vega, las estadounidenses continuaron interviniendo teléfonos ligados al cártel de Sinaloa en Arizona, según el ex jefe de operaciones internacionales de la DEA, quien estuvo involucrado en sesiones informativas sobre la operación para capturar al Chapo. Según este ex funcionario de la DEA, quien solicitó permanecer en el anonimato porque ahora trabaja en el sector privado, nunca se usaron *drones* ni contratistas de seguridad privada.

A principios de 2014, en una sesión informativa de agencias de inteligencia de carácter informal, las autoridades mexicanas recibieron información respecto a los teléfonos intervenidos en Estados Unidos. Sin embargo, según algunos informes de los medios, aún se dudaba si las autoridades mexicanas lograrían llevar a cabo la tarea de capturar al Chapo.

La DEA, trabajando desde la ciudad de México, decidió seguir adelante con el plan a pesar de los riesgos y continuó en coordinación con las autoridades mexicanas planeando la operación.

13 de febrero de 2014

Las autoridades hicieron una redada en Culiacán. Entre los arrestados estaba Jesús Enrique Sandoval Romero, también conocido como el 19, el presunto sicario principal del Mayo.

14 de febrero de 2014

Las autoridades arrestaron a varios hombres del cártel de Sinaloa en Tijuana. Entre ellos estaba Omar Guillermo Cuen Lugo, el Compa Omar, quien era el presunto responsable de supervisar la ruta de tráfico entre Sinaloa y Tijuana.

A lo largo de seis días, las autoridades mexicanas arrestaron al menos a otros diez presuntos miembros del cártel de Sinaloa de nivel medio y alto. Consiguieron más teléfonos y más información sobre las casas de seguridad que usaba el Chapo.

Una de ellas era el Hotel Miramar en Mazatlán. Se creía que el Chapo se había quedado ahí en otra ocasión y cabía la posibilidad de que se volviera a quedar ahí.

La llamada llegó desde un túnel debajo de Culiacán. Las autoridades escucharon la voz de el Chapo: necesitaba ayuda.

Los marinos recibieron la luz verde y se movilizaron a la casa de la colonia La Libertad en el centro de Culiacán. Debajo de la bañera de la casa encontraron una entrada a los túneles. Medían casi dos metros de ancho y unos dos metros y medio de alto y estaban bien iluminados. Los hombres estaban preparados para movilizarse. Habían instalado puertas de acero para separar los diversos túneles y algunas de las rutas conducían al drenaje de la ciudad.

Los marinos buscaron por toda el área. El Chapo los eludió nuevamente.

Pero en unas horas se hizo otra llamada desde el teléfono. Después otra. Y otra. El Chapo aparentemente no se había dado cuenta de que lo estaban monitoreando.

Las autoridades lo rastrearon hasta el Miramar en Mazatlán.

22 de febrero, 5:00 a.m.

Diez camiones que transportaban a 65 marinos se movilizaron para rodear el Miramar, un edificio de 10 pisos. Entraron silenciosamente al vestíbulo, encontraron al guardaespaldas del Chapo, que dormía ahí, y lo sometieron. El guardaespaldas no opuso resistencia y condujo a los marinos por las escaleras hasta el cuarto piso, a la habitación del Chapo, la habitación 401.

El Chapo intentó tomar su AK-47.

Le dieron cuatro golpes en la cabeza. Finalmente habían capturado al presunto capo.

Epílogo

MI INTERÉS POR LA GUERRA DE MÉXICO contra las drogas data de 2004, cuando entrevisté a Jorge Hank Rhon en Tijuana. En aquel tiempo era una noticia únicamente mexicana: la guerra no era nada en comparación con lo que sería dos años después, cuando Calderón asumió el poder. Desde entonces, se ha convertido en una importante noticia mundial.

Gracias al aumento del interés internacional, muchos mexicanos son más abiertos al tema del narcotráfico, pero también ha sacado de la nada a toda suerte de personajes que quieren hablar de la guerra con periodistas. Es posible fiarse de algunos, pero de otros definitivamente no.

Puse mi mayor esfuerzo como periodista y trabajé con las fuentes más confiables que tuve para tratar de contar una versión de lo que pasa en México.

Ya el simple manejo de recortes de periódicos y declaraciones oficiales plantea problemas. Es frecuente que *Reforma*, *El Universal*, *Milenio* y *La Jornada* (los principales periódicos de México, que tienen sus propios intereses políticos y fuentes) se contradigan incluso en las noticias más elementales. Traté de basarme en *El Universal* y *Reforma* para las referencias históricas (cruzando los artículos para verificar su confiabilidad), y acudí a *Milenio* y *La Jornada* cuando esos periódicos tenían una cobertura única. También consulté innumerables artículos de periódicos locales mexicanos. No me sentía convencido de que fueran completamente fidedignos y no pude comprobar la veracidad de todas las notas, así que traté de tomar los hechos exclusivamente cuando guardaban algún viso de verdad (por ejemplo, deseché como falaces un sinnúmero de "avistamientos del Chapo" publicados en diarios locales, porque no daban detalles ni tenían por lo menos un testigo; muchos parecían sacados de la manga).

Asimismo, en numerosas ocasiones también las declaraciones de la PGR, la Policía Federal y el Ejército se contradecían. Ahora entiendo que el general Sandoval se sintiera tan frustrado por el intercambio de información de inteligencia.

Tomé como antecedente una selección de obras, en particular las de Ricardo Ravelo, autoridad en lo que se refiere a la delincuencia en México. No las usé tanto para narrar incidentes específicos, porque preferí los recuentos directos de los hechos en los periódicos. Recomiendo vivamente los libros de Ravelo a quien esté más interesado en la delincuencia organizada en México.

Los periodistas extranjeros se topan con un muro cuando tratan de ponerse en contacto con narcos verdaderos o incluso con fuentes oficiales. La PGR, el Ejército y la Policía Federal (que antes habían sido tan accesibles a mis peticiones) de pronto decidieron que mis peticiones de información sobre el Chapo no iban a ser consideradas. Pudo haber sido por su propia seguridad: un ex funcionario de la PGR al que entrevisté estaba muy paranoico, a tal grado que tuvimos que sentarnos a conversar detrás de un pilar en una cafetería desierta. Sus miedos eran comprensibles: hacía pocos meses, un testigo protegido había sido abatido a plena luz del día en un Starbucks de la ciudad de México.

Para investigar en Badiraguato, ocasionalmente pasaba días ahí; nadie quería hablar acerca del Chapo, y a los que hablaban había que oírlos con una buena dosis de escepticismo. Los grandes narcos de México, los jefes como el Chapo, no hablan con nadie y no hay muchas posibilidades de corroborar lo que dicen narcos de rango inferior. Por ejemplo, se pueden preguntar los detalles sobre algún delito que dicen que cometieron y luego corroborarlo con las autoridades o en periódicos locales para ver si ocurrió, pero es difícil probar que ellos lo hicieran). Josué Félix, hijo del Padrino, aceptó que hablara con su padre en la cárcel, pero las autoridades ignoraron mi solicitud formal para la entrevista. Así, casi toda la información sobre El Padrino (como sus citas) proviene de una selección de escritos que publicó en la página de Internet que administra su hijo.

En la investigación que realicé para escribir el libro y artículos sobre la guerra contra las drogas que escribí para diversas publicaciones, siempre sostuve que mi vida y la de mis entrevistados es más importante que cualquier gran primicia que pudiera conseguir. El mejor periodismo impone riesgos, pero esos riesgos tienen que ser calculados.

Un periodista amigo mío, que escribe sobre Al-Qaeda y el terrorismo mundial, considera que los narcos mexicanos son los personajes más peligrosos y "aterrorizantes" del submundo; por lo que vi y leí en estos tres años, estoy de acuerdo. Los soldados mexicanos no usan máscaras las veinticuatro horas porque quieran verse rudos, sino porque saben que si los narcos los detectan e identifican, fácilmente se convertirán en la siguiente cifra de las estadísticas.

Cada minuto que se pasa investigando sobre la delincuencia organizada se siente uno algo menos seguro (pero admito que en una estancia en Badiraguato me sentí muy cómodo y dormí como bebé, pero fue porque sabía bien que la gente del Chapo sabía que estaba ahí y, como no me había matado, no era probable que lo hicieran). Al hablar con vecinos de Sinaloa sobre la delincuencia organizada, aumenta la presión arterial. La gente susurra, tiembla y llora cuando habla de sus experiencias y de lo que sabe, aun si son rumores.

Muchos ni siquiera profieren el nombre del Chapo, sino que usan varios sobrenombres con los que se refieren a él, unas veces con respeto, otras no tanto. Gente de la calle y funcionarios dan la media vuelta y se alejan cuando uno menciona al Chapo. Los mexicanos que viven bajo la sombra de la delincuencia organizada no disfrutan lo que para el resto de nosotros es la libertad de expresión. Escribí este libro pensando en ellos. Cambié sus nombres cuando era lo correcto y flexibilicé mis normas habituales sobre las fuentes anónimas debido a sus comprensibles miedos.

También tomé precauciones para mi seguridad y la de mis fuentes (por ejemplo, mentí a algunos sobre mi verdadero cometido). En México hay sitios en los cuales hablar con un funcionario puede ser tan peligroso como hablar con un delincuente; no hay modo de saber si la fuente tiene vínculos estrechos con los narcos. Como escribí antes, cuando uno está en Sinaloa haciendo un reportaje sobre la delincuencia organizada, todos se enteran y suponen que uno es de la DEA o la CIA. Pocas veces se sabe quién está de nuestro lado. En ocasiones es más seguro fingir que se investiga cualquier otro aspecto de la cultura de Sinaloa. Si entonces un lugareño habla del narcotráfico, perfecto; pero si no lo hace, hay que marcharse.

No soy Kiki Camarena, el agente de la DEA que tuvo la osadía de infiltrarse entre los narcos en la década de los ochenta. Por tanto, este libro no pretende ser una investigación en sí. No quiero acabar muerto ni que arrojen mi cadáver decapitado en una carretera del noroeste de México.

Mientras preparaba el reportaje en Sinaloa, todas las noches pensaba que ese podría ser mi destino. Una vez, cuando unos jóvenes empistolados llegaron a mi hotel y se registraron en la habitación contigua a la mía, preferí dormir en el baño. Quizá me porté demasiado paranoico, pero no quería ser otra víctima inocente de un tiroteo como las que caen casi a diario en México y apenas salen en las noticias.

Hay reporteros mucho más valientes que yo, que han tratado de penetrar en el misterio y las atrocidades de la delincuencia organizada.

El 2 de abril de 2005 Alfredo Jiménez Mota fue a encontrarse con una fuente que le había sonado "muy nerviosa". Sus colegas de *El Imparcial*, un periódico de Hermosillo, no se preocuparon especialmente, dada la inclinación de Jiménez Mota a escarbar en las historias de crímenes y toda clase de temas sórdidos que otros no querían tocar. Jiménez Mota era un muchacho honesto y trabajador, y se decía que tenía un profundo sentido de la justicia. Desde que llegó a *El Imparcial* se dedicó a escribir sobre delincuencia y narcotráfico. Había escrito sobre las operaciones del Chapo en la vecina Nogales; había investigado la corrupción policiaca en su tierra.

Nunca llegó a tomarse una copa con sus colegas aquella noche, después de reunirse con su fuente. Nadie lo volvió a ver.

Alejandro Fonseca, un locutor de radio de treinta y tres años de Villahermosa, en el sureste del país, era otro mexicano harto de la violencia y que quería incitar un cambio y ver que se hiciera justicia. Para septiembre de 2008 se sentía muy preocupado por la violencia del narcotráfico, que devoraba su ciudad. Un martes en la noche, salió con su colega Ángel Morales a colocar pancartas en las calles para hacer publicidad a su causa.

Las pancartas decían: "No a los secuestros" y "Los secuestros duran mientras los ciudadanos los permiten".

Un grupo de hombres armados llegó en un auto y les ordenó que suspendieran lo que estaban haciendo. Fonseca se negó. Dispararon. Fonseca murió la mañana siguiente.

El 13 de noviembre de 2008, Armando Rodríguez, de cuarenta años, salió de su casa en Ciudad Juárez para llevar a la escuela a su niña de ocho años, cuando un pistolero no identificado saltó de entre los matorrales y le disparó a quemarropa. Rodríguez había escrito sobre la delincuencia en esa ciudad sacudida por la violencia. Ya había recibido una llamada de alguien que le decía que "le bajara". Pese a las amenazas, Rodríguez insistió en hacer su trabajo sin guardaespaldas. El día anterior a su muerte había publicado un reportaje sobre el asesinato de dos policías.

En julio de 2009, se encontró en Acapulco el cadáver de Juan Daniel Martínez enterrado a poca profundidad. Lo habían golpeado y amordazado. Cubría noticias de delincuencia para W Radio.

En Reynosa, Tamaulipas, un periodista local que cubre las notas policiacas, dijo que la situación ha vuelto al estado que guardaba en 2005. Había un nuevo acuerdo —una especie de paz, desde la partida del Chapo—, pero no ha sido para mejor. La policía local, "posiblemente la más corrupta y peligrosa de todas", ha recuperado su influencia.

El Ejército también se queja. Un mayor que dirige allanamientos en el pueblo de Miguel Alemán, en la frontera de Tamaulipas, afirma que la policía se aprovecha de su posición privilegiada para informar a los narcos sobre el paradero del Ejército. "La policía nos ha seguido en todo momento", le dijo a Associated Press. "En todas partes tienen gente que rinde informes sobre todos nuestros movimientos, y eso dificulta sorprenderlos".

En Matamoros, una vez pedí que me dejaran subir a una patrulla. Un alto comandante concedió mi solicitud por teléfono, pero alrededor de media hora después, una patrulla de dos camionetas pick up apareció en el sitio convenido. Tres policías se pusieron de pie en la plataforma y me apuntaron con sus armas semiautomáticas. Los vehículos aceleraron; los policías vociferaban en la oscuridad de la noche. No sé si se trataba de una amenaza, pero así la interpreté.

En todo el país, los periódicos dicen que las organizaciones delictivas los presionan para que publiquen lo que quieren los narcos o que ignoren ciertos incidentes. En particular, se cree que Los Zetas han hecho grandes avances en el sector editorial. "Si no publicas el narcomensaje de un grupo, te castigan, o el bando opuesto te castiga si lo publicaste", le contó un editor de Durango a *Los Angeles Times*. "O el gobierno te castigará por publicar lo que sea. No se sabe de dónde va a venir la amenaza".

Alberto Velázquez, periodista de *Expresiones de Tulum*, en el sureste de México, fue balaceado cuando salía de una fiesta por un hombre en una motocicleta. Había escrito artículos en los que criticaba a funcionarios locales; antes de que lo mataran, su periódico había recibido amenazas relacionadas con el trabajo del reportero. Velázquez fue el duodécimo periodista asesinado en México en 2009.

Los periodistas ya no investigan nada en Sinaloa. Tampoco en Tamaulipas ni en Ciudad Juárez, y por un buen motivo: desde 2000 han muerto por lo menos cuarenta y cinco periodistas en México, casi todos por meterse demasiado en el reino de la delincuencia organizada. El cese de los informes sobre la delincuencia organizada por los riesgos que comporta es una amenaza grave a la democracia mexicana.

Desde hace años, Ismael Bojórquez y Javier Valdez escriben sobre los narcos de Sinaloa. Cuando fundaron su periódico, *Río Doce*, no pensaban en cubrir noticias de la delincuencia organizada, pero rápidamente se dieron cuenta de cuánto atraía a los lectores. Ha sido un arduo trabajo. "Sabemos que hay un riesgo inminente por lo que escribimos", dice Bojórquez, director del semanario. Este hombre de cincuenta y tres años y sus colegas trabajan en un pequeño edificio de Culiacán. Hay una puerta electrónica en la entrada de la planta baja. Bojórquez tiene una oficina sin ventanas en la parte posterior.

El 7 de septiembre de 2009, *Río Doce* recibió su primera amenaza. Una noche, estalló una granada afuera de las oficinas. Nadie salió herido y no supieron quién la lanzó, aunque Bojórquez y Valdez tienen sus sospechas: últimamente no habían escrito mucho sobre los narcos locales, sino que se habían enfocado en los fuereños que operaban en Culiacán. Probablemente fueron estos últimos.

Siempre han sido muy cuidadosos con lo que publican. Casi nunca mencionan a los supuestos narcos por su nombre y nunca dan detalles que pudieran revelar a las autoridades la ubicación de nadie. De todos modos, Bojórquez se preocupa cada vez que publican algo que cree que no les va a gustar a los narcos.

"Cuando uno se sienta a escribir, piensa en su lector y en su reacción al artículo. En estos casos, lo que uno tiene en la cabeza es el pinche fantasma del narco. Él es quien está leyendo".

Fuentes

PRINCIPALES ENTREVISTAS

Ex agente especial de la DEA Michael Vigil; ex agente especial de la DEA Errol Chávez; ex jefe de Operaciones de la DEA Michael Braun; ex administrador de la DEA Asa Hutchinson; funcionario anónimo de Estados Unidos en México; funcionario anónimo de la PGR; funcionario anónimo de la Policía Federal mexicana; general Noé Sandoval Alcázar; mayor de la Fuerza Aérea Valentín Díaz Reyes; general Roberto de la Vega Díaz; mayor Hugo de la Rosa; Josué Félix; activista por los derechos humanos Mercedes Murillo; comisionado de Derechos Humanos en Sinaloa Juan José Ríos Estavillo; alcalde de Badiraguato Martín Meza Ortiz; funcionarios locales de Badiraguato no identificados; diputado Felipe Díaz Garibay; diputado José Luis Espinosa Piña; Manuel Clouthier Carillo; Luis Astorga; Martín Amaral; Luis Ricardo Ruiz; Gustavo de la Rosa Hickerson; Jorge Hank Rhon; diputada Martha Tagle Martínez; diputada Yudit del Rincón; Jaime Cano Gallardo; Pedro Cárdenas Palazuelos; Francisco Morelos Borja; Jaime Alberto Torres Valadez; Jorge Ramos; Carlos Murillo González; Jorge Chabat; Víctor Clark Alfaro; Jesús Blancornelas; aproximadamente una docena de policías y una docena de soldados anónimos de todo México; aproximadamente una docena de fuentes no identificadas, desde ciudadanos comunes de Sinaloa hasta autodeclarados empleados del Chapo y otros narcos de bajo nivel, y aproximadamente una docena de reporteros locales de todo México.

LIBROS

Blancornelas, Jesús, *El Cártel*, Debolsillo, 2004.
Bowden, Mark, *Killing Pablo: The Hunt for the World's Greatest Outlaw*, Penguin Books, 2001.
Grayson, George W., *México: Narco-violence and a failed state?*, Transaction, 2009.
Oppenheimer, Andrés, *Bordering on Chaos*, Little, Brown and Company, 1996.
Osorno, Diego Enrique, *El cártel de Sinaloa*, Random House Mondadori, 2009.
Ravelo, Ricardo, *Los Capos*, Random House Mondadori, 2005.
Scherer, Julio, *Máxima Seguridad*, Random House Mondadori, 2002.

AGRADECIMIENTOS

Muchas gracias a Joel Rickett, de Viking, por orientarme en la edición y animarme, para no hablar de haberse acercado en primer lugar con el amplísimo tema del libro.

Gracias a Marc Lacey, William Booth, Tom Buckley, George Grayson, Brian Rausch, Blake Lalonde y Francisco Candido por su aliento, consejo y apoyo moral, así como por ayuda para reportear, en algunos casos.

Gracias a Richard Ernsberger, Stryker McGuire, Marcus Mabry, Rod Nordland, Sam Seibert, Chris Dickey, Scott Johnson, Babak Dehghanpisheh, Andy Nagorski, Michael Meyer y Karen Fragala por su apoyo en el pasado, y por ayudarme a mejorar mi periodismo mientras estuve en *Newsweek*.

Roger Sewhcomar, gracias por siempre impulsarme a escribir un poco más. Mis otros amigos, ustedes saben quiénes son.

Mi gratitud para todas las fuentes que me ayudaron a contar esta historia, cuyos nombres no puedo mencionar por su propia seguridad.

Y gracias a todas aquellas fuentes que se abrieron conmigo, sabiendo que yo era un periodista, posiblemente arriesgando su vida al hacerlo, para ayudar a dar a conocer lo que está sucediendo hoy en México. Me disculpo con las personas a las que tuve que mentir a fin de lograr mi cometido.

Y finalmente, aunque por supuesto no menos importante, gracias a mi familia por su apoyo.

PRÓLOGO

(Epígrafe) **Soy un campesino.** Periódico *Milenio*, **Nos llevaron a la cárcel a ver al Chapo**, Ciro Gómez Leyva, 22.1.2008; entrevistas del autor con periodistas que estuvieron presentes. **Dile a todos… No podrás. Ellos no podrán.** Entrevistas del autor en Badiraguato. **Desde su espectacular fuga… de México y América Latina.** Agencia Antidrogas de Estados Unidos (DEA). **Las autoridades mexicanas quieren… escapar de la cárcel otra vez.** Entrevista con Michael Braun, de la DEA. **Los enemigos del Chapo… se han vuelto contra él.** Declaraciones de la DEA, el Departamento de Estado de EU y la PGR. **La cuota de la guerra... que la violencia esté disminuyendo.** Numerosos artículos de prensa, la mayoría de *Reforma* y *El Universal*. **El Chapo... comenzando esta guerra.** Entrevistas del autor con agentes de la DEA; declaraciones de la PGR. **Él creció... la década de los noventa.** DEA, entrevistas con autoridades de Badiraguato. **Hoy... organización.** Revista *Forbes*, "La gente más poderosa del mundo", por Michael Noér y Nicole Perlroth, 11.11.2009. **Hasta donde sabemos... ciudades de Estados Unidos.** Departamento de Justicia de EU, "Reporte de situación: Ciudades en que las organizaciones de narcotráfico mexicanas operan dentro de Estados Unidos", 11.4.2008. **El cártel importa... oeste de África.** Entrevistas con Michael Braun, DEA, e investigación de Edgardo Buscaglia, ITAM. **El cártel de Sinaloa... su niñez.** DEA, PGR entrevistas y declaraciones. **Las montañas de Sinaloa... en el camino.** Entrevistas con autoridades de Badiraguato. **Curiosa, y a menudo... disparar primero.** Entrevistas con residentes de Badiraguato. **Me encontré... casi todo el mundo está involucrado.** Entrevistas con autoridades y residentes de Badiraguato. **Qué curioso... demasiado peligroso.** Entrevistas con residentes y autoridades de Badiraguato, septiembre 2009. **En 2005... existe siquiera.** *Los Ángeles Times*, "Mexico's master of elusion", por Richard Boudreaux, 5.7.2005. **Tampoco los políticos... donde nació.** Entrevista del autor con Meza Ortiz y entrevista de radio realizada por Claudia Beltrán, periódico *Noroeste*, 8.12.2009. **Meza Ortiz... pobres de México.** Gobierno de Badiraguato. **El pueblo entero... a la de Robin Hood.** Entrevistas con residentes de Badiraguato; entrevista con Luis Astorga. **Pero con la guerra... dijo el anciano.** Entrevistas realizadas en Badiraguato en 2008 y 2009.

CAPÍTULO I

Artículos empleados para la reconstrucción de la fuga y las condiciones de la prisión: *El Universal*, "El Chapo creó una red de complicidad [personas]", por Francisco Gómez, 19.4.2001; *La Jornada*, "La CNDH alertó a Gertz sobre Puente Grande", por Víctor Ballinas, Andrea Becerril y Juan Antonio Zúñiga, 31.1.2001, *El Universal*, "Se intensifica la búsqueda del Chapo", por Jorge Alejandro Medellín, 24.1.2001; *El Universal*, "Advierte la CNDH sobre más fugas de Puente Grande", por Bertha Fernández, 24.1.2001; *El Universal*, "El Chapo disfrutaba de privilegios: CNDH", por Sergio Javier Jiménez, 23.1.2001; *El Universal*, "Cuestionada, la búsqueda del narco", nota de la redacción, 23.1.2001; *El Universal*, "Ellos sabían acerca de todas las anomalías", por Sergio Javier Jiménez, Mario Torres, Jorge Alejandro Medellín y Jana Beris, 23.1.2001; *El Universal*, "El Chapo pagó 2.5 mdd por escapar", por Jorge Alejandro Medellín, 22.1.2001; *El Universal*, "Anulan cargos contra el Chapo Guzmán", por Hernán Guízar, 13.10.2000; *El Universal*, "Buscan al Chapo en Guatemala", nota de la redacción, 18.2.2001; *El Universal*, "El Chapo podría estar en el país, dice Macedo", por Jorge Alejandro Medellín, 15.2.2001; *El Universal*, "Redadas en busca del Chapo", nota de la redacción, 24.1.2001; *El Universal*, "Autorizan orden de aprensión contra el Chapo; esperan órdenes para capturarlo", por Jorge Alejandro Medellín, 31.1.2001; *El Universal*, "Gertz sabía de la posible fuga: CNDH", por Fabiola Guarneros y Alejandro Torres, 31.1.2001; *El Universal*, "Gertz instó a mostrar su rostro", por Jorge Teherán, Jorge Herrera y Dora Elena Cortés, 1.2.2001; *El Universal*, "Ordenan el arresto de 73 por la fuga del Chapo", por Jorge Alejandro Medeillín, 23.2.2001; *El Universal*, "La DEA tiene 20 cargos contra Guzmán", por

Miguel Badillo y Dora Cortés, 25.1.2001; *Reforma*, "Niega CNDH intervención en la prisión de Puente Grande", por Ivabelle Arroyo y Antonio Navarrete, 22.1.2001; *Reforma*, "Organiza el Chapo una fuga de película", por Antonio Navarrete y Denis Rodríguez, 21.1.2001; *Reforma*, "Afirman que es respuesta del crimen organizado", por Laura Camachov, 21.1.2001; *Reforma*, "El Chapo abandonó la prisión como si fuera su casa", por Cecilia González, 23.1.2001; *Reforma*, "Problemas de investigación", por Alicia Calderón y Francisco Junco, 23.1.2001; *Reforma*, "Sospechas de deslealtad interna en la fuga del Chapo: Tello", por Antonio Navarrete y Denis Rodríguez, 21.1.2001; *Reforma*, "Aseguran que el Chapo tenía mucha información", Jessica Pérez, 23.1.2001; *Reforma*, "El Chapo buscará retomar su poder: Gutiérrez Rebollo", por Isaac Guzmán y Andrés Zúñiga, 29.1.2001; *Reforma*, "Niños le toman el pelo a la PFP; ofrecen pistas sobre el Chapo", por Denis Rodríguez, 24.1.2001; *Reforma*, "[Autoridades] reconocen incapacidad contra el crimen organizado", nota de la redacción, 22.1.2001; *Reporte Índigo*, "La fuga del Chapo: de Puente Grande a *Forbes*", nota de la redacción, 21.3.2009; *Proceso*, "El Chapo, la fuga perfecta", por Ricardo Ravelo, enero 2006; *El cártel de Sinaloa*, por Diego Enrique Osorno, Random House Mondadori, 2009.

Durante la década de los ochenta... no iría a Estados Unidos. Mark Bowden, Killing Pablo, Penguin Books, 2001, p.51. **Mientras, el Chapo... asociados en el crimen.** Residentes y periodistas de Sinaloa. **El día que el Chapo... esposas y novias.** *El Universal*, "El Chapo creó una red de complicidad [personas]", por Francisco Gómez, 19.4.2001. **Se daban festines... por órdenes del Chapo.** Declaración de la PGR, 1.2.2002. **Al menos en una... altas horas de la noche.** *El Universal*, "El Chapo creó una red de complicidad [personas]", por Francisco Gómez, 19.4.2001. **En ocasiones, la diversión... ¡Imagínese!"** Julio Scherer, Máxima Seguridad, Random House Mondadori, 2002, pp 152-3, 160-2. **Hasta hoy... de prisión a su gusto.** Minutos de la sesión 146 del consejo de la Comisión Nacional de Derechos Humanos, CNDH. **Las prisiones de México... visitas conyugales.** El Universal, "El Chapo creó una red de complicidad [personas]", por Francisco Gómez, 19.4.2001. **Las mujeres de... en un instante.** *El Universal,* "El Chapo creó una red de complicidad [personas]", por Francisco Gómez, 19.4.2001. **El Chapo incluso... su libido.** Entrevista con Carlos Vega de la PGR, "Los más buscados de América". **Y luego estaba Zulema... todo está bien".** Scherer, Máxima seguridad, pp 9-36. **El Chapo cumplió... su sentencia.** *El Universal,* "El narco con rostro de mujer", por Carolina García, 31.1.2009. **Sin embargo... investigaron sus quejas.** Wall Street Journal, "The drug lord who got away", por David Luhnow y José de Córdoba, 16.6.2009. Documentos de la comisión estatal de derechos humanos de Jalisco. **Aunque el Chapo... narcotráfico sinaloense.** Testimonio del administrador de la DEA Thomas Constantine ante la Comisión de Banca, Vivienda y Asuntos Urbanos del Senado de EU, 28.3.1996. **Pero para 1997... en Centroamérica.** Testimonio del administrador de la DEA Thomas Constantine ante la junta legislativa de Senado sobre el Control Internacional de Narcóticos, 14.5.1997.

El siguiente año... del poder del Chapo. "Guzmán Loera sigue siendo considerado una gran amenaza por las instancias judiciales tanto de Estados Unidos como de México", declaró. Testimonio del administrador de la DEA Thomas Constantine ante el Comité de Reformas Gubernamentales y Control Judicial de la Cámara de Representantes, 19.3.1998. **En 1995 pasó... legalmente.** *Proceso,* "El

Ganón", por Ricardo Ravelo, febrero de 2007. **De acuerdo con... toda la vida.** Scherer, *Máxima Seguridad*, pp 9-36. **Más allá de sus hermanos... uniera de nuevo a sus filas.** Testimonio de testigo protegido, publicado en *El Universal*, *Reforma* y *Proceso*. **También había... en octubre del 2000.** Scherer, *Máxima Seguridad*, pp 9-36. **La teoría más interesante... (PRI).** Entrevistas del autor con periodistas mexicanos que cubren asuntos relacionados con el crimen organizado. **En una de sus cartas... los tuyos...** Scherer, *Máxima Seguridad*, pp 9-36. **Samuel González Ruiz... como falsas.** Entrevistas con González Ruiz y comentario de la Embajada de EU en la ciudad de México. **Casi un año... dejar libre al Chapo.** Entrevistas con ex funcionarios de la PGR y periodistas locales; El Universal, "El Chapo creó una red de complicidad [personas]", por Francisco Gómez, 19.4.2001; *La Jornada*, "La CNDH alertó a Gertz acerca de Puente Grande", por Víctor Ballinas, Andrea Becerril y Juan Antonio Zúñiga, 31.1.2001. **En 1995... vaticinaron.** PGR. **El 12 de octubre... declaración.** Declaración de la PGR, 12.10.2000. **Cuán equivocada... persecución militar.** El Universal, "El Chapo creó una red de complicidad [personas]", por Francisco Gómez, 19.4.2001. **La historia oficial... no era oro.** Entrevistas con ex PGR funcionarios y local periodistas; El Universal, "El Chapo creó una red de complicidad [personas]", por Francisco Gómez, 19.4.2001; *La Jornada*, "The CNDH alerted Gertz about Puente Grande", por Victor Ballinas, Andrea Becerril y Juan Antonio Zuniga, 31.1.2001. **Sólo Tello Peón... a otras instalaciones.** Ricardo Ravelo, *Los Capos*, Random House Mondadori, 2005. Letra de **"La Fuga del Chapo"**. Planetadeletras.com.

CAPÍTULO 2

Artículos que se usaron para la reconstrucción de la fuga y la persecución. *El Universal*, "Cuestionan la búsqueda del narco", por equipo de corresponsales, 23.1.2001; *El Universal*, "500 policías persiguen al Chapo Guzmán", por Pablo César Carrillo, 31.1.2001; *El Universal*, "Se intensifica la búsqueda del Chapo", por Jorge Medellín, 24.1.2001; *El Universal*, "Advierte la CNDH sobre más fugas de Puente Grande", por Bertha Fernández, 24.1.2001; *El Universal*, "Buscan al Chapo en Guatemala", nota de la redacción, 18.2.2001; *El Universal*, "El Chapo podría estar en el país, dice Macedo", por Jorge Alejandro Medellín, 15.2.2001; *El Universal*, "Redadas en busca del Chapo", nota de la redacción, 24.1.2001; *El Universal*, "Ordenan el arresto de 73 por la fuga del Chapo", por Jorge Alejandro Medellín, 23.2.2001; *Reforma*, "Niños le juegan bromas a la PFP; ofrecen pistas sobre el Chapo", por Denis Rodríguez, 24.1.2001; *Reforma*, "El Chapo abandonó la prisión como si fuera su casa", por Cecilia González, 23.1.2001. **Mientras más de... su máxima expresión.** *El Universal*, "500 policías buscan al Chapo Guzmán", por Pablo César Carrillo, 31.1.2001; *El Universal*, "Se intensifica la búsqueda del Chapo", por Jorge Medellín, 24.1.2001. **Funcionarios de derechos humanos... entre otras cosas.** *Reforma*, "Niega la CEDH intervención en la prisión Puente Grande", por Ivabelle Arroyo y Antonio Navarrete, 22.1.2001; *El Universal*, "Advierte la CNDH sobre más fugas de Puente Grande", por Bertha Fernández, 24.1.2001; *Reforma*, "El Chapo abandonó la prisión como si fuera su casa", por Cecilia González, 23.1.2001 **Tello Peón se preguntaba por qué... de sus derechos.** Alrededor de una docena de artículos acerca del escape y sus secuelas, de *El Universal*, *Reforma* y *La*

Jornada. **Mauricio Limón Aguirre... hecho a un lado.** *Reforma*, "Problemas de investigación", por Alicia Calderón y Francisco Junco, 23.1.2001. **A lo mejor... si había una.** *Reforma*, "Niños le juegan bromas a la PFP; ofrecen pistas sobre el Chapo", por Denis Rodríguez, 24.1.2001. **Tello Peón... servidores públicos coludidos.** *Reforma*, "[Autoridades] reconocen incapacidad contra el crimen organizado", nota de la redacción, 22.1.2001. **Desde aquel día... más buscado de México.** PGR. **Sólo en 2001... de la ciudad de México.** Reporte anual PGR, 2001. **Mientras, en Guadalajara... señor Guzmán Loera".** Ricardo Ravelo, *Los Capos*, Random House Mondadori, 2005. **Las autoridades... cambió.** *El Universal*, "La PGR estrecha el cerco alrededor del Chapo; arresta a un hermano y dos guardaespaldas", por Jorge Alejandro Medellín, 8.9.2001; Reporte anual PGR, 2001. **Aquél otoño... seguía sin aparecer.** Transcripción de conferencia de prensa PGR, 20.12.2001. **En una ocasión... sumamente preocupante.** *El Universal*, "Las otras fugas del Chapo", por Francisco Gómez, 20.5.2008; *El Universal*, "Se ocultaba en Zinacantepec", por Teresa Montaño Delgado, 11.9.2001; *El Universal*, "Aprovecha el Chapo errores para evadirse", por Teresa Montaño Delgado, 8.10.2001; *El Universal*, "El Chapo opera con total libertad en todo el país", por Francisco, 9.10.2004. **Todavía abundaban los rumores... razones personales.** Entrevistas con autoridades y periodistas de todo México; *El Universal*, "Tello Peón, el ilegal", por Ricardo Alemán, 30.3.2009; *Reforma*, "El Chapo buscará retomar su poder: Gutiérrez Rebollo", por Isaac Guzmán y Andrés Zúñiga, 29.1.2001; *La Jornada*, "Tello Peón, secretario ejecutivo del sistema de seguridad", por Claudia Herrera Beltrán, 26.3.2009. **Pero mientras el año... estaba libre.** Declaraciones de la PGR; entrevistas del autor con ex funcionarios de la PGR funcionarios.

CAPÍTULOS 3

Letra de "El Hijo de La Tuna". Musica.com. **Las montañas... como nieve. Fotos militares aéreas mexicanas
de las montañas sinaloenses,** Google Earth images. **Fue
aquí... en el siglo** XIX. Entrevistas con Astorga, Amaral.
Y fue aquí... Guzmán Loera. PGR. (Nota: en ocasiones el
cumpleños del Chapo se indica como el 25 de diciembre;
eso es incorrecto). En aquel entonces... **habían heredado.**
Entrevistas con residentes en Badiraguato. Los nombres
de los familiares del Chapo provienen de diversos
artículos de periódico y declaraciones de las autoridades
mexicanas. Hay una historia... **su promesa.** George W. Grayson, *México: Narco-violence y a failed state?*, Transaction,
2009, p. 269. Meza Ortiz, el alcalde... **son ricos.** Entrevistas
con residentes, funcionarios, diputados, Aarón Irízar López,
comisionado de derechos humanos Juan José Ríos Estavillo.
Como muchos... **su vida.** Julio Scherer, *Máxima Seguridad*,
Random House Mondadori, 2002, p. 22. Pero a diferencia
de sus predecesores... **Sinaloa podía cultivar.** Entrevistas con Luis Astorga. **Puede que oficialmente... manera
muy parecida.** Entrevistas con residentes y funcionarios en
Badiraguato; Entrevistas con militares mexicanos destaca-
dos en Sinaloa y por todo México. **El padre del Chapo...
a Estados Unidos.** DEA. **"Si confundes... a Sinaloa.** Diego
Enrique Osorno, *El Cártel de Sinaloa*, Random House
Mondadori, 2009, p. 27. **No siempre Sinaloa... completamente enterrado.** Entrevistas con el historiador Martín
Amaral. **Durante la época... dispuestos al cambio.** Sergio
Ortega Noriega, *Breve Historia de Sinaloa*, El Colegio de
México, 1999. **Caminar por Culiacán... qué haces ahí.**
Impresiones personales del autor sobre Culiacán. **Según
un agente... equivale a suicidarte.** Entrevistas con agente

de la DEA anónimo. **Los indígenas... el Nuevo Mundo.**
Noriega, *"Breve Historia de Sinaloa,"* A finales de **1810...**
independencia. Instituto Nacional para el Federalismo y
el Desarrollo Municipal (INAFED), del gobierno mexicano.
Desde entonces... entre los residentes. Entrevistas con los
historiadores Astorga y Amaral. **La leyenda aseguraba...**
de la nación. Entrevistas con Jesús Manuel González Sánchez. **La violencia reina... mucha atención.** Entrevistas con Astorga, Amaral y Ruiz. El gobierno de Estados
Unidos... heroína en Estados Unidos. *New York Times,*
"President Orders Wider Drug Fight; Asks 155 million
dollars", por Dana Adams Schmidt, 18.6.1971; DEA *History Book,* "1970-1975" (pp 3-23), "1975-1980" (pp 24-42).
Aquellos que eligieron... permanecían ahí. Escritos de
Miguel Ángel Félix Gallardo, publicados por medio de su
hijo Josué en miguelfelixgallardo.com; Entrevistas del autor
con Astorga, Amaral, Ruiz, Irízar López, Ríos Estavillo y
residentes de todo Sinaloa. **Finalmente... muchas batallas.**
DEA *History Book,* "1975-1980" (pp 24-42). **Poco después...**
a cargo de todo. PGR. **Hasta bien entrada... los embarques.**
Entrevistas y testimonios de agentes y administradores de la
DEA ante el Congreso. **De acuerdo con... precio más alto.**
Entrevistas con periodistas locales, residentes y funcionarios de Badiraguato, Tamazula y Durango; entrevista con
Luis Astorga. **Los jefes... en Estados Unidos.** *Los Angeles
Times,* "México"s master of elusion", por Richard Bou-
dreaux, 5.7.2005.

CAPÍTULO 4

Nacido en... Revolucionario Institucional (PRI). Entrevistas con Josué Félix y Luis Astorga; George W. Grayson,

México: Narco-violence and a failed state? Transaction, 2009. **El PRI... por todo Sonora.** Entrevistas con Manuel Clouthier Carillo; varios artículos de periódico; entrevistas con un fiscal anónimo de EU. **El Padrino surgió... le ofrecieron protección.** Escritos de Félix Gallardo; Grayson, *México: Narco-violence.* **El Padrino era un hombre... demasiado la atención.** Entrevista con Josué Félix. **Mientras todavía vivía... Operación Trizo.** Entrevistas con Josué Félix y Luis Astorga. **El Chapo aprendió... y Griselda Guadalupe.** *Reforma,* "El Chapo tiene seis hijos más", nota de la redacción, 11.5.2008. **Al mismo tiempo... su propio derecho.** Testimonio del administrador de la DEA Thomas A. Constantine ante el subcomité de Seguridad Nacional, Asuntos Internacionales y Justicia Criminal del Comité de Reformas y Vigilancia Gubernamentales de la Cámara de Representantes de Estados Unidos, 25.2.1997. **El Chapo estaba listo... alcalde de Culiacán.** Entrevistas con agentes de la DEA, pasados y presentes; *Reforma,* "Exigen investigar conexiones narco-políticas", nota de la redacción, 9.12.2009. **Para mediados de los ochenta... lo controlaran por ellos.** Entrevistas con agentes de la DEA, pasados y presentes. **En ese tiempo... juego de ajedrez con humanos.** Transcripción de una lectura en el museo DEA, por Michael Vigil de la DEA, 2003; entrevistas con agentes de la DEA, pasados y presentes. **A finales de 1984... Justicia continuaba.** Entrevistas con agentes de la DEA, pasado y presente; transcripción de una lectura en el museo de la DEA, por Michael Vigil, de la DEA, 2003; "Biografía de empleados de la DEA muertos en acción"; transcripción de una conferencia del ex agente especial de la DEA Robert Stutman en el Museo de la DEA, 2005; *DEA History Book,* "1985-1990" (p. 64); Departamento de Justicia de EU. **Así que en 1987... ciudad sinaloense.** Entrevistas con Josué Félix y Luis Astorga. **El**

Padrino también decidió... show de un solo hombre. Entrevista con Jesús Blancornelas, 2004; entrevistas con Astorga y el experto Jorge Chabat; Diego Enrique Osorno, *El Cártel de Sinaloa*, Random House Mondadori, 2009, p. 239; Ricardo Ravelo, *Los Capos*, Random House Mondadori, 2005, pp 85-108; escritos de Miguel Ángel Félix Gallardo. **El 8 abril de 1989... la traición.** Escritos de Miguel Ángel Félix Gallardo. **Por décadas... Jorge Hank Rhon.** Entrevistas con José Ramos, Jorge Hank Rhon, Jesús Blancornelas y Víctor Clark Alfaro desde 2004; website del gobierno de Tijuana. **Carlos Hank González... pobre político.** *New York Times*, "Carlos Hank González, 73, Veteran Mexican Politician," 13.8.2001. **Un veterano... político mexicano.** Declaración de Andrew A. Reding, director de Americas Project en el World Policy Institute, ante el comité de Relaciones Exteriores del Senado. **Pronto quedó claro... para él solo.** Entrevista con Jorge Hank Rhon, 2004; entrevista con Jesús Blancornelas, 2004. **Padre de 18... animales favoritos.** *La Jornada*, "De políticos pobres a pobre política", por Arturo Cano, 25.7.2004. **Las supuestas conexiones... a la violencia".** *Insight* revista, "Asuntos de familia", por Jaime Dettmer, 29.3.1999. **Los hermanos Arellano Félix... de Sinaloa.** Entrevistas con el ex agente especial de la DEA Errol Chávez; Instituto Nacional de Estadística del gobierno mexicano, INEGI. **El asesinato era... tal impunidad.** Entrevistas con el agente especial de la DEA Errol Chávez; entrevista con Jesús Blancornelas y Víctor Alfaro Clark; *Guardian*, "Blood Brothers", por Julian Borger y Jo Tuckman; reporte en línea de CBS News: "17 Indicted in Calif. Murder-Kidnap Ring", seleccionado de fuentes de AP y CBS, 14.8.2009; diversos testimonios de la DEA ante el Senado y la Cámara de Representantes de EU; Jesús Blancornelas, *El Cártel*, Debolsillo, 2004. **En 1994... ante una** corte. *La Jornada*, "El asesinato de Colosio, el trabajo de un narco o un asesino solitario: PGR", por corresponsales, 4.1.1999. **Para empezar... cargo de alcalde.** Entrevista con Jorge Hank Rhon, 2004. **En efecto... sido aceptadas.** *Insight* revista, "DEA's 'White Tiger' still on the prowl", por Jamie Dettmer, 29.10.2002. **Héctor Félix Miranda... después de los juicios.** Entrevista con Jesús Blancornelas, 2004, y varias ediciones de este semanario, conocido como *Zeta*. **A Hank nunca... imputaciones.** Entrevista con Jorge Hank Rhon, 2004. **La DEA... de California.** Declaraciones DEA y PGR. **Carrillo Fuentes... alrededor de Ciudad Juárez.** *New York Times*, "Drug Ties Taint 2 Mexican governors," por Sam Dillon y Craig Pyes, 23.2.1997; *New York Times*, "Drug Barons y plastic surgeons: "Who's Dead, Who's hiding?" por Sam Dillon, 7.11.1997; *New York Times*, "Court files say drug baron used Mexican military", por Sam Dillon y Craig Pyes, 24.5.1997; testimonio del administrador de la DEA, Thomas Constantine, ante el Comité de Relaciones Exteriores del Senado 8.8.1995; Transcripción de una conferencia del agente de la DEA Michael Vigil en el Museo de la DEA; *El Sol de San Juan del Río*, "Las fiestas de Amado Carrillo", por Sergio Arturo Venegas R., 26.11.2007; *El Universal*, "La historia de Amado Carrillo Fuentes, El Señor de los Cielos", por José Pérez-Espino y Alejandro Páez Varela, 3.4.2009.

CAPÍTULO 5

Descripciones de la personalidad y forma de operar del Chapo esbozadas en entrevistas con agentes de la DEA, anteriores y actuales, docenas de artículos de periódicos, principalmente de *El Universal* y *Reforma*, el libro de Ravelo, entrevistas con residentes y supuestos operativos en Sinaloa, declaraciones de la PGR, militares mexicanos y la Policía Federal; *San Diego Union-Tribune*, "U.S. indicts drug trafficker held in slaying of cardinal", por Stacy Finz, 29.9.1995. El documento acerca de su mentalidad psicológica fue publicado en varios periódicos mexicanos; yo confirmé con tres ex funcionarios de la Policía Federal que eso era, en efecto, exacto. Los eventos en la balacera de Guadalajara fueron reunidos considerando periódicos y los documentos de la propia PGR sobre el incidente, así como entrevistas con ex funcionarios.

Para los primeros… ambición implacable. Entrevistas con agentes de la DEA, pasados y presentes. **Estaba… vivo.** Julio Scherer, *Máxima Seguridad*, Random House Mondadori, 2002, pp 9-36. **Su consejero principal… malas para el negocio.** Ricardo Ravelo, *Los Capos*, Random House Mondadori, 2005; boletín del FBI de los fugitivos más buscados; *Milenio*, "La captura del Chapo Guzmán es una prioridad para EU", nota de la redacción, 16.11.2008; *El Mexicano*, "Ruffo y Franco Ríos protegieron a los Arellano Félix: el Chapo", por Néstor Ojeda, 8.7.2002. **En la sierra… o intrusos.** Observaciones del autor en Sinaloa; entrevistas con soldados anónimos. **En ocasiones… sin contratiempos.** *La Voz de Tucson*, "Arizona sirve de refugio a redes de narcotráfico", por Samuel Murillo y Ángel Larreal, 30.8.2006. **Miguel Ángel Segoviano… fue capturado.** *Wall Street Journal*, "The drug lord who got away", por David Luhnow y José de Cordoba, 13.6.2009. **En todo momento… transmitir sus órdenes.** Los cálculos del número de empleados del Chapo se basan en estimaciones de la Sedena sobre el número de integrantes del crimen organizado en México y declaraciones militares. **En Oaxaca… cada año", decía.** *La Jornada*, "La nueva geografía del narco", Alberto Najar, 24.7.2005; *El País*, "Uno de los dirigentes 'narcos' más buscados, capturado en México", por Francesc Relea, 19.1.2007. **En Guerrero... y naturalmente, Sinaloa.** *El Mexicano*, "Ruffo y Franco Ríos pretegieron a los Arellano Félix: el Chapo", por Néstor Ojeda, 8.7.2002. **Cualquiera podía... una palabra.** *La Voz de Tucson*, "Arizona sirve de refugio a redes de narcotráfico", por Samuel Murillo y Ángel Larreal, 30.8.2006. **El Chapo apareció... de regreso a Sinaloa.** Acusación formal: El Gobierno de Estados Unidos vs. Joaquín Guzmán, alias "El Chapo [sic]", Tribunal de Distrito de Estados Unidos, Distrito de Arizona, 8.8.2001. **Otra acusación... contrapartes estadounidenses.** Estados Unidos de America vs. Arlene Newland, Antonio Hernández-Menéndez, Santos Hernández-Menéndez, Nick Newland, Corte de Apelaciones del Noveno Circuito de Estados Unidos; debatido y presentado 15.9.1994, decidido 14.7.1995. **Esta fue... subestimarlo.** Entrevistas con el agente de la DEA Errol Chávez. **En efecto, el Chapo... Ciudad Juárez.** Ravelo, *Los Capos*; entrevistas del autor con Blancornelas y González Ruiz. **Como los otros capos... funcionaba.** Testimonio del agente especial de la DEA Errol Chávez ante el Comité de Reformas y Vigilancia Gubernamentales de la Cámara de Representantes, 13.4.2001. **Sin embargo, era... hasta Agua Prieta.** Testimonio del jefe de Operaciones de la DEA, Donnie Marshall, ante el Comité de Reformas y Vigilancia Gubernamentales de la Cámara de Representantes, 18.3.1998. **Sin embargo, el Chapo... cocaína del Chapo.** *San Diego Union-Tribune*, "U.S. indicts drug trafficker held in slaying of cardinal", por Stacy Finz, 29.9.1995. **El Chapo también... de petróleo.** "Los más buscados de América". **A principios de mayo... que habían seguido.** Estados Unidos vs. Felipe de Jesús Corona-Verbera, Tribunal de Apelaciones de EU para el Noveno Circuito; argumentado y presentado el 15 de octubre de 2007, registrado el 7 de diciembre de 2007.

KOLD News, "Drug tunnel architect faces 20 years", por Som Lisaius, sin fecha; *Arizona Republic*, "Architect of tunnel for smuggling drugs sentenced to 18 years", por Dennis Wagner, 22.8.2006. **Y con cada... su ambición.** *Washington Post*, "Drugs worth 'billions' moved through tunnel", por Kevin Sullivan, 1.3.2002; entrevistas del autor con el agente especial de la DEA Errol Chávez. **"Él piensa en grande... Toneladas.** *Los Angeles Times*, "Mexico's master of elusion", por Richard Boudreaux, 5.7.2005. **La mano de obra... los mataba.** Entrevistas con agentes de la DEA, anteriores y actuales. **Esto hacía... de Tijuana.** Entrevistas con el agente especial de la DEA Errol Chávez. **El Chapo estaba... cabeza del Chapo.** *Los Angeles Times* magazine, "Muerto, Inc", por Michael Goodman, 1997. **A principios de 1992... iba Jorge Hank Rhon.** Entrevistas con ex funcionarios federales; *Los Angeles Times* magazine, "Muerto, Inc", por Michael Goodman, 1997; *Reforma*, "Aseguran testigos que Arellano no participó en el tiroteo", por Fermín Vázquez, 25.5.1994; Transcripciones de conferencias de ex agentes especiales de la DEA del Museo de la DEA. **Que el Chapo hubiera eludido... Jorge Ramos Pérez. PGR. El 31 de mayo... sido traicionado.** Transcripción de conferencias de ex agentes especiales de la DEA del Museo de la DEA. **No está claro... niveles sin precedentes.** Mark Bowden, *Killing Pablo: The Hunt for the World"s Greatest Outlaw*, Penguin Books, 2001, p. 51; entrevistas del autor con agentes de la DEA anteriores y actuales. **Una vez en manos... hermanos Arellano Félix.** *El Mexicano*, "Ruffo y Franco Ríos protected the Arellano Félix: el Chapo", por Néstor Ojeda, 8.7.2002. **Francisco... Ramón Arellano Félix.** "Tráfico de drogas en México: una primera evaluación general", por Luis Astorga, UNESCO. **40 mil millones de dólares al año de acuerdo con algunos cálculos.** Entrevistas con expertos y declaraciones de la DEA.

Para el nuevo milenio... muchas ciudades de Estados Unidos. Testimonio del administrador de la DEA Thomas Constantine Comité de Reforma y Vigilancia Gubernamentales de la Cámara de Representantes, 19.3.1998. **A lo largo de la frontera... más túneles.** DEA. **Mientras que antes... favorito de todos.** Entrevistas con Ismael Bojórquez. **"Este tipo... demasiadas familias".** Declaración de la oficina del presidente Vicente Fox, 30.5.2005.

CAPÍTULO 6

Mientras la lluvia cae... cubiertas de sangre. Observaciones y entrevistas con residentes y funcionarios en Badiraguato y Culiacán. **Un viernes en la noche... de dos.** *El Sol de Mazatlán*, "Soldados matan a una familia en Sinaloa de Leyva", nota de la redacción, 3.6.2007; *Reforma*, "Dos mujeres y tres niños mueren en un tiroteo", nota de la redacción, 3.6.2007; *Reforma*, "Sedena paga 8 millones de dólares por violaciones", por Benito Jiménez, 13.12.2009. **En otra ocasión... la oficina del gobernador.** Entrevistas con residentes y funcionarios en Badiraguato; Sedena; *Reforma*, "Sedena paga 8 millones de dólares por violaciones", por Benito Jiménez, 13.12.2009. **Omar Meza... cada vez más populares.** Entrevistas con Omar Meza; *Noroeste*, "Componen corrido de la masacre", por Sergio Lozano, 31.3.2008. **Pero para el gusto... que te maten.** *New York Times*, "Songs of love and murder, silenced by killings", por James McKinley Jr., 18.12.2007. **Un intérprete... veintiocho impactos.** *El Universal*, "[Autoridades] confirman que una canción mató a Valentín", por Noém, 27.11.2006. **El Chapo es un gran fan... su honor.** Entrevistas con residentes en Badiraguato y Culiacán. **En una ocasión... el mismísimo Chapo.** *Los*

Angeles Times, "Mexico's master of elusion", por Richard Boudreax, 5.7.2005; Deutsche Presse-Agentur, "Mexican music group detained for playing for a drug trafficker", 15.11.2003; PGR. **Los integrantes... narco-cultura.** *Notimex*, "Prohíben narcocorridos en el transporte público de Tijuana", nota de la redacción, 12.1.2009; *Milenio*, "Prohíben narcocorridos en autobuses urbanos de Nayarit", nota de la redacción, 11.1.2010. **Yudit del Rincón... llegar a la puerta.** Entrevistas con Yudit del Rincón; *Los Angeles Times*, "In Sinaloa, the drug trade has infiltrated 'every corner of life'", por Tracy Wilkinson, 28.12.2008. **Combatir la cultura... te atrapé).** Varios artículos de periódicos mexicanos, 2007-9. **Varios años atrás... algunas apócrifas.** Entrevistas con residentes y funcionarios en Badiraguato. **Una vez... las manos al ladrón.** *Wall Street Journal*, "The drug lord who got away", por David Luhnow y José de Córdoba, 13.6.2009. **Pero hoy... la situación.** Entrevistas con residentes y funcionarios en Badiraguato. **En 2006... dijo.** *El País*, "En los dominios del Chapo", por Francesc Relea, 2.2.2007. **Los narcos... ese código.** Entrevistas con residentes y funcionarios en Badiraguato y Culiacán. **De manera consistente... en deuda con ellos.** Policía Estatal de Sinaloa; entrevistas del autor con la jefa de la Policía de Sinaloa, Josefina de Jesús García Ruiz, y miembros de su equipo; *Newsweek*, "El Chapo: The most wanted man in México", por Joshua Hammer, 18.6.2009; entrevistas del autor con residentes en Culiacán. **Un grupo... a la ley.** Entrevistas en Badiraguato. **La cultura... lo comprendo.** Entrevistas con Martín Amaral. **Hoy en día... o lo matan.** Policía Estatal de Sinaloa. **En las afueras... bien conocidos.** Observaciones del autor sobre el cementerio. **Hace años... de un puente.** Andrés Oppenheimer, *Bordering on Chaos*, Little, Brown y Company, 1996, p. 299;

entrevistas con periodistas en Sinaloa. **Un fresco... de la edificación.** Observaciones del autor sobre el cementerio. **En otra... se le alojó en la cabeza.** *Río Doce*, "Guerra sangrienta", por Cayetano Osuna, 7.9.2009; varios artículos de los periódicos sinaloenses *El Debate* y *Noroeste*. **Muchos... No nombres.** Entrevista con especialista forense anónimo en Culiacán.

CAPÍTULO 7

En su oficina... volvían a crecer. Observaciones del autor y entrevistas con el general en Culiacán, junio 2008. **El Ejército Mexicano... más que aumentar.** Entrevistas con Luis Astorga; "Tráfico de drogas en México: una primera evaluación general", por Luis Astorga, UNESCO. **En 1990, un general... hombre energético y enfocado.** *Los Angeles Times*, "General Gutiérrez to head up Mexico's guerra against drugs", por Mark Fineman, 6.12.1996. **Antes de que cumpliera... cárteles de las drogas.** Declaración de la PGR, 13.8.1997; *El Universal*, "Confirman la sentencia de Gutiérrez Rebollo", por Jorge Alejandro Medellín, 29.9.2000. **En el verano... drogas en Sinaloa.** Observaciones y entrevistas con el general Sandoval. **En 2004... no detenerlo.** Entrevistas con residentes y periodistas locales en Sinaloa y Durango. **Luego, en noviembre... Comité de Seguridad Nacional.** *San Antonio Express-News*, "El Chapo is México's most wanted man", por Dane Schiller, 19.6.2005; *Los Angeles Times*, "Mexico's master of elusion", por Richard Boudreaux, 5.7.2005.

Informe de la lucha del general Eddy contra el Chapo; *El Universal*, "La 'guerra' personal entre un general y el Chapo", por Juan Velediaz, 13.10.2007; *Milenio*, "Guzmán

Loera versus Hidalgo Eddy. La historia de un duelo", nota de la redacción, 16.11.2008; *El Universal*, "El Chapo deja un sendero de intimidación y muerte", por Juan Velediaz, 6.11.2006; *La Crónica*, "Condecoran al general que siguió la pista del Chapo decorated", por Daniel Blancas Madrigal, 10.2.2008; *Excélsior*, "Archivos de poder: lealtades", por Martín Moreno, 12.2.2008; información de los antecedentes de La Emperatriz de la Oficina de Control de Bienes Extranjeros del Departamento del Tesoro de Estados Unidos (OFAC, por sus siglas en inglés), declaración emitida el 12.12.2007; *El Universal*, "Informes sobre la captura del Chapo Guzmán, aún sin confirmar", por Javier Cabrera Martínez, 8.10.2007.

La base militar... mandaba soldados. *El Sol de Sinaloa*, "Emoción en Badiraguato antes de la llegada de las tropas", por Juan Manuel Pineda, 15.1.2007. **Más alterados... en el futuro.** *Milenio*, "Guzmán Loera versus Hidalgo Eddy. La historia de un duelo", nota de la redacción, 16.11.2008. **Poco hicieron... completamente el rancho.** Entrevistas con residentes y funcionarios en Badiraguato. **Para el general Sandoval... hacerse el muerto.** *El Debate*, "Noé Sandoval: no hay guerra en Sinaloa", por Rafael González, 5.5.2008. **Su estrategia... cuello de los narcos.** Entrevistas con el general y sus hombres en Sinaloa. **Esta era la propuesta... sería arrestado.** Entrevistas con Luis Astorga, Jorge Chabat y otros expertos en derecho y asuntos legales en México. **La estrategia del general Sandoval... los habitantes.** *Noroeste*, "Granadazo en las barracas", nota de la redacción, 12.11.2008; *Noroeste*, "El Ejército toma Navolato...", nota de la redacción, 12.11.2008; *Noroeste*, "General 'enfría' al alcalde de Navolato", por Martín González, 12.12.2008. **El helicóptero aterrizó... entre dientes.** Observaciones y entrevistas con el general y sus hombres en Sinaloa.

Mientras el Chapo... proseguir con sus negocios. PGR. El Mayo... deuda de 20 millones de dólares. *Los Angeles Times*, "Coastal drug kingpin eyes Tijuana turf", por Chris Kraul, 19.3.2002. En primer lugar... Vigil, de la DEA. Transcripción de una conferencia de Michael Vigil en el Museo de la DEA, 2003; *New York Times*, "Drug Barons and plastic surgeons: Who's Dead, Who's hiding?", por Sam Dillon, 7.11.1997. Los Arellano Félix... como "La Federación". Entrevistas con agentes especiales de la DEA, tanto pasados como actuales. Penetraron en Tijuana... Alfredo de la Torre. Evaluación de la Amenaza de las Drogas del Distrito Sur de California, diciembre 2000; entrevistas con el ex agente especial de la DEA Errol Chávez; testimonio del jefe de Operaciones Internacionales, William E. Ledwith, ante el Subcomité de Vigilancia de la Justicia Criminal, 16.5.2000. Los hermanos Arellano Félix... hermano de Benjamín. El Mayo había atraído a Los Arellano Félix a su territorio y pagó a los policías para matarlo, dirían funcionarios. El gobierno mexicano, por otra parte, continuaría negando la participación del Mayo. Nunca se le formularían cargos. *El Sol de Mazatlán*, "Fue un domingo de Carnaval cuando Ramón Arellano Félix murió", por Luis E. Fernández, 22.2.2009; CBS News/AP, "Portrait of a Mexican drug lord", por Bootie Cosgrove-Mather, 24.10.2003. El Mayo y el Chapo... El Mayo y el Chapo. DEA. Entre tanto, El Mayo... fronteras estadounidenses. "Organized crime y terrorist activity in México, 1999-2002", por la División de Investigación Federal, Librería del Congreso, febrero 2003; *Milenio*, "Extraditan a EU al principal lavador de dinero del Chapo Guzmán", por Pedro Alfonso Alatorre Damy, 25.11.2008; *Noticieros Televisa*, "Ismael Zambada García, intocable por 20 años", por Enrique Gil Vargas, 1.8.2003; *Notimex*, "El Mayo comparado con Al Capone", nota de la redacción, 2.3. 2004; *Frontera NorteSur*, "Zambada, el capo mexicano de la droga, se sometió a cirugía plástica; visitó EU," por Agustín Pérez Aguilar, 19.4.2004; *El Universal*, "Madrazo acusa: Zedillo y Fox protegieron narcos", por Fidel Samaniego, 12.5.2009; Associated Press, "How Mexico"s new drug kingpin rose", por Will Weissert, 24.10.2003; entrevistas del autor con el ex agente especial de la DEA Errol Chávez. **Al año... de los cargamentos.** Departamento de Justicia de Estados Unidos, declaración acerca de acusaciones formales de la Operación Trifecta, 31.7.2003; entrevistas con agentes de la DEA, anteriores y actuales. **Mientras que el Chapo... sigue fluyendo.** Departamento del Tesoro de Estados Unidos, Oficina de Control de Bienes Extranjeros (OFAC, por sus siglas en inglés); la oficina de la PGR en Culiacán. **Con la caída de... tentando sus suerte.** Entrevistas con el ex agente especial de la DEA Errol Chávez y Blancornelas. **Los colombianos... a las personas".** Entrevistas con el ex agente especial de la DEA Errol Chávez; "Organized crime y terrorist activity in México, 1999-2002", por la División de Investigación Federal, Librería del Congreso, febrero 2003; Departamento del Tesoro de Estados Unidos, Oficina de Control de Bienes Extranjeros (OFAC). **Pero el Chapo... con esa rutina.** Testimonio de un testigo protegido, de *El Universal*, "El Chapo está operando con total libertad por todo el país", por Francisco Gómez, 9.10.2004. **Así operó... pisar la cárcel.** Descripción de su mentalidad esbozada por entrevistas con agentes especiales de la DEA; recuerdos de Zulema Hernández en Puente Grande; artículos de periódico; declaraciones PGR. **El viernes 14 de junio... nadie más.** *El Universal*, "La PGR hace redadas en barrios residenciales", por Javier

Cabrera y Teresa Montaño, 15.6.2002. **Menos de un mes...
nada del Chapo.** *El Universal*, "El Chapo, rastreado hasta
las afueras de Atizapán", nota de la redacción, 3.7.2002.
Chávez, de la dea... nunca lo alcanzaban". Entrevistas
con el ex agente especial de la DEA Errol Chávez. **Además,
el Chapo... de inteligencia.** *El Universal*, "Los Beltrán
Leyva infiltraron el SIEDO", por Silvia Otero, 13.8.2008; *El
Universal*, "Operación Limpieza sacude a la PGR", por
Francisco Gómez, 27.12.2008; *El Universal*, "Funcionarios
de la PGR vinculados con los Beltrán", por Silvia Otero,
13.8.2008; Reuters, "Guardia presidencial de Mexico acusado de nexos con las drogas", 27.12.2008; *Los Angeles
Times*, "México acknowledges drug gang infiltration of
police", por Tracy Wilkinson, 28.10.2008; *El Economista*,
"Corrupción, la clave del poder de Beltrán Leyva", 18.12.18,
2009; *Río Doce*, "El Barbas...", nota de la redacción,
21.12.2009. **Para 2003 estaba claro que... colega más cercano.** Conclusiones del autor sobre entrevistas con agentes
de la DEA. **Juan García Ábrego... Brownsville, Texas.** PGR;
Ricardo Ravelo, *Osiel: vida y tragedia de un capo*, Grijalbo
Mondadori, 2009. **La población de Matamoros... plantas
industriales.** Gobierno de Matamoros. **Como el Chapo...
cártel del Golfo.** PGR. **Estados Unidos lo quería... a cadena
perpetua.** *New York Times*, "Mexican drug gang's reign of
blood", por Sam Dillon, 4.2.1996; *New York Times*,
"U.S. jury convicts Mexican on drug charges", sin
firma, 17.10.1996; *New York Times*, "At drug trial, Mexican suspect faces accuser", sin firma, 20.9.1996. **La caída
de García Ábrego... clave del cártel del Golfo.** *El Universal*, "¿Quién es Osiel Cárdenas?", por Francisco Gómez,
14.3.2003; *Proceso*, "Osiel Cárdenas: asiento de poder, asiento
de sangre", por Ricardo Ravelo, September 2009; Ravelo,
Osiel: vida y tragedia de un capo; *Houston Chronicle*, "Tra-

cing the origins of the Golfo cartel empire", por Dane Schiller, 3.1.2010. **En 1997, Cárdenas Guillén… los quemaron vivos.** "Los Zetas: the Ruthless Army Spawned por a Mexican Drug Cartel", por George W. Grayson, Instituto de Investigación de Política Exterior, mayo de 2008; Dossierpolitico.com, "El tráfico de drogas se reorganiza con sangre y fuego", 20.6.2005; *El Universal*, "Los Zetas desde dentro", por Francisco Gómez, 31.12.2008; "National Drug Threat Assessment 2008", National Drug Intelligence Center, octubre 2007. **No iban a superar al Chapo… quienes lo apoyaban.** *Noroeste*, "¿Quién es Édgar Valdez Villarreal?", nota de la redacción, 30.9.2008; *San Antonio Express-News*, " 'el Chapo' is Mexico's most wanted man", por Dane Schiller, 19.6.2005; *Dallas Morning News*, "Lieutenant in Mexican drug cartel a wanted man", por Lennox Samuels, 20.3.2006; *El Universal*, "La Barbie, el ejecutor del Chapo", por Silvia Otero, 25.12.2005. **La ciudad de Nuevo Laredo… detenciones importantes.** *Milenio*, "Los Zetas: historias de nadie", por Diego Enrique Osorno, 5.12.2007; *New York Times*, "Rival drug gangs turn the streets of Nuevo Laredo into a guerra zone", por Ginger Thompson, 4.12.2005; ABC News/Nightline, "Drug 'guerra zone' rattles U.S.-México border", 8.1.2006. **Este último tenía… cártel del Golfo.** *San Antonio Express-News*, "Prosecutors set to take on suspected Golfo cartel leader", por Dane Schiller, 18.2.2007; Transcripciones de conferencias de gentes de la DEA del Museum de la DEA; *Reforma*, "EU quiere al capo mexicano", por MaribelA, 15.12.2000. **El viernes 14 de marzo… que vivía Cárdenas Guillén.** *El Universal*, "Cae Osiel Cárdenas", por Francisco Gómez, 15.3.2003; *Reforma*, "Cae capo del cártel del Golfo", por Juan José Ramírez y Abel Barajas, 15.3.2003; declaración de la DEA, 21.3.2003. **Meses después… territorio del cártel del Golfo.** *El Universal*, "El Chapo opera con total libertad en todo el país", por Francisco Gómez, 9.10.2004. **Los Zetas... se intensificó.** *Laredo Morning Times*/AP, "Osiel pleads not guilty; used "Zetas" to control Nuevo Laredo in takeover", sin firma, 10.2.2007. **Después de la visita... ley ni orden.** *La Jornada*, "La nueva geografía del narco", por Alberto Najar, 24.7.2005. **Cuando Alejandro Domínguez... sometidos a investigación.** *Washington Post*, "Border police chief only latest casualty in Mexico drug guerra", por Mary Jordan y Kevin Sullivan, 16.6.2005; *New York Times*, "Police chief gunned down on his first day", por Antonio Betancourt, 10.6.2005. **Hoy en día impera... lo que le pasa a México.** Reportajes del autor en Reynosa y Matamoros; *New York Times*, "In Mexican city, drug guerra ills slip into shadows", por Marc Lacey, 12.6.2009.

CAPÍTULO 9

Aunque se había... tenía otras ideas. *Los Angeles Times*, "Mexico's master of elusion", por Richard Boudreax, 5.7.2005. **Seguía prófugo... muy adictivas.** Entrevistas con el ex agente especial de la DEA Errol Chávez. **Las metanfetaminas... para "cocinarlos".** Oficina de Políticas Nacionales sobre el Control de Drogas de la Casa Blanca, whitehousedrugpolicy.gov. **En general se piensa... coordinara los envíos.** Diversos testimonios de la DEA ante el Congreso; Oficina de Políticas Nacionales sobre el Control de Drogas de la Casa Blanca. **El Chapo aprovechó... en el mercado.** Periódicos de McClatchy, "A madness called meth", 8.10.2000; entrevistas con agentes de la DEA, anteriores y actuales. **Aunque... propio mercado.** Entrevistas con el ex agente especial de la DEA Errol Chávez. **El Chapo exten-**

dió... **Gilberto Osuna.** Declaraciones de la PGR y la DEA; Notimex, "Chapo Guzmán: a cinco años de su fuga, por Gustavo Ramírez Ibarra, 18.1.2006. **Puso un compinche... Rey del Cristal.** *El Universal*, "Ignacio Nacho Coronel Villarreal, el cerebro de las finanzas del Chapo", nota de la redacción, 2.6.2008; *El Universal*, "Nacho Coronel expande su reino de 'cristal' ", por Juan Velediaz, 9.10.2008. **El Chapo también pensaba... apoderaran del territorio.** *Proceso*, "El capo del PANismo", por Ricardo Ravelo, 15.3.2009. **El Chapo sabía... rival en Ciudad Juárez.** *Noroeste*, "La muerte de Rodolfo Carrillo", por Guadalupe Martínez, 11.9.2008; EFE, "Confirmada, la muerte de Rodolfo Carrillo", sin firma, 13.9.2004; *Noticieros Televisa*, "Confirmada, la muerte de Rodolfo Carrillo Fuentes", por Enrique Gil Vargas, 12.9.2004. **A la muerte de Rodolfo... a manos del Chapo.** Conferencia de prensa de la PGR, 21.11.2005. **La víspera de Año Nuevo... era Rodolfo Carrillo Fuentes.** *La Crónica*, "Cinco líneas de investigación en el asesinato de 'El Pollo' ", por Ramón Sevilla, 4.1.2005; Declaración emitida por la PGR 2.7.2008 ("José Ramírez Villanueva es sentenciado a 42 años"); *El Universal*, "El asesino de 'El Pollo' se contradice en declaraciones", por Silvia Otero, 8.1.2005; *El Universal*, "Asume la PGR el caso del asesinato del hermano del Chapo", por Francisco Gómez y María Teresa Montaño, 2.1.2005. **Otro golpe fuerte... de su padre.** Declaración de la PGR, 15.2.2005. **Luego, en junio... mejor abogado.** *El Universal*, "El hermano de el Chapo, arrestado en una fiesta", por Jorge Alejandro Medellín, Javier Cabrera y Giovana Gaxiola, 16.6.2005; *Noticieros Televisa*, "Arrestado, el hermano de el Chapo Guzmán", por Enrique Gil Vargas, 15.6.2005; *El Universal*, "Cargos contra el hermano de el Chapo, sin pruebas, dicen", por Javier Cabrera Martínez, 18.6.2005. **En el fondo... asociación criminal.**

Declaración de la DEA, 20.12.2004. **Los agentes de la dea...
cada vez es más.** *Los Angeles Times*, "Mexico's master of
elusion", por Richard Boudreaux, 5.7.2005. **Entretanto,
las autoridades... para llegar al Chapo.** Conferencia de
prensa de la PGR, 30.5.2005.

CAPÍTULO 10

¿Quién los mandó?... policías federales fueron asesinados.
El Universal, "Asesinan a jefe de operaciones anti-narco",
nota de la redacción, 8.5.2008; *Los Angeles Times*, "With
killing, Mexico drug guerra is seen as entering a new phase",
por Hector Tobar, 18.5.2008; *Notimex*, "Édgar Millán detuvo
asesinos antes de su muerte", sin firma, 8.5.2008; *El Universal*, "Perfil: Édgar Eusebio Millán Gómez", nota de la
redacción, 8.5.2008. **Es difícil encontrar... Beltrán Leyva.**
Mini-perfil del general García Luna esbozado a partir de
entrevistas con agentes federales anónimos y consejeros que
han trabajado con él, George W. Grayson, Jorge Chabat; *El
Universal*, "El ingeniero de la SSP", por Alejandro Jiménez,
29.12.2008; *New York Times* magazine, "The Long War of
Genaro García Luna", por Daniel Kurtz-Phelan, 13.7.2008;
El Universal, "Calderón rinde tributo a Édgar Millán", por
María de la Luz González, 9.5.2008; AFP, "Arrestan a narcos
vinculados con el Chapo Guzmán", sin firma, 13.9.2003; *El
Universal*, "García Luna: la SSP está trabajando para capturar
al Chapo", sin firma, 13.3.2008; *Proceso*, "El departamento
de Luna, incriminado", por Ricardo Ravelo, 23.11.2008; *El
Debate*, "Mantas acusan a funcionarios de proteger al cár-
tel de Sinaloa", nota de la redacción, 10.10.2008; *Proceso*,
"DEA: México, como Colombia en los ochenta", por J. Jesús
Esquivel, 22.2.2009; *Reforma*, "Nueve agentes asesinados

en una semana", por Luis Brito, 10.5.2008; diversas entrevistas a García Luna por televisión; entrevistas del autor con ex funcionario de la PGR. **Ella y su esposo... no había sido sentenciado.** Historia de Érica y Antonio esbozada a partir de entrevistas con Érica y un agente anónimo de la DEA. Otros artículos utilizados para la descripción y los antecedentes de Garay: *Rolling Stone*, "The Making of a Narco State", por Guy Lawson, 4.3.2009; *El Universal*, "Ex zar antidrogas acusado de recibir 450,000 dólares del narcotráfico, por María de la Luz González, 21.11.2008; *La Jornada*, "Noé Ramírez recibió 450,000 dólares al mes del cártel de Sinaloa, revela Medina Mora", por Gustavo Castillo García, 22.11.2008; *New York Times*, "In Mexico drug guerra, sorting good guys from bad", por Marc Lacey, 1.11.2008. **El presidente Calderón... guerra "larga" y "cara".** Discurso del presidente Calderón en Tecomán, Colima, 17.4.2007. **Por primera vez... se apegarán al procedimiento.** Reportajes del autor en Ciudad Juárez y Culiacán. **Con el apoyo de Estados Unidos... no las cumplen.** *Los Angeles Times*, "Fixing Mexico police becomes a priority", por Ken Ellingwood, 17.11.2009; entrevistas con agentes de la DEA, anteriores y actuales. **Resultó que el alto funcionario... compañeros suyos.** *El Universal*, "Investigan la fuente de la filtración que propició la muerte de Millán", por María de la Luz González, 10.5.2008. **Meses después... extradición a México.** *El Universal*, "Asesinados, dos agentes vinculados con el caso Ye Gon", por María de la Luz González, 2.8.2007; *Washington Post*, "Justice Dept. Wants charges against Mexican man dropped", por Del Quentin Wilber, 23.6.2009; *Washington Post*, "Mexico, the DEA, and the case of Zhenli Ye Gon", por Jorge Carrasco, 29.10.2008; Reuters, "Pide México a EU la extradición de sospechoso fabricante de metanfetaminas", 13.7.2007. **Héctor Valenzuela, policía... de eso está**

hecho Sinaloa. Entrevistas en Culiacán; *Los Angeles Times*, "In Sinaloa, the drug trade has infiltrated 'every corner of life'", por Tracy Wilkinson, 28.12.2008. **El general Sandoval... confiar en nadie.** *El Universal*, "Advierten sinaloenses sobre falso ejército mexicano", por Javier Cabrera Martínez, 18.7.2009; *Noroeste*, "Josefina de Jesús García Ruiz: 'Me siento segura en las calles'", sin firma, 5.6.2008. **Una noche, muy tarde... aún estaría vivo.** Entrevistas con un agente anónimo de la DEA y Érica; transcripción de una conferencia de David Gaddis, director de la DEA para las regiones de Norte y Centroamérica en el Museo de la DEA, 1.4.2009.

CAPÍTULO 11

Letra de 'El Hijo de La Tuna'. Música.com. **A las ocho y media.... cercanos del Chapo.** *El Universal*, "Hijo del Chapo atacado con bazuca en un centro comercial", nota de la redacción, 9.5.2008; *El Universal*, "Fuentes oficiales confirman la muerte del hijo del Chapo", nota de la redacción, 9.5.2008; *El Universal*, "La PGR confirma la muerte del hijo del Chapo", nota de la redacción, 9.5.2008; *La Jornada*, "Sinaloa, en riesgo de una escalada de violencia luego del asesinato del hijo del Chapo", por Javier Valdez Cárdenas, 10.5.2008; *El Universal*, "Hijo de La Emperatriz muere en un tiroteo", nota de la redacción, 9.5.2008; *El Universal*, "Identifican a los asesinados en el centro comercial", por Javier Cabrera Martínez, 9.5.2008; *Reforma*, "El Chapo tiene seis hijos más", nota de la redacción, 11.5.2008; *Newsweek*, "El Chapo: The most wanted man in México", por Joshua Hammer, 18.6.2009. **Los hermanos eran indispensables... historia semioficial en Sinaloa.** Descripción de "El Mochomo", sus actividades y la relación entre el Chapo y los hermanos se basa en entrevistas del autor con residentes y funcionarios de Culiacán, así como en los siguientes artículos, la mayoría de los cuales se concentran en su hermano Arturo: *Río Doce*, "El Barbas…" nota de la redacción, 21.12.2009; *El Universal*, "Perfil de Arturo Beltrán Leyva", nota de la redacción, 16.12.2009; EFE, "Perfil: Arturo Beltrán Leyva", sin firma, 17.12.2009; *Rolling Stone*, "The war next door", por Guy Lawson, 13.11.2008; *El Universal*, "Perfil: Carlos Beltrán Leyva", nota de la redacción, 2.1.2010; *La Jornada*, "Desarma el Ejército a policía en Tamaulipas", por corresponsales, 23.1.2008. **El 21 de enero de 2008… para ser interrogados.** *El Universal*, "Captura la PGR a supuesto líder del cártel de Sinaloa", por Carlos Avilés, 21.1.2008; *El Universal*, "Cae El Mochomo, operativo del cártel de Sinaloa", por Carlos Avilés y Javier Cabrera, 22.1.2008; *Reforma*, "Detienen a Beltrán sin disparar un solo tiro", nota de la redacción, 22.1.2008; *Notimex*, "Cae Alfredo Beltrán Leyva, cabeza del cártel de Sinaloa", sin firma, 21.1.2008; *Milenio*, "Rechaza Sedena vínculos entre más soldados y Alfredo Beltrán Leyva", sin firma, 31.10.2008. **No estaba previsto… Frida Sofía Guzmán Muñoz.** Descripción de la relación del Chapo con su familia a partir de entrevistas del autor con agentes de la DEA anteriores y actuales, la PGR, entrevistas con residentes y funcionarios de Sinaloa, y artículos de periódicos, incluyendo los siguientes: El Universal, "El Chapo creó una red de complicidad [personas]", por Francisco Gómez, 19.4.2001; *Reforma*, "El Chapo tiene seis hijos más", nota de la redacción, 11.5.2008. **'Édgar pertenecía… generaciones pasadas'.** *Proceso*, "Los narco juniors", por Alejandro Gutiérrez, 5.6.2005; entrevistas del autor con Luis Astorga. **Un narco junior… operaciones con drogas.** Entrevista con narco junior anónimo en la ciudad de México. **Édgar, el hijo del Chapo… las autoridades.** *Reforma*, "El

Chapo tiene seis hijos más", nota de la redacción, 11.5.2008. **Cuando detuvieron a Iván... también se incluyen.** *La Jornada*, "Dice la defensa que El Chapito es un "rehén" del Estados", por Gustavo Castillo e Israel Dávila, 10.6.2005; *El Universal*, "Regresa El Chapito a la prisión de La Palma", por Carlos Avilés, 20.7.2005; Declaración del Consejo de la Judicatura Federal (CFJ) 5.2.2008; Declaración de la PGR 15.2.2005; Declaración de la PGR 8.6.2005; Declaración de la PGR 21.10.2005. **Muchas veces es más difícil... perdiendo esta guerra.** Reuters, "Savvy young heirs give Mexico drug cartels new face", por Mica Rosenberg, 8.4.2009; *El Universal*, "Detienen al hijo de El Mayo Zambada", por María de la Luz González, 19.3.2009; *El Universal*, "Confirma la PGR el arresto de Vicente Carrillo Leyva", por María de la Luz González, 2.4.2009; *El Universal*, "Perfil: Vicente Carrillo Leyva", nota de la redacción, 2.4.2009; *Reforma*, "Hijo de Amado Carrillo, capturado", nota de la redacción, 2.4.2009; *Reforma*, "Localizaron a Carrillo a través de su esposa", por Antonio Baranda, 3.4.2009. **Tal vez, pero... de haberlo sabido.** Entrevistas con fuentes de Sinaloa; entrevista de Eduardo Medina Mora con la agencia EFE, marzo de 2009. **Él y Alfredo... separación del capo.** Declaración/conferencia de prensa de la Sedena, 19.3.2009; Acusación formal: el gobierno de Estados Unidos vs. Joaquín Guzmán Loera, Ismael Zambada García, Jesús Vicente Zambada Niebla, Alfredo Guzmán Salazar [et al.], Corte de Distrito de Estados Unidos, Distrito Norte de Illinois, 20.8.2009. **Cuando murió... Michoacán.** *La Jornada*, "El Chapo, 'escondido' en las montañas entre Colima y Michoacán...", por Alfredo Méndez, 12.5.2008. **Según gente de... es más probable.** Entrevistas con residentes y funcionarios de Sinaloa. **La organización de Sinaloa... seguridad y menos contratiempos.** Entrevistas con la DEA y expertos en seguridad;

libros de Ravelo, diversos artículos de *Proceso*, *El Universal* y *Reforma*; *La Jornada*, "La nueva geografía del narco", por Alberto Najar, 24.7.2005. **Sin embargo, había aumentado... cada vez más presionados.** Acusación formal: el gobierno de Estados Unidos vs. Joaquín Guzmán Loera, Ismael Zambada García, Jesús Vicente Zambada Niebla, Alfredo Guzmán Salazar [et al.], Corte de Distrito de Estados Unidos, Distrito Norte de Illinois, 20.8.2009; declaración de la Sedena, 28.10.2009. **Poco antes... Los asesinatos continuaron.** Entrevistas con periodistas locales y corresponsales de *El Universal*; *Noroeste*, "La narcoviolencia marca el 2008: 1,167 asesinados", por Guadalupe Martínez, 1.1.2009. **Acaso el Chapo y El Mayo... La Federación.** *El Universal*, "El pacto entre el cártel del Golfo y los Beltrán", nota de la redacción, 19.5.2008. **A mediados de mayo de 2008... y el Chapo.** Entrevistas con funcionarios de Estados Unidos. **El 30 de mayo... Estados Unidos.** Declaración del embajador Tony Garza, 30.5.2008. **Además, continuaron... más aislado que nunca.** Noroeste, "La narcoviolencia marca el 2008: 1,167 asesinados", por Guadalupe Martínez, 1.1.2009; entrevistas con residentes y funcionarios de Sinaloa.

CAPÍTULO 12

La chica castaña... de la sierra. Relato de la boda en *Proceso*, "Y el capo mayor se casó con Emma I", por Patricia Dávila, 7.11.2007; descripciones adicionales de fotografías proporcionadas por el gobierno de Canelas, mis entrevistas con residentes de Tamazula, Durango, y funcionarios anónimos, Durango. **Para las autoridades... el Chapo siempre se escapa.** Entrevistas con autoridades de EU y México. **Los periodistas también ... lo están viendo.** *Los Angeles*

Times, "Mexico's master of elusion", por Richard Boudreaux, 5.7.2005. **Descifrar qué informes... los recién llegados.** Entrevistas con agentes de la DEA anteriores y actuales, miembros del Ejército Mexicano, la PGR, residentes y funcionarios de Sinaloa. **Una fría tarde... mantenido su palabra.** Artículo de Javier Valdez, *Río Doce*, traducción cortesía de borderreporter.com. **Siempre es la misma... pruebas de su presencia.** PGR; *Los Angeles Times*, "Mexico's master of elusion", por Richard Boudreaux, 5.7.2005; *San Antonio Express-News*, 'el Chapo' is Mexico's most wanted man", por Dane Schiller, 19.6.2005; *Wall Street Journal*, "The drug lord who got away", por David Luhnow y José de Cordoba, 13.6.2009. **En ciudades como Culiacán... para los vecinos.** *Newsweek*, "El Chapo: the most wanted man in Mexico", por Joshua Hammer, 18.6.2009; entrevistas del autor con residentes de Sinaloa y Durango. **La reverencia... en la ciudad de México.** Entrevistas con un agente anónimo de la DEA. **También el gobierno... en los tribunales.** *Guardian*, "El Chapo: the narcotics king who made it into Forbes magazine", por Jo Tuckman, 14.3.2009; entrevistas del autor con varios expertos mexicanos en seguridad. **Josué Félix... un símbolo.** Entrevistas con Josué Félix. **Pero esto le ha servido... el Chapo nunca vino.** Observaciones y entrevistas del autor con residentes y funcionarios de Sinaloa y Durango.

CAPÍTULO 13

El diputado Felipe Díaz Garibay... narco-terrorismo. Entrevistas con el diputado Felipe Díaz Garibay; *New York Times*, "With beheadings y attacks, drug gangs terrorize Mexico", por James McKinley Jr., 26.10.2006. **Man-**

tas propagandísticas... otra manta. Imágenes de Morelia por televisión, del 15 al 20 de septiembre; Associated
Press, "Banners hung in Mexico blame hit men for attack",
por Gustavo Ruiz, 20.9.2008; *Houston Chronicle*, "Three
arrested in Morelia grenade attack", por Dudley Althaus,
26.9.2008. **"Cuando intervenimos... asesinos tomaron el
control".** *New York Times* magazine, "The Long War of
Genaro García Luna", por Daniel Kurtz-Phelan, 13.7.2008.
Los Zetas, que originalmente ... colaboradores cercanos.
"Los Zetas: the Ruthless Army Spawned por a Mexican
Drug Cartel", por George W. Grayson, Instituto de Investigación de Política Exterior, mayo de 2008. **Conforme Los
Zetas ampliaban... que eran Zetas.** Reportajes del autor
por todo México y entrevistas con un agente anónimo de
la DEA. **Guatemala también... Guzmán está en Hon-
duras.** Reuters, "Guatemala checks shootout dead for
Mexican drug lord", por Mica Rosenberg, 26.3.2008; Reuters,
"Guatemala says México drug lord not in shootout dead",
por Mica Rosenberg, 28.3.2008; *Notimex*, "Guatemala: 'el
Chapo' didn't die in shootout", sin firma, 28.3.2008. **Los
métodos de asesinato... de la misma manera.** Entrevistas
con residentes, funcionarios y expertos de Michoacán, 2007-
9; entrevistas con Luis Astorga; George W. Grayson, "La
Familia Michoacana: a Deadly Mexican Cartel Revisited,"
Instituto de Investigación de Política Exterior, agosto de
2009; entrevistas con un agente anónimo de la DEA. **El avión
se estrelló... gesto de sospecha.** Recuerdos del autor del
4.11.2008. **El 27 de noviembre de 1989... cártel de Medellín.** Mark Bowden, *Killing Pablo: The Hunt for the World's
Greatest Outlaw*, Penguin Books, 2001, p. 59. **Para muchos
mexicanos... muerto en la guerra de las drogas.** Reportaje
del autor, agosto de 2007. **En febrero, un atentado... un
blanco.** Reuters, "Mexican troops fight Sinaloa drug cártel",

por Mica Rosenberg y Anahi Rama, 14.5.2008; *El Universal*, "El blanco era la ssp-df", por Icela Laginas y Alberto Cuenca, 16.2.2008. **Eso incluía... historia de México.** Associated Press, "Mexico honors soldiers beheaded by drug cartels", sin firma, 22.12.2008; Agence France-Presse, "Mexican army vows crackdown after soldiers beheaded", sin firma, 22.12.2008. **"Los vamos a matar... guerra de las drogas.** Reportaje del autor en Ciudad Juárez. **Desde que el Chapo... en 2009.** Recuentos de homicidios en *El Universal*, *Reforma* y *Milenio*. **Los soldados se enfrentaban... para la adrenalina.** Reportajes del autor por todo México en septiembre de 2007; entrevistas con un agente anónimo de la DEA; *Dallas Morning News*, "Protests may be Mexican drug cartels" latest tactic to fight military presence", por Laurence Iliff, 19.2.2009. **Residentes... contra las drogas.** *Washington Post*, "U.S. forces asylum on Mexican human rights activist Gustavo de la Rosa", por William Booth, 22.10.2009. **Desde su fundación... el otro lado.** Reportaje del autor en Ciudad Juárez. **Pero incluso cuando... como el día de ayer.** *Washington Post*, "U.S. forces asylum on Mexican human rights activist Gustavo de la Rosa," por William Booth, 22.10.2009. **La noche de un sábado... radar de Estados Unidos.** Entrevistas con funcionarios y residentes de Ciudad Juárez. **Barrio Azteca controla... afiliados a Los Aztecas.** Reportes del Centro Nacional de Inteligencia contra las Drogas; entrevistas del autor con funcionarios penitenciarios en Ciudad Juárez. **El crimen organizado... de los asesinatos.** *New York Times*, "17 killed in Mexican rehab center", por Marc Lacey, 25.9.2009; *Milenio*, "Cinco muertos en masacres en centros de rehabilitación para adictos", sin firma, 25.9.2009; *Dallas Morning News*, "Mexican drug cartel finishing off rival gang, experts say," por Alfredo Corchado y Angela Kocherga, 4.9.2009; entrevistas del autor con funcionarios de Ciudad Juárez. **Allá en Sinaloa... jefe de jefes.** Reportajes del autor en Sinaloa. **El procurador general... en Afganistán.** *Wall Street Journal*, "The drug lord who got away", por David Luhnow y José de Cordoba, 13.6.2009. **En abril de 2009... "Nunca atraparán al Chapo".** *El Universal*, "Arzobispo: "El Chapo vive en Durango", por corresponsales, 22.4.2009; *El Universal*, "Soldados ejecutados en Durango...", por Mónica Perla Hernández, 18.4.2009.

CAPÍTULO 14

El creciente ataque... sólo para la seguridad nacional. Comando Conjunto de las Fuerzas Armadas de Estados Unidos, "The Joint Operating Environment (JOE)", pp 38-40, 25.11.2008. **Casi inmediatamente... de hecho, ignorado.** Entrevistas con Shannon O'Neil, del Consejo de Relaciones Exteriores, y Roberta S. Jacobson, subsecretaria adjunta del Departamento de Estados de EU para Canadá, México y TLCAN. **Pero con la creciente... nueva administración.** Periódicos de McClatchy, "Drug violence pushes Mexico to top of U.S. security concerns", por Marisa Taylor, 24.3.2009; *Los Angeles Times*, "Calderon seeks to dispel talk of 'failing state'", por Ken Ellingwood, 25.1.2009; Centro Nacional de Inteligencia contra las Drogas, "National Drug Threat Assessment 2009", December 2008. **Los traficantes de drogas... de las células locales.** Entrevistas con agentes de la DEA anteriores y actuales; declaración de la DEA luego de la Operación Impunidad II, diciembre de 2000. **En la DEA hubo... nuestra preocupación.** Testimonio del agente especial de la DEA Joseph M. Arabit ante el Comité de Gastos de la Cámara de Representantes, 24.3.2009. **En efecto...**

lugares no tradicionales. Entrevista con agente anónimo de la DEA. **Lugares como... a nuestra área.** Entrevista con el alguacil Chris Curry, NBC 13 WVTM, filial de NBC para Birmingham, Alabama; declaración de la DEA, 17.9.2008. **En Columbus... portar la insignia.** *Washington Post*, "From Mexico, drug violence spills into U.S.", por Manuel Roig-Franzia, 20.4.2008; *Los Angeles Times*, "Border drug war is too close for comfort", por Scott Kraft, 19.2.2009. **El caso de Rey Guerra... a veces pueden.** *Los Angeles Times*, "On the borderline of good and evil", por Scott Kraft, 3.4.2009. **Más vergüenzas... no de tráfico de drogas.** *Nogales International*, "Documents paint picture of a good agent that went bad", por Michel Marizco, 15.9.2009; *Nogales International*, "Obstruction charges now set for Cramer", por Michel Marizco, 8.12.2009; *Los Angeles Times*, "Former U.S. anti-drug official's arrest 'a complete shock'", por Sebastian Rotella, 17.9.2009. **Más casos... nuevo rostro del crimen.** Centro Nacional de Inteligencia contra las Drogas, "National Drug Threat Assessment 2009", diciembre de 2008; declaración de la oficina del senador de EU Dick Durbin, 17.3.2009. **El gobierno de Calderón... todo eso en cuenta.** Associated Press, "Mexico's president denies country a 'failed state'", por Traci Carl, 26.2.2009; *Los Angeles Times*, "Calderon seeks to dispel talk of 'failing state'", por Ken Ellingwood, 25.1.2009; entrevistas del autor con funcionarios de EU en México y académicos de Sinaloa en aquel tiempo. **En abril de 2009... respiró aliviado.** MSNBC. com, "Obama: Mexico's drug war 'sowing chaos'", sin firma, 16.4.2009; *El Universal*, "Calderón y Obama to close border to weapons", nota de la redacción, 16.4.2009. **El mercado estadounidense... muy cerca.** United Nations Office on Drugs y Crime (UNODC). **La DEA calcula... para lavarlo.** DEA; Testimonio del jefe de Inteligencia de la DEA,

Anthony Placido et al., ante el Comité de Reformas y Vigilancia Gubernamentales de la Cámara de Representantes de Estados Unidos, 9.7.2009; RAND Drug Policy Research Center. **En años recientes… al norte de la frontera.** Factcheck.org, 'Counting Mexico's guns', 17.4.2009. **Es un arsenal… mata-policías.** Sedena. **En una sola incursión… sus arsenales.** *New York Times*, "In drug guerra, Mexico fights cartel and itself", por Marc Lacey, 29.3.2009. **"Los cárteles están usando… combate a la guerrilla".** *Los Angeles Times*, "Drug cartels new weaponry means war", por Ken Ellingwood y Tracy Wilkinson, 15.3.2009. **Sabiendo perfectamente… del año anterior.** Oficina de Armas Tabaco y Armas de Fuego (ATF, por sus siglas en inglés). **Otros advirtieron… compra** *hotcakes.* *New York Times* magazine, "The Long War of Genaro García Luna", por Daniel Kurtz-Phelan, 13.7.2008. **Ya había habido… un potencial punto candente.** Associated Press, "Feds: Gun, cash seizures up at Mexican border", por Elliot Spagat, 3.11.2009. **De acuerdo con el… no le preocupa morir.** *Washington Post*, "U.S. guns behind cartel killings in Mexico", por Manuel Roig-Franzia, 29.10.2007; Denise Dresser, en el lanzamiento del Centro Internacional para Académicos Woodrow Wilson para el reporte del Instituto México, disponible en http:// mexicoinstitute.wordpress.com/. **Bajo el régimen… dentro de México.** DEA. **Desde hace mucho… Nuevo Laredo.** *Newsweek*, "America's role in Mexico's drug war", por Jerry Adler, 8.12.2009. **Ella autorizó… Estados Unidos.** Testimonio del agente especial DEA Joseph M. Arabit ante el Comité de Gastos de la Cámara de Representantes de Estados Unidos, 24.3.2009. **In March 2009… loads at all costs.** *Los Angeles Times*, "Sinaloa cartel may resort to deadly force in U.S.", por Josh Meyer, 6.5.2009.

Las autoridades... en una hora. Declaración de la DEA, 25.2.2009. **El cártel de Sinaloa... al Cono Sur.** Entrevistas con funcionarios de Estados Unidos en Centroamérica; evaluación de la PGR; *El Universal*, "Sinaloa cartel fights Colombians for Peru plaza", por José Melendez, 18.2.2009; *Los Angeles Times*, "Mexico's drug lords look south", por Chris Kraul, 25.3.2009; *La Nación*, "Nuevo revés para el cártel de Sinaloa en el país", por Gustavo Carabajal; EFE, "Argentina denies Mexican drug cartel has foothold...", sin firma, 14.11.2008. **Mientras tanto, el jefe... como ninguna otra cosa.** Entrevistas con Edgardo Buscaglia y Michael Braun; testimonio de Michael Braun ante el Comité de Relaciones Exteriores del Senado, 23.6.2009. **Los cárteles... en la selva de Colombia.** Declaraciones de la Armada de México, el Ejército y la PGR. **Desde la década... toneladas de cocaína.** *New York Times*, "Drug sub-culture", por David Kushner, 23.4.2009. **Estos primeros... de $2 millones.** Joint Interagency Task Force South Fact Sheet, publicado por el Comando Sur de Estados Unidos. **El incidente... inteligencia de Estados Unidos.** BBC News, "Mexican navy seizes cocaine sub", sin firma, 18.7.2008. **El almirante... Comando Sur de Estados Unidos.** Joint Interagency Task Force South Fact Sheet, publicado por el Comando Sur de Estados Unidos. **Luego de tomar nota... evadir ser detectado.** *Navy Times*, "Legislation targets drug-smuggling subs", por Amy McCullough, 30.7.2008. **Con todas las miradas... tonelada de cocaína.** Reporte de auditoría del Departamento de Justicia de Estados Unidos, febrero de 2007; CNN, "Drug smugglers becoming more creative, U.S. agents say", por Deborah Feyerick, Michael Cary y Sheila Steffen, 16.4.2009; Reuters, "Cocaine haul found hidden in frozen sharks", sin firma, 17.6.2009. **Una mexicana... ciudad de México.** PGR. **Una mujer... dinero de las drogas.** PGR; *Houston Chronicle*, "Cocaine Jesus statue seized by Texas agents", por Dane Schiller, 30.5.2008. **Las mujeres siempre... son parte de él. Observaciones del autor y reportaje con base en** entrevistas con funcionarios y residentes de Sinaloa. **A fines de diciembre... públicas en Culiacán.** PGR; entrevistas en Sinaloa y Michoacán; entrevistas con Martha Tagle Martínez. **En el centro correccional... iban de vacaciones.** *Los Angeles Times*, "Women play a bigger role in Mexico's drug war, por Tracy Wilkinson, 10.11.2009; entrevistas del autor con mujeres encarceladas y funcionarios de la prisión en Ciudad Juárez y Culiacán. **Para algunas mujeres... "La Reina".** Entrevistas con compañeras internadas en la prisión femenina de Santa Martha Acatitla. **Sandra Ávila Beltrán... muy pesada.** *El Universal*, "Una reina de bajo perfil y un tigre esotérico", por Silvia Otero, 5.10. 2007; *Newsweek*, "Underworld Queenpin", por Joe Contreras, 11.10.2007. **Una vez en prisión... aquí en la prisión.** Reportajes del autor en Santa Martha Acatitla; PGR.

CAPÍTULO 16

Ya una vez lo habían visto... no llegaron a tiempo. *Proceso*, "El Chapo: fuga pactada", por Ricardo Ravelo, January 2009. **En adelante... sería rutina.** Entrevistas por teléfono con autoridades de Durango. **El procurador general Eduardo Medina Mora... relacionada con las drogas.** Observaciones del autor de Medina Mora en la conferencia de prensa y los encuentros televisados; entrevistas con agentes de la DEA anteriores y actuales; citas del *Wall Street Journal*, artículo de opinión de Mary Anastasia O'Grady, 25.2.2008. **También García Luna... en el mundo.** Observaciones del autor de sus conferencias de prensa y entrevistas; citas de la *New York Times* magazine, "The Long War of Genaro García Luna", por Daniel Kurtz-Phelan, 13.7.2008. **Pero en mayo... el gobierno.** Declaración de la PGR, 30.5.2009. **Había habido... la misma causa.** Mis entrevistas con soldados en Sinaloa; Secretaría de la Defensa Nacional mexicana. **Guerrero siempre había sido... destronarían al Chapo.** Entrevistas con generales y soldados en Guerrero; entrevistas con periodistas locales en Sinaloa; *La Jornada*, "El Chapo y La Barbie, vinculados con la ejecución en Acapulco", por Misael Habana y Gustavo Castillo, 4.8.2005. **El Chapo había recibido... más confiaba el Chapo.** PGR. **En Culiacán... parecía contradecirlo.** PGR; entrevistas con una agente anónimo de la DEA en México. **Al aproximarse... le tenía miedo.** Entrevistas en Sinaloa. **El general Sandoval... y Nacho Coronel.** Informes sobre Las Trancas de la Sedena, *Río Doce*, *El Universal* y *Reforma*; entrevistas del autor con varios periodistas locales que estuvieron en la escena. **"Vamos a atraparlo"... contra todo el tiempo.** Entrevistas con un agente anónimo de la DEA en México. **El Chapo también había perdido... de municiones útiles.** Sedena y PGR. **El 18 de diciembre de 2008... había muerto.** PGR. **El Chapo todavía... cuestión de tiempo.** Entrevistas con un agente anónimo de la DEA en México. **A lo largo de 2009... una "guerra fallida".** *Wall Street Journal*, "The war on drugs is a failure", por Fernando Henrique Cardoso, César Gavira y Ernesto Zedillo, 23.2.2009. **El ex secretario... Estados Unidos la sostenga.** Rubén Aguilar Valenzuela y Jorge Castañeda, *El narco: la guerra fallida*, Punto de Lectura, 2009; *Newsweek*, "America's role in Mexico's drug war", por Jerry Adler, 8.12.2009. **Algunos expertos** mexicanos... el acuerdo. Reportes de medios mexicanos y comentarios especializados. **Incluso parecía que el presidente... distante tercer lugar.** Associated Press, "Mexican president says crime third priority", por Mark Stevenson, 7.1.2010. **Entre tanto, los vecinos... las cárceles mismas.** Reportaje del autor en Culiacán. **Las cárceles de México... Ciudad Juárez y Los Zetas.** PGR, Policía Federal y Sedena. **La cárcel de Matamoros... treinta estaban heridos.** Reportaje del autor en Matamoros. **En la cárcel estatal... quedaron heridos.** *El Universal*, "Motín en Durango deja al menos 19 muertos", por Mónica Hernández y Enrique Proa, 15.8.2009; seguimiento de declaraciones de la PGR. **En la fuga más descarada... agentes federales.** Associated Press, "Gang frees 50 inmates from Mexican prison", por Alexandra Olson, 17.5.2009; seguimiento de declaraciones de la PGR. **El gobierno mexicano... sistema penitenciario.** *El Universal*, "Jorge Tello Peón: evaluar a la policía es imposible", por Francisco Gómez, 19.9.2009. **Las cárceles de... trabajaba para el Chapo.** Entrevistas en Culiacán, Ciudad Juárez y Matamoros. **El Padrino Félix Gallardo... sólo represión.** Escritos de Miguel Ángel Félix Gallardo publicados en Internet. **La construcción... están contados.** Observaciones personales del autor. **Rafael Caro Quintero... ahora trabajan para él.** PGR; declaraciones de la DEA; entrevistas con un agente anónimo de la DEA en México. **El hermano y el hijo... periódico** *Reforma*. PGR; *Reforma*, "Se debilita la dinastía Zambada", nota de la redacción, 23.11.2009. **El 11 de diciembre de 2009... estaba muerto.** PGR; *El Universal*, "Arturo Beltrán Leyva muere en Cuernavaca", nota de la redacción, 16.12.2009. **En Nogales, Sonora...** *posada* **[fiesta navideña]".** borderreporter.com. **El Barbas había sufrido... fueron asesinados.** PGR. **El Barbas fue enterrado... su tumba.** Reportes de residentes. **Menos de dos** semanas… autoprotección. PGR; reportes de residentes. **El Chapo iba ganando… una venganza.** PGR. **Conforme Los Zetas… "la guerra interminable".** Análisis personal del autor sobre los reportes locales. **Pero el Chapo estaba… como presa fácil".** *Dallas Morning News*, "Mexican drug cartel finishing off rival gang, experts say", por Alfredo Corchado y Angela Kocherga, 4.9.2009. **A principios de 2009… la gente del Chapo.** PGR. **Estaba claro… cuestión de tiempo.** Entrevista con Michael Braun, ex jefe de Operaciones de la DEA. **Mientras, en Culiacán… la muerte o la cárcel.** Discurso de Sandoval publicado en *Noroeste* en línea. **Uno de los subordinados… sólo un campesino.** Reporte de Marc Lacey del *New York Times* específicamente para este libro. **Sin embargo, el Chapo… cáncer de próstata.** Entrevistas con residentes y periodistas de Sinaloa. **"No puede pasar mucho… evitar que lo asesinen".** Reporte de Marc Lacey del *New York Times* específicamente para este libro. **El Chapo no confiaba… nunca sería detenido.** Entrevistas con residentes de Sinaloa. **En la ciudad de México… que alguna vez caiga.** Entrevista con agente anónimo de la DEA.

CAPÍTULO 17

Reportajes de *Milenio*, *Reforma*, PGR, *Bloomberg*, *Associated Press*; entrevistas con funcionario anónimo de la tesorería de Estados Unidos, ex jefe de operaciones internacionales de la DEA, funcionario mexicano anónimo.